戸籍法詳解　全

鳩山和夫閲
鈴木喜三郎著

明治三十一年發行

戸籍法詳解 全

日本立法資料全集 別巻 1431

信山社

法學博士鳩山和夫閱
法學士鈴木喜三郎著

戶籍法詳解 全

東京專門學校發行

例言

一人事及ヒ戸籍ニ關スル法規ハ從來不完全タルヲ免レス加フルニ慣例ノ錯綜セル彼是撿索ニ便ナラズ從テ之カ登記ノ方法取扱ノ手續亦繁雜ナルヲ免レズシテ事ニ之ニ從フ者ノ常ニ困難ヲ感スル所ナリシカ今ヤ幸ニ戸籍法ノ制定セラルヽニ至リ初メテ此困難ヲ除却スルヲ得ヘシト雖モ手續法タル本法ノ運用ハ主トシテ實躰法タル民法ニ準據スルニアラサレハ爲シ能ハサルモノトス然ルニ民法ハ本法ト同時ニ公布セラレ其施行ノ期日モ亦同一ナルヲ以テ局ニ戸籍ノ事ニ該ル者ニ在リテハ研究日足ラス運用上多少ノ不便ヲ感スベキヲ以テ東京專門學校出版部ノ請ニ任セ余ハ譾劣ヲ顧ミス本法ノ註解ヲ試ミルニ至レリ本書敢テ實務上ノ餘師タルヲ得サルヘキモ亦聊カ參考ノ一助トモナル所アレバ著者

ノ本懷之レニ過キス

一　本書ハ逐條躰ニ法文ノ大意ヲ說述シ間々民法ノ規定ニ及ヒタリ是レ法規ノ性質上自ラ然ラサルヲ得サルト一ハ實躰法規ノ本旨ヲモ知ラシメンコトヲ勉メタルニ依ルノミ

一　本書ノ說明ニ至リテモ亦別ニ說明ヲ要セスト認メタルモノハ之ヲ省略シタルアリ又或ハ簡明ニ之ヲ再ヒシタルアリ行文必スシモ一ナラス幸ニ其拙劣ヲ咎ムル勿レ

一　本書元ト廣ク舊慣ヲ參照シ立法ノ趣旨ヲ明ニシ舊法ヲ對照シ異同ヲ辨明センコトヲ欲シタレトモ事急速ニ出テタルヲ以テ廣ク之ヲ搜リ洽ク之ヲ收ムルニ至ラス幸ニ其杜撰ヲ咎ムル勿レ

一　本書引用スル所ノ舊法ノ條規又ハ伺指令ノ如キ或ハ全文ヲ載スルア

リ或ハ單ニ其大意ヲ掲クルニ過キサルアリ或ハ再出アルモノアリ或ハ之ヲ省略スルモノアリ又各節若クハ各條下ノ末尾ニ於テ單ニ參照トシテ之ヲ掲ケタルアリ躰裁常ニ一樣ナラスト雖モ是レ徒ニ冗長ニ失センコトヲ憂ヒ緊切ナル點ノミヲ指示セント欲シタルニ由ル

一　本書ノ編述ニ付テハ學友法學士牧野菊之助氏ノ幇助ヲ受ケタルコト尠シトセス斯ニ特筆シテ以テ同氏ノ勞ヲ謝スト云爾

明治三十一年七月

著　者　識

戸籍法詳解目次

緒論……一頁
第一章　戸籍吏及ヒ戸籍役場……七
第二章　身分登記簿……二二
第三章　登記手續……一一九
第四章　身分ニ關スル屆出……四一
第一節　通則……四一
第二節　出生……六四
第三節　嫡出子否認……八二
第四節　私生子認知……八五
第五節　養子緣組……九二
第六節　養子離緣……一〇五
第七節　婚姻……一一一

第八節　離婚……………………………………一二三
第九節　後見……………………………………一二八
第十節　隱居……………………………………一四一
第十一節　失踪…………………………………一四八
第十二節　死亡…………………………………一五二
第十三節　家督相續……………………………一六三
第十四節　推定家督相續人ノ廢除……………一七二
第十五節　家督相續人ノ指定…………………一七六
第十六節　入籍、離籍及ヒ復籍拒絶…………一八二
第十七節　廢家及ヒ絶家………………………一九六
第十八節　分家及ヒ廢絶家再興………………二〇一
第十九節　國籍ノ得喪…………………………二〇六
第二十節　氏名及ヒ族稱ノ變更………………二一九
第二十一節　身分登記ノ變更…………………二二五

第五章　戸籍簿……………………………………二二八
第六章　戸籍ノ記載手續……………………………二三五
第七章　戸籍ニ關スル屆出……………………………二五九
第八章　抗告……………………………………二七二
第九章　罰則……………………………………二八〇
附　則……………………………………二八五

戸籍法詳解目次終

戸籍法詳解

法學博士　鳩山和夫閲
法學士　鈴木喜三郎著

緒論

戸數人員ヲ詳ニシテ猥ナラサラシムルハ政務ノ最モ先ツ重スル所也夫レ全國人民ノ保護ハ太政ノ本務ナルコト素ヨリ云フヲ待タス然ルニ其保護スヘキ人民ヲ詳ニセス何ソ以テ其保護スヘキコトヲ施スヲ得ンヤ是レ政府戸籍ヲ詳ニセサルヘカラサル儀ナリ又人民ノ各安康ヲ得テ其生ヲ遂クル所以ノモノハ政府保護ノ庇蔭ニヨラサルハナシ去レハ其籍ヲ逃レ其數ニ漏ルヽモノハ其保護ヲ受ケサル理ニテ自ラ國民ノ外タルニ近シ此レ人民戸籍ヲ納メサルヲ得サルノ儀ナリ」トハ明治四年四月四日布告戸籍法則ノ冒頭ニ明言スル所ニシテ是レ實ニ戸籍法ノ制定ヲ要スル所以ナリトス蓋シ人ノ出生死亡婚姻縁組其他人事上ノ關係ヲ定ムルハ乃チ人ノ身分ヲ確定スル所以ニシテ此身分ハ亦人事上及ヒ財産上ノ權利ノ基礎タルベキモノナリ而シテ是等ノ權利タル全ク法律ノ保護ニヨリ活動スヘキモノナレバ人ノ身分ヲ

定メ以テ法律ノ保護ヲ受クルノ基ヲ開クハ吾人ノ須ラク勉メサルヘカラサル所ニシテ此點ヨリ見ルモ戸籍法ノ必要アル深ク論究スルノ要ナシ況ヤ全國人民ノ戸數人口ヲ詳密ニシ一國政務ノ本旨ヲ貫徹スルニ裨益アルオヤ此ノ如ク一面政務ノ本旨ヲ貫徹シ一面人ノ身分ヲ確定スルコト戸籍法制定ノ趣旨ナリトセハ戸籍上ノ登錄ニ彼是異動ヲ現ハシ或ハ此籍ヲ逃レ或ハ彼籍ヲ欺キ其統一ヲ欠クカ如キハ立法ノ精神ニ適合スル所以ニアラサルノミナラス戸籍ノ效用ヲモ滅却スルモノト謂ハサルベカラサルナリ戸籍ニ關スル法規ノ綿密周到ナルヲ要スルノ理實ニ斯ニ存ス殊ニ我國ノ如ク今尙家族制度ヲ遵奉スルモノニ在リテハ一國ノ基本ハ一家ニ在リトノ主義ニヨルノミナラス戸主權ノ喪失其他一家ノ興廢滅絕等泰西諸國ニ其例ヲ見サル固有ノ慣習ヲ存スルモノニ在リテハ戸籍ノ編制其宜シキヲ失スルハ政務ノ擧否民人ノ休戚ニ影響スル所實ニ尠シトセサルナリ然ルニ從來ノ法規ハ唯僅ニ戸籍編製ノ方法若クハ其取扱手續等ニ付テ些少ノ規定ヲ存スルニ過キス身分ニ關スル登記ノ如キハ全ク之ヲ慣習ニ一任シ來リタルモノニシテ其不完不備實ニ言フニ忍ヒサルナリ斯ノ如クニシテ能ク人ノ身分ヲ確定シ且政務ノ本旨ヲ達スルヲ得ベキ乎識者ヲ待テ後知ルベキニアラサルナリ是則チ本法ノ發布ヲ見ルニ至リタル所以ナリトス

之レヨリ少シク戸籍法ニ關スル我法制ノ沿革ヲ叙述セン明治維新以前ハ暫ク措テ之ヲ論

セス維新以後戸籍ニ關スル法規ノ公布アリタルハ實ニ明治四年四月四日ノ布告ナリトス該布告ニハ戸籍法則ナルモノヲ掲ケテ三十三則トシ區畫制定、戸長設置、戸籍編制、戸籍官吏、戸籍増減加除、送入籍ノ方法其他ノ事ヲ規定シタルモ其條項ニシテ後日ニ至リ消滅變更若クハ改正セラレタルモノアリ就中明治五年正月布告第四號ヲ以テ戸籍法中心得方幷ニ改正ノ廉ヲ明ニシ戸籍編制、死者屆方期限、送籍證其他ニ多少ノ修正ヲ加ヘタルコトアリ次テ明治十九年九月內務省令第十九號ハ戸籍法第五則出生死去出入等屆出方及ヒ寄留者屆出方ヲ定メ同年十月內務省令第二十二號ハ戸籍取扱手續ヲ一定シタリ其他尙僧尼族籍編入方ニ付テハ明治七年七月布告第七十四號アリ失踪者除籍ノ件ニ付テハ明治六年五月第百七十七號達アリ、陸軍々人及ヒ同文官戸籍ニ異動アルトキ屆出方ノ件ニ付テハ明治二十八年三月陸軍省令第三號アリ、明治八年四月布告第五十號ハ寄留者諸願伺屆等寄留地ノ官廳ヘ差出方ヲ定メ、同年同月第五十五號達ハ同上諸願伺屆等寄留地官廳ニテ處分濟ノ上本省ヘノ通達方ヲ定メタルカ如キ皆一トシテ戸籍法上ノ規定ニアラサルハナク其他特別法ノ制定ナキニアラズト雖モ人ノ身分ニ關スル屆出等ニ付テハ前述スル如ク完全ナル法規ノ存スルモノナク唯僅ニ各官廳ノ指令ト一般ノ慣習トニ從ヒ戸籍簿上ニ之レカ登錄ヲナシ以テ人ノ身分ヲ定ムルニ過ギザリシ是ヲ以テ明治二十四年第一議會ノ開會セラルヽニ迨ビ內務省ハ戸籍法案ヲ衆議院ニ提出シ其協賛ヲ求メタルモ遂ニ一院ノ議決ヲモ經ル能ハス依然舊時ノ情態ヲ存シ不便不都合ヲ免レサルコトヽナレリ然ルニ近年民法其他各法典ノ完成ヲ見ルニ及ヒテハ戶籍法ノ制定ハ尙一層其必要ヲ生スヘキハ當然ナルカ故ニ政府ハ第十二議會ニ本法案ヲ提出シ兩院ノ議決ヲ經明治三十一年六月法律第十二號ヲ以テ公布セラルヽニ至レリ自今以後幸ニ之レニ依リテ以テ各人權利ノ基タルヘキ身分ヲ確定スルト共ニ政務ノ本旨ヲモ貫徹スルヲ得ルニ至ラン

又斯ニ一言スベキハ從來戶籍上ノ事務ハ內務省ノ所管ニ屬シタルモ本法ハ之ヲ改メテ司法省ノ所管ニ移シタルノ一事ナリトス蓋シ先ニモ云ヘル如ク戶籍法ノ編制ハ全國人民ノ戶數人口ヲ詳ニシ民人保護ノ道ヲ盡クサシムルノ點ヨリシテ之ヲ見レバ內務省ノ所管ニ屬セシムルヲ相當ナリトスベキモ戶籍ハ人ノ出生死亡婚姻緣組等凡テ人ノ身分ニ關スルモノ多クシテ權利ノ基礎ヲ定ムル所ノモノナレバ是等權利ノ保護ヲ管掌スル司法裁判上ノ事務ニ屬セシムルハ最モ相當ナリトス是則チ本法ニ於テ之ヲ司法省ノ所管ニ移シタルノ理由ナリトス尙各條ノ說明ニ參照セバ自ラ司法省所管トシタルノ正當ナル理由ヲ發見スルヲ得ン

本法ハ全編九章二百二十三條ヨリ成リ先ツ初メニ戶籍及ヒ身分登記ニ關スル事務ハ戶籍吏ノ管掌ニシテ戶籍役塲ニ於テ之ヲ取扱フヘキコトヲ定メ身分ニカヽル屆出ハ之ヲ身分登記

簿ニ登記シ戸籍ニ關スル屆出ハ之ヲ戸籍簿ニ記載スベキモノトシ且之レカ登記及ヒ記載ノ手續ヲ定メ併テ屆出ヲ要スル事項等一々之ヲ詳密ニ規定シ終リニ至リテ身分登記及ヒ戸籍ニ關スル事件ニ付キ戸籍吏ノ處分ニ對シ抗告ヲ爲シ得ベキ旨ヲ定メタリ全編ヲ通覽スルニ舊法ノ規定ト其精粗密略同日ノ論ニアラサルヲ知ル其詳細ハ之ヲ各條ノ註解ニ讓ラン

第一章　戸籍吏及ヒ戸籍役場

本章ハ戸籍及ヒ身分登記ニ關スル事務ハ何人カ取扱フモノアルヤ又其之ヲ取扱フ場所ハ何レナルヤヲ定メタルモノトス

第一條　戸籍及ヒ身分登記ニ關スル事務ハ戸籍吏之ヲ管掌シ戸籍役場ニ於テ之ヲ取扱フ

本條ハ戸籍及ヒ身分登記ニ關スル事務ハ凡テ戸籍吏ナル吏員ニ依テ取扱ハルルモノニシテ其之ヲ行フノ場所ハ戸籍役場ナルヿヲ定メタルモノトス而メ戸籍吏及ヒ戸籍役場ノ何タルコトハ第二條第四條ノ規定スル所ニシテ斯ニ所謂戸籍ニ關スル事務トハ第百七十條以下ノ事柄ヲ云ヒ身分登記ニ關スル事務トハ第四十二條以下ニ規定セル事務ヲ指スモノトス

第二條　市町村長ヲ以テ戸籍吏トス但區ヲ置キタル市ニ於テハ區長ヲ以テ之ニ充ツルコトヲ得

本條ハ戸籍吏ノ何タルコトヲ定メタル者ニシテ乃チ從前ノ制度ノ如ク市ニ在リテハ市長、町村ニ在リテハ町村長ヲ以テ之ニ任スルモノトス（明治四年四月布告戸籍法則第一則ニモ區戸長ヲシテ其區內ノ戸數人員生死出入等ヲ掌ラシメ同十一年七月第三十二號ヲ以テ府縣ヘ公達シタル府縣職制之内戸長職務ノ概目第三ニモ戸籍ノ事トアリ）尤モ市制ニ基キ（市制第六十條）區ヲ置キタル市ニ於テハ區長ヲ以テ之ニ充ツルコトヲ得トシタルモノハ事ノ便宜ヲ計リタルニ由ルモノナリ但町村ニ於テハ設ヒ區ヲ置キタルトキト雖モ町村長ニ於テ戸籍ヲ管掌スヘキモノトス斯ク市ト町村トヲ異ニスル所以ハ市ハ町村ニ比スレハ人家稠密人口夥多ナルカ故ニ之ヲ分割處理セシムルノ必要アリトスルモ町村ニ在リテハ其必要ナキノミナラス却テ之ヲ分掌セシムルトキハ事ノ繁雑ヲ惹起スル虞アレハナリ

第三條　戸籍吏又ハ之ト家ヲ同シクスル者ノ戸籍又ハ身分登記ニ關スル事件ニ付テハ市町村長又ハ區長ノ事務ヲ代理スヘキ者戸籍吏ノ職務ヲ行フ

戸籍吏又ハ之ト家ヲ同シクスル者ト前項ノ規定ニ依リ戸籍吏ノ職務ヲ行フヘキ者又ハ之ト家ヲ同シクスル者トノ戸籍又ハ身分登記ニ關スル事件ニ付テハ市ニ在リテハ市參事會員ノ一人、町村又ハ區ニ在リテハ他ノ吏員ノ上席者戸籍吏ノ職務ヲ行フ

本條ハ前條ノ例外ヲ示スモノニシテ戸籍吏乃チ市町村長ハ自己及ヒ自己ト家ヲ同フスル者ノ戸籍又ハ身分登記ニ關スル事務ハ一切自分ニ於テ之ヲ取扱フコトヲ得スシテ己ニ代ツテ

事務ヲ取ル者例之バ助役ノ如キ者ヲシテ處理セシムヘキコトヲ第一項ニ於テ定メタルモノトス一例ヲ擧ケテ之ヲ示サバ戸籍吏若クハ其家ニ在ル者カ結婚シタルトキニ當リ之カ登記ヲ爲スカ如キハ代理者タル助役ニ於テ之ヲ爲スカ如キヲ云フ

第二項ハ戸籍吏若クハ之ト家ヲ同フスル者ト第一項ニ云フ所ノ代理者若クハ其家ニ居ル者トノ間ニ於テ生シタル戸籍及ヒ身分登記ノ事務ニ付テハ戸籍吏自身ニ於テハ勿論其代理者ニ於テモ取扱フヿヲ得スシテ市ニ在リテハ市參事會員ノ一人ヲシテ爲サシメ町村又ハ區ニ在リテハ他ノ吏員例之バ收入役、書記等ノ中上席者ヲ以テ之ヲ爲サシムルモノトス例ヘバ戸籍吏若クハ其家ニ在ル者ト此代理者若クハ其家ニ在ル者トノ間ニ婚姻縁組又ハ離婚等ヲ爲スコトアリテ之カ登記ヲ爲スカ如キ片ハ餘人ヲシテ之ヲ取扱ハシムルカ如キ是ナリ

右ノ如ク定メタル所以ノモノハ人ハ自己ノ一身ニ利害ノ關係アル事柄ニ付テハ知ラズ識ラス偏頗ニ流レ公平ヲ失スルコトアルハ人情免ルベカラサルノ通弊ナルヲ以テ豫メ之ヲ防止スルノ目的ニ出テタルモノトス

第四條 戸籍役塲ハ市役所又ハ町村役塲ヲ以テ之ニ充ツ但區長ヲ以テ戸籍吏ニ充ツル塲合ニ於テハ區役所ヲ以テ之ニ充ツ

本條ハ戸籍役塲ノ何タルコトヲ定メタルモノニシテ即チ市町村長ハ市役所町村役塲ニ於テ

其事務ヲ取ルモノナルコトハ市制町村制ノ規定スル所ナルカ故ニ今此市町村長カ戸籍吏トシテ其職務ヲ取扱フノ場所乃チ戸籍役場ハ市役所又ハ町村役場ヲ以テ充用スルモノトシタルナリ尤モ第二條但書ニヨリ區長カ戸籍吏タルトキハ區長カ其事務ヲ取扱フ所ノ區役所ヲ以テ之ニ充ツルモノトス要スルニ各其所屬役場ヲ以テ戸籍役場トシタルモノナリ

第五條　戸籍及ヒ身分登記ニ關スル事務ハ戸籍役場ノ所在地ヲ管轄スル區裁判所ノ一人ノ判事又ハ監督判事之ヲ監督ス

戸籍及ヒ身分登記ニ關スル事務ノ監督ニ付テハ司法行政ノ監督ニ關スル規定ヲ準用ス

戸籍吏ハ公吏タル市町村長ヲ以テ之ニ任スルモノナレバ多少一私人ヨリハ其信用アル者ナレモ時ニ或ハ過失懈怠ニヨリ事務ヲ澁滯セシムルヿナキヲ保セス又或ハ私欲ニ惑サレ不正ノ取扱ヲ爲スモ計リ難ケレバ之カ監督ヲ爲スハ最モ必要ナルヿトス而シテ本法ハ戸籍事務ヲ司法省ノ所管ニ屬セシメタルヲ以テ其監督ニ付テモ亦之ヲ司法官ニ一任シタルモノトス斯ニ所謂監督判事ナルモノハ是亦區裁判所ノ判事タルニ相違ナキモ區裁判所ニ二人以上ノ判事ヲ置クトキハ其一名ヲ監督判事トナスベキモノナルヲ以テ之ヲ指シタルモノトス

前項ニ監督ストアルハ事務上ノ取扱ニ注意ヲ促スカ又ハ適當ニ事務ヲ取扱フコトヲ訓令ス

ルカ又ハ不相應ナル行狀ニ付キ諭告スルカ如キコトヲ云ヒ裁判所構成法第百三十六條以下ニ揭クル司法行政ノ監督ニ關スル規定ヲ參照セハ自ラ釋然タルベシ

第六條 戶籍吏カ其職務ノ執行ニ付キ屆出人其他ノ者ニ損害ヲ加ヘタルトキハ其損害カ戶籍吏ノ故意又ハ重大ナル過失ニ因リテ生シタル場合ニ限リ之ヲ賠償スル責ニ任ス

本條ハ戶籍吏ノ故意又ハ過失ニ付テノ責任ヲ定メタルモノニシテ乃チ戶籍吏カ職務ヲ執行スルニ當リ屆出人又ハ其他ノ者(例之バ利害ノ關係アル者)ニ損害ヲ加ヘタルトキハ之ヲ賠償セサルベカラザルモノトス是レ民法上所謂不法行爲ノ原則ヲ適用シタルモノナルカ故ニ損害ヲ加ヘタルトキハ如何ナル塲合ナリトモ必スヤ賠償セサルベカラズトセルニアラス其賠償スベキ塲合ハ二個ニ限ルモノトス其第一ハ故意ニ因リテ損害ヲ生セシメタルトキヲ云フ斯ニ故意ニ因ルトハ强チ惡意アルコトヲ必要トセズ唯此ノ如ク取扱フトキハ屆出人又ハ其他ノ者ニ損害ノ生スルコトアルベキコトヲ知リナカラ爲ストキヲ云フ其第二ハ重大ナル過失ニ因リテ損害ヲ生セシメタルトキヲ云ヒ乃チ普通ノ注意ヲ加フルニ於テハ爲サヾルベキ過誤ニ由リテ生シタル塲合ヲ云フ例之バ明カニ明治三十一年六月一月生ト屆出テタルモノヲ明治三十年六月一日生ト登記シタルカ如キハ之レ重大ナル過失ナリト云フヲ得ベシ

第二章　身分登記簿

本章ニ於テハ身分登記簿ノ作成保存其他之ニ關スル事項ヲ定メタルモノトス身分登記簿トハ身分ニ關スル事項ヲ登錄スル所ノ帳簿ヲ云フ抑モ人ノ身分トハ人カ社會ニ於テ占ムル所ノ位置階級ヲ云ヒ換言スレバ人カ社會ナル舞臺ニ立ツテ演スル所ノ役目ヲ云フモノニシテ父タリ母タリ又ハ夫タリ妻タル等ノ法律上ノ分限ヲ云フモノトス而シテ是等法律上ノ分限ヲ登錄スルモノ乃チ身分登記簿ナリトス故ニ身分登記簿ハ最モ重要ナルモノト謂フベキナリ

第七條　身分登記簿ハ本籍人身分登記簿及ヒ非本籍人身分登記簿ノ二種トシ各正副二本ヲ備フ

各種ノ登記簿ハ第四章第二節乃至第二十一節ニ揭ケタル屆出事件ノ區別ニ從ヒ各別册ト爲ス但便宜ニ依リ之ヲ合綴スルコトヲ得

本條ハ身分登記簿ノ種類ヲ定メタルモノニシテ即チ本籍人ノ身分ヲ登記スルモノト本籍人ニアラサルモノノ身分ヲ登記スルモノトノ二種ノ區別アリテ各正副二本ヲ作ルベキモノトシタルナリ而シテ本籍人トハ取扱ヲ爲ス所ノ戸籍吏ノ管轄地內ニ本籍ヲ有スル者ヲ云ヒ非

本籍人トハ戸籍吏ノ管轄地内ニ本籍ヲ有セサル者例之バ寄留者ノ如キヲ云フ

右ノ如ク身分登記簿ヲ二種ニ大別スルモ又更ニ第四章第二節以下ニ規定セル身分屆出ノ各事項ニ從ヒ別々ノ簿冊ヲ作ルベキモノトス故ニ本籍人身分登記簿ニ出生ノ登記簿アリ婚姻ノ登記簿アリ死亡ノ登記簿アリ又相續ノ登記簿等ノ各正副二本アルト同シク非本籍人身分登記簿ニモ亦同一ノ簿冊ヲ具ヘサルベカラサルヲ以テ其帳簿ノ冊數ハ實ニ夥多ナリト云ハサルヲ得ズ是レ一見太ダ複雜ナルカ如ク見ユルモ斯ク爲ストキハ一目瞭然各事項ヲ知ルコトノ容易ナルノミナラズ登記ヲ爲スニ付テモ亦便宜ナルヲ以テナリ尤モ斯ク別冊トナスベキモノナルモ事務取扱上之ヲ合綴スルヲ以テ反ツテ便利ナリト認ムルトキハ之ヲ一冊トナスモ敢テ妨ケナキ所ナリトス

第八條 身分登記簿ハ一年毎ニ之ヲ編製ス

本條ハ前條示ス所ノ身分登記簿ハ毎年新タニ調製シテ一年限リ使用スベキモノトスルニ過キズシテ深ク説明スルノ要ナシ

第九條 戸籍吏ハ豫メ翌年ノ身分登記簿ト爲スヘキ帳簿ヲ作リ監督官ノ契印ヲ請フコトヲ要ス

監督官カ帳簿ノ送付ヲ受ケタルトキハ職印ヲ以テ毎葉ノ綴目ニ契印シ

表紙ノ裏面ニ其枚數ヲ記シ職氏名ヲ署シ職印ヲ押捺シテ之ヲ戸籍吏ニ還付スルコトヲ要ス

本條ハ帳簿調製ニ付テノ規定ニシテ乃チ帳簿ハ毎年改ムベキモノナレバ戸籍吏ハ豫メ來年度ニ於テ使用セントスル身分登記簿ヲ作リ監督官タル區裁判所判事ニ提出シ其契印ヲ請ケ置クベキコトヽセルナリ而シテ監督官カ右帳簿ノ送付ヲ受ケ契印ヲ爲スノ方法ハ第二項ノ定ムル所ニシテ一讀判然タルヲ以テ之カ說明ヲ省クモ要スルニ本條ノ如ク規定スル所以ノモノハ戸籍吏ノ私擅行爲ヲ防クニ在リテ主トシテ簿冊ノ變更用紙ノ加除ヲ防止スルヲ目的トシ監督權行使ノ一方法ナリトスル所ノモノナリ

第十條 身分登記簿ノ用紙カ不足ナルトキハ戸籍吏ハ更ニ帳簿ヲ作リテ契印ヲ請フコトヲ要ス

本條ハ前條ノ手續ニ從ヒ調製シタル帳簿ノ用紙カ不足ヲ告クルニ至リタルトキハ更ニ帳簿ヲ作リ前條ノ規定ニヨリ契印ヲ請フベキモノトスルニ過キズ

第十一條 身分登記簿ノ正本ハ永久ニ之ヲ戸籍役場ニ保存スルコトヲ要ス

登記ヲ終結シタル身分登記簿ノ副本ハ遲滯ナク之ヲ監督區裁判所ヲ管

轄スル地方裁判所ニ納付スルコトヲ要ス

地方裁判所ハ其納付ヲ受タル身分登記簿ノ副本ヲ永久ニ保存スルコトヲ要ス

身分登記簿ナルモノハ登記シタル事項ニ付キ後日ノ證據ヲ爲スモノナレバ本條第一項ニ於テ其正本ハ永久之ヲ戸籍役塲ニ保存セラルベカラサルモノト定メ第二項ニ於テ其副本ハ全用紙ヲ登錄シ盡シタルトキハ其都度直ニ監督區裁判所ヲ管轄スル地方裁判所ニ納付スベキモノトシ(例之ハ東京市ニ在リテハ東京地方裁判所ニ納付スルカ如シ)第三項ニ於テ其地方裁判所ハ亦此副本ヲ永久ニ保存セサルベカラズト定メタルモノナリ斯ノ如ク正副二本ノ保存ヲ各別々ノ塲所ニ於テ爲サシムルハ適〻何レカノ一本紛失スルコトアルモ後日證據ノ堙滅スルカ如キ憂少ナカルベキヲ以テナリ

第十二條 身分登記簿ハ事變ヲ避クル爲メニスル場合ヲ除ク外之ヲ戸籍役場外ニ持出スコトヲ得ス但登記ヲ終結シタル登記簿ニ付キ裁判所又ハ豫審判事ノ命令アリタルトキハ此限ニ在ラス

身分登記簿ハ決シテ戸籍役塲以外ニ持出スコトヲ許サヾルモノトス蓋シ之ヲ許スハ何等ノ利益ナキノミナラス却テ種々ノ不都合ヲ生スルノ媒介トナルコトアルベケレハナリ尤モ水

災火災其他戰爭ノ如キ非常ノ變ヲ避クルカ爲メナルトキハ之ヲ持出スベキコトハ當然ナリトス又終結ヲ告ケタル登記簿ニ付キ裁判所又ハ豫審判事ヨリ提出ヲ命セラレタルトキハ是亦持出スコトヲ得ルモノトス若シ此場合ニ於テモ尙戶籍役場外ニ持出スコト能ハサルモノトセハ裁判所又ハ豫審判事ノ審理取調ヲ妨害スルノ結果ヲ生スルニ至ルベキヲ以テナリ但終結セサル登記簿ニ付テハ日々記入スルノ必要アルモノナレバ之ヲ役場前ニ持出スコトヲ得ザルナリ

明治十七年五月三十日司法省丙第一號達ヲ參照スヘシ

第十三條 何人ト雖モ手數料ヲ納付シテ身分登記簿ノ閱覽又ハ登記ノ謄本若クハ抄本ノ交付ヲ請求スルコトヲ得

謄本又ハ抄本ノ交付ヲ請求スル者アルトキハ戶籍吏之ヲ作リ原本ト相違ナキ旨ヲ附記シ職氏名ヲ署シ職印ヲ押捺シテ之ヲ交付スルコトヲ要ス

手數料ノ外郵送料ヲ納付シテ謄本又ハ抄本ノ交付ヲ請求スル者アルトキハ戶籍吏之ヲ送付スルコトヲ要ス

戶籍吏カ閱覽又ハ交付ノ請求ヲ許サヽル場合ニ於テハ書面ヲ以テ其旨

ヲ請求者ニ告知スルコトヲ要ス

本條第一項ハ何人ト雖モ自己ノ屆出ニカヽル身分登記簿ハ勿論他人ノ屆出ニカカル部分ナリト雖モ取調ノ爲メ又ハ裁判所其他ノ官廳ヘ提出スル爲メ若クハ其他ノ事由ニヨリテ必要アルトキハ手數料ヲ納付シテ身分登記簿ヲ閲覽スルコト又ハ其寫シ若クハ抜キ書ヲ求ムルコトヲ得ル旨ヲ定メタルモノトス元ヨリ身分登記簿ナルモノハ之ヲ秘密ニスルノ必要ナキモノナレバ之ヲ許シタルニ外ナラザルナリ

第二項ハ前項ノ規定ニヨリテ身分登記簿ノ寫シ又ハ抜キ書ノ下付ヲ求メ來リタル者アルトキ戸籍吏ノ取ルベキ手續ヲ定メタルモノニシテ其作成ノ方式ハ原登記簿ニ遵由シ之ヲ作リ而シテ原本ト相違ナキコトヲ認證シ職氏名ヲ記シ職印ヲ押捺シテ下付スベキモノナリ

第三項ハ登記ノ謄本又ハ抜キ書ヲ求ムルノ方法ハ自身若クハ代理人出頭シテ求ムルコトヲ得ルハ勿論遠方ヨリ郵便ヲ以テモ亦之ヲ求ムルコトヲ得ルモノトシ此場合ニ於テハ第一項ニ所謂手數料ノ外尙郵便賃ヲ納メサルベカラズトセルニ外ナラズ

第四項ハ戸籍吏カ前項ニ規定セル所ノ閲覽又ハ交付ノ請求ヲ容レサル場合ニ取ルベキ手續ヲ示スモノナリ即チ戸籍吏ハ閲覽又ハ交付ノ請求ヲ爲ス者アリトモ如何ナル場合ニ在リテモ常ニ之ヲ爲サシメザルベカラサルモノニアラズ或ハ手數料ヲ納付セサルカ又ハ郵便賃ヲ

納メサルトキ若クハ身分登記簿ニ登記ナキモノヲ求ムルカ如キ等ノ塲合ニ於テハ之ヲ許サヽルコトアリトス而シテ斯ノ如ク之ヲ許サヽル塲合ニ在リテハ必スヤ書面ヲ以テ其旨ヲ請求者ニ告知スベキモノトス是則チ請求者ヲシテ抗告ヲ爲スカ又ハ之ヲ訂正セシムルカノ考案ヲ廻ラサシムルノ必要アレバナリ

第十四條 身分登記簿ノ全部又ハ一部カ滅失シタルトキハ司法大臣ハ其旨ヲ告示シ且身分登記簿ノ再製又ハ補完ニ付キ必要ナル處分ヲ命スルコトヲ要ス

本條ハ身分登記簿滅失ノ塲合ノ處分法ヲ定メタルモノトス乃チ水火其他ノ災害事變ノ爲メ身分登記簿ノ全部又ハ一部カ滅却紛失シタルトキハ司法大臣ハ其旨ヲ告知シ塲合ニ從ヒ或ハ之ヲ再製シ或ハ之ヲ補充セシムル爲メノ處分ヲ命スルモノトス

第三章　登記手續

本章ハ身分ヲ登記スルニ付テノ手續ヲ定メタルモノナリ戸籍吏タル者ハ本章ノ規定ニヨルニアラサレバ登記ヲ爲スヲ得ズ又之ヲ登記スルニ付テ遵奉スルコトヲ要スルノ事項ハ乃チ本章ニ規定スル所ナリトス

第十五條　身分登記ハ左ノ塲合ニ於テ之ヲ爲ス

一　戸籍吏カ身分ニ關スル届出ヲ受ケ又ハ其届書ノ送付ヲ受ケタルトキ

二　戸籍吏カ身分ニ關スル報告ヲ受ケタルトキ

三　戸籍吏カ身分ニ關スル證書ノ謄本ヲ受ケ又ハ其謄本ノ送付ヲ受ケタルトキ

四　戸籍吏カ身分ニ關スル事項ヲ記載シタル航海日誌ノ謄本ノ送付ヲ受ケタルトキ

五　戸籍吏カ登記ノ取消又ハ變更ノ申請若クハ請求ヲ受ケタルトキ

六　戸籍吏カ登記ヲ爲スヘキ旨ノ裁判ヲ受ケタルトキ

本條ハ如何ナル場合ニ身分登記ヲ爲スベキモノナルヤヲ規定シタルモノナリ乃チ其場合ヲ分チテ六トスルコト左ノ如シ

一、戸籍吏カ身分ニ關スル届出ヲ受ケ又ハ其届書ノ送付ヲ受ケタルトキ、　戸籍吏カ身分ニ關スル届書ヲ受ケタル時トハ例之ハ第六十八條第七十九條第八十條第八十五條第百十四條第百三十三條等ノ場合ヲ云ヒ又身分ニ關スル届書ノ送付ヲ受ケタル時トハ乃チ他ノ戸籍役場ヨリ送付ヲ受ケタルトキヲ云ヒ例之バ第三十三條第三十四條及ビ第三十五條ノ如シ

二、身分ニ關スル報告ヲ受ケタルトキ、　例之バ第百二十九條第百三十二條第百六十六條ノ如シ

三、戸籍吏カ身分ニ關スル證書ノ謄本ヲ受ケ又ハ其謄本ノ送付ヲ受ケタルトキ、　身分ニ關スル證書ノ謄本ヲ受ケタルトキトハ例之バ第六十條第二項ノ如シ又其送付ヲ受ケタルトキトハ例之バ第六十一條ノ如シ

四、戸籍吏カ身分ニ關スル事項ヲ記載シタル航海日誌ノ謄本ノ送付ヲ受ケタルトキ、　例之バ第七十八條第二項第百三十條第二項ノ如シ

五、戸籍吏カ登記ノ取消又ハ變更ノ申請若クハ請求ヲ受ケタルトキ、　例之パ第七十六條第八十四條第九十一條第百六條第百六十七條第百六十八條ノ如シ

六、戸籍吏カ登記ヲ爲スヘキ旨ノ裁判ヲ受ケタルトキ、戸籍吏ノ處分ヲ不當ナリトシ抗告ヲ爲シタル者アリタルトキ裁判所ニ於テ其抗告ヲ理由アリトシ登記ヲ爲スヘキコトヲ命セラレタルカ如キ場合ヲ云フ

第十六條　前條ニ掲ケタル場合ト雖モ屆出、送付其他ノ手續カ本法ノ規定ニ依リタルモノニ非サレハ登記ヲ爲スコトヲ得ス

戸籍吏カ身分登記ヲ爲スヘキ場合ハ之ヲ分チテ六トスルコトハ前條ニ規定スルカ如クナルモ戸籍吏ナルモノハ此六個ノ場合ニハ必ス其登記ヲ爲サヽル可カラサルニアラズ其之ヲ爲スヘキ場合ハ適法ナル手續ニ出テタルモノナルトキニ限ルモノトス故ニ屆出、送付若クハ報告等ナリトモ苟モ本法規定スル所ノ方式ニ違背セルモノナルトキハ登記ヲ爲スコトヲ得サルモノトス而シテ屆出、送付若クハ報告等ニ必要トスル適法ナル方式ハ登記事項若クハ前示ノ場合ノ異ナルニ從ヒ各均シカラサルヲ以テ其詳細ハ第四章ニ於テ說明スヘシト雖モ今斯ニ一例ヲ擧ケ以テ本條ノ適用ヲ示サンニ例之バ第七十八條ノ手續ニヨラサル航海日誌ノ謄本ノ送付ヲ受クルトモ登記ヲ爲スヲ得サルカ如シ

第十七條　登記ハ法律ニ特別ノ規定アル場合ヲ除ク外之ヲ取消シ又ハ之ヲ變更スルコトヲ得ス

本條ハ登記ノ取消又ハ變更ハ猥リニスルコトヲ得サル旨ヲ規定シタルモノトス凡ソ登記ハ一タヒ之ヲ爲スヤ確的ノ効力ヲ有スルモノナレハ故ナク之ヲ更ムルコトヲ得ス又之ヲ取消スヲ得サルモノトス若シ妄リニ變更若クハ取消ヲ爲スヲ許ストキハ朝ニ之ヲ登記シ夕ニ之ヲ變改スルニ至リ登記簿ノ信憑力ハ全ク滅却スルニ至ルヘケレハナリ然レトモ亦如何ナル塲合ナリトモ絕對的ニ登記ノ取消又ハ變更ヲ爲スコトヲ得ズトセハ事實大ニ不都合ヲ生スルニ至ルヘキヲ以テ法律ハ特ニ其塲合ヲ規定シ之ヲ許スコト、セリ例之ハ第七十九條第百二十四條第百三十六條第百六十七條第百六十八條ノ如キ是ナリ故ニ嫡出子タル登記ノ變更ヲ爲サントスルニハ嫡出子否認ノ裁判カ確定シタルトキニ於テ否認者ヨリ其裁判確定ノ日ヨリ一ヶ月內ニ裁判ノ謄本ヲ添ヘテ申請スルニアラサレハ變更スルコトヲ得サルナリ（第七十九條參照）

第十八條 戶籍吏カ屆出、報告其他登記ニ關スル書類ヲ受理シタルトキハ其書類ニ受附ノ番號及ヒ年月日ヲ記載シ遲滯ナク登記ノ手續ヲ爲スコトヲ要ス

本條ハ戶籍吏カ登記書類ヲ受取リタルトキノ手續ヲ規定シタルモノナリ乃チ戶籍吏カ第十五條ニ示ス塲合ニ於ケル各登記ニ關スル書類ヲ受取リタルトキハ其書類ニ受付ノ番號及ヒ

年月日ヲ記載シ順次澁滯ナク登記ノ手續ヲ爲スベキモノトス此ノ如ク番號ヲ付シ年月日ヲ記載スル所以ノモノハ第三十條ノ規定アルカ爲メナリトス

第十九條 登記ハ本籍人非本籍人及ヒ登記ヲ爲スヘキ事件ノ區別ニ從ヒ相當ノ登記簿ニ之ヲ爲スコトヲ要ス

本條ハ前ニ云ヘル如ク身分登記簿ハ本籍人身分登記簿、非本籍人身分登記簿ノ二種ト各登記事件ノ種別ニ從ヒ各別冊ノ帳簿ヲ作ルベキモノナレバ前條ニヨリテ受取リタル登記書類ハ其事件ノ如何ニ從ヒ相當ノ帳簿ニ記入スベキモノナルコトヲ定メタルモノトス故ニ例之バ本籍人タル者ノ婚姻ノ登記ニ付テハ本籍人身分登記簿中ノ婚姻登記簿ニ登記スルコトヲ要スルモノト知ルベシ

第二十條 被登記者ノ本籍カ屆出其他ノ事由ニ因リ戶籍吏ノ管轄ニ歸シ又ハ其管轄ヲ離ルル場合ニ於テハ本籍人身分登記簿ニ登記ヲ爲スコトヲ要ス

一個ノ登記ニシテ本籍人及ヒ非本籍人ニ關スルトキハ同時ニ本籍人身分登記簿及ヒ非本籍人身分登記簿ニ登記ヲ爲シ各登記ノ欄外ニ交互參看ノ符號ヲ附記スルコトヲ要ス

本條以下ハ登記簿記入ノ方法ヲ定メタルモノトス、本條第一項ニ於テハ婚姻離婚緣組又ハ入籍離籍等ノ屆出アリタルニ因リ若クハ身分ニ關スル報告等ノアリタルニヨリ被登記者ノ本籍カ其屆出若クハ報告等ヲ受ケタル戶籍吏ノ管轄ヲ離ルヽカ又ハ其戶籍吏ノ管轄ニ歸スルトキハ何レモ本籍人身分登記簿ニ登記スベシト云フニ在リ斯ニ所謂戶籍吏ノ管轄ニ歸スル塲合トハ例之バ甲戶籍吏ノ管轄地內ニ本籍ヲ有スル者カ乙戶籍吏ノ管轄內ニ本籍ヲ有スル者ヲ娶リ甲地ノ戶籍役塲ヘ婚姻ノ屆出ヲナストキハ被登記者タル婦人ノ本籍ハ甲戶籍吏ノ管轄ニ歸スルモノナレバ乃チ本籍人身分登記簿ニ登記スベキモノトス又斯ニ所謂戶籍吏ノ管轄ヲ離ルヽ塲合トハ例之バ離婚又ハ離緣ノ屆出ニヨリ離婚セラレ又ハ離緣セラレタル者ノ本籍ハ其戶籍吏ノ管轄ヲ去ルコトヽナルヲ以テ本籍人身分登記簿ニ登記スルヲ要スルカ如シ

又一個ノ登記事件ニシテ本籍人及ヒ非本籍人ニ關スルモノナルトキハ本籍人身分登記簿ニ登記スルト同時ニ非本籍人身分登記簿ニモ之レカ登記ヲ爲シ後日引合ノ便利等ノ爲メ兩帳簿各登記ノ欄外ニ符號ヲ附シ置クベキモノトス例之バ非本籍人カ本籍人ト婚姻シタルトキ其屆出ヲ爲シタルニヨリ登記ヲ爲ス塲合ノ如キ是レナリ

第二十一條　被登記者ノ本籍カ分明ナラサルトキハ非本籍人身分登記簿

ニ登記ヲ爲スコトヲ要ス

被登記者ノ本籍不分明ナルトキハ到底本籍人身分登記簿ニ登記スルニ由ナキモノナルヲ以テ本條ノ規定ヲ設ケタルモノトス

第二十二條 登記ニハ第四章ノ規定ニ依リ屆出、報告、申請若クハ請求ヲ爲シ又ハ航海日誌ノ謄本ニ記載シタル事項ヲ記載スルコトヲ要ス

證書ノ謄本ニ依リテ爲ス登記ニハ其謄本ニ記載シタル事項ヲ記載スルコトヲ要ス

裁判ニ依リテ爲ス登記ニハ其裁判ヲ以テ命セラレタル登記事項ヲ記載スルコトヲ要ス

本條ハ登記簿ニ記載スルコトヲ要スル事項ヲ定メタルモノトス即チ登記ヲ爲スベキ事項ハ第四章ニ規定スル所ニ從ヒ屆出又ハ報告等ヲ爲シタル事項ヲ記載スベク航海日誌ノ謄本ニヨリテ爲ス登記ニハ其謄本記載ノ事項ヲ記載スベク（第一項）又證書ノ謄本ニヨリテ爲スベキトキハ其謄本記載ノ事項ヲ記載スベク（第二項）又裁判ニヨリテ爲スベキトキハ其裁判書ニ示サレタル事項ヲ記載スベキモノトス（第三項）之ヲ要スルニ登記簿ニ記載スベキ事項ハ登記ヲ爲スベキ材料ニ記載シタル事項ニ基クベキコトヲ定メタルモノナリ

第二十三條 登記ヲ爲スヘキ事實カ第四章第一節乃至第二十一節ニ掲ケタル屆出事件ノ二個以上ニ渉ルトキハ各別ニ登記ヲ爲スコトヲ要ス

前項ノ登記ニハ各登記ニ付キ必要ナル事項ノミヲ記載シ各登記ノ欄外ニ交互參看ノ符號ヲ附記スルコトヲ要ス

本條ハ一ノ屆出ニシテ二個以上ノ登記スベキ事柄ニ亘ルトキハ其登記ハ無論各別ノ身分登記簿ニ爲スベキモノナルコトヲ定メタルモノトス例之バ婿養子緣組ノ屆出アリタルトキハ養子緣組ト婚姻トノ各身分登記簿ニ各別ニ登記スルカ如キ是レナリ

右ノ登記ヲ爲スニハ其各登記ニ付キ第四章ニ規定スル所ノ主要ナル事項ノミヲ記入スルヲ以テ足レリトス而シテ其各登記ノ欄外ニハ照合シ易カラシメンカ爲メ符號ヲ附シ置クベキコトハ尙第二十條第二項ト同樣ナリトス

第二十四條 登記取消ノ登記ハ取消ノ申請又ハ請求ノ目的タル登記ノ欄外ニ之ヲ爲シ原登記ヲ抹消スルコトヲ要ス

本條ハ取消ノ登記ヲ爲スノ方法ヲ示ス乃チ取消サントスル目的登記ノ欄外ニ之ヲ記入シ原登記ヲ抹消スベキモノトス

斯ニ申請トアルハ當事者又ハ其他ノ者ヨリ爲ス塲合ヲ云ヒ請求トアルハ檢事ヨリ爲ス塲合

ヲ云フ其詳細ハ第四章以下ノ規定ニヨリ之ヲ知ルヲ得ベシ要スルニ取消ヲ求ムル者ノ地位ヨリシテ用語ニ差異アルニ過キサルナリ

第二十五條　登記變更ノ登記ハ其目的タル登記ノ欄外ニ之ヲ爲シ且其申請ノ基本タル裁判ノ趣旨ニ從ヒテ原登記ヲ變更スルコトヲ要ス

本條ハ變更ノ登記ヲ爲スノ方法ヲ示スモノニシテ乃チ全部原登記ヲ抹消スルニアラスシテ裁判ノ命スル趣旨ニ基キ登記スベキモノトス而シテ此記入モ亦目的登記ノ欄外ニ爲スベキモノトスルハ亦前條ト同一ナリトス

斯ニ登記ノ取消ト變更トニ付テ一言センニ登記ノ取消トハ屆出タル事件ノ取消トナリタル場合ニ於テ一旦登記簿ニ登記シタルモノヲ全然抹消スルヲ云フモノニシテ例之バ婚姻ノ無効トナリタルカ爲メ婚姻ノ登記ヲ取消スカ如シ、登記ノ變更トハ登記シタル事項ニ異動等ヲ生シタルトキ其部分ノ登記ヲ書換フルヲ云フモノニシテ例之ハ第七十九條ノ否認ノ訴訟ニ勝訴トナリタル者ヨリ嫡出子タル登記ノ變更ヲ求ムルカ如シ之ヲ要スルニ彼ハ法律ノ實質的効力ヲ一タヒモ生セサル事項ヲ抹消スルモノニシテ此ハ一タヒハ實質的効力ヲ生シタル事項ヲ抹消スルヲ云フ

第二十六條　本籍分明ナラサル者ノ登記ヲ爲シタル後其者ノ本籍カ分明

ト爲リタル旨ノ届出又ハ報告アリタルトキハ原登記ノ欄外ニ其登記ヲ爲スコトヲ要ス
本籍分明ト爲リタル者カ本籍人ナリシトキハ前項ノ規定ニ依ラス更ニ本籍人身分登記簿ニ登記ヲ爲シ其登記及ヒ前登記ノ欄外ニ交互參看ノ符號ヲ附記スルコトヲ要ス
前二項ノ登記ヲ爲シタル後其者ノ本籍ニ付キ更ニ届出又ハ報告アリタルトキハ届出又ハ報告アリタルコト及ヒ其年月日ヲ登記ノ欄外ニ記載スルヲ以テ足ル
第二十一條ニ規定スルカ如ク被登記者ノ本籍カ明瞭セサルトキハ非本籍人身分登記簿ニ登記スベキモノトス然ルニ之カ登記ヲ爲シタル以後ニ於テ其者ノ本籍カ分明トナリタルコトノ届出又ハ報告アリタルトキハ戸籍吏ハ更ニ之カ登記ヲ爲スベキモノナレドモ其登記ニ付テハ其者カ本籍人タリシトキト非本籍人タリシトキニ從ヒ差異アルモノトス乃チ左ノ如シ
一、本籍分明トナリタル者カ非本籍人ナリシトキハ原登記乃チ非本籍人身分登記簿ニ於ケル登記欄外ニ其届出又ハ報告ノ旨趣ヲ登記スベシ

二、本籍分明トナリタル者カ本籍人タリシトキハ先キニ登記シタル非本籍人身分登記簿ハ其儘ニナシ置キ更ニ本籍人身分登記簿ニ登記シ其登記（本籍人身分登記簿）及ヒ原登記（非本籍人身分登記簿）ノ各欄外ニ照合ノ爲メ符號ヲ附シ置クベシ

右ノ如ク一若クハ二ノ登記ヲ爲シタル後更ニ其者ノ本籍ニ付キ屆出又ハ報告アリタルトキハ其旨及ヒ其年月日ヲ登記ノ欄外ニ記載スルノミニテ足レリトシ其他ノ記載ヲ爲スニ及ハサルナリ

第二十七條 日本ノ國籍ヲ失ヒタル者カ國籍喪失ノ屆出ヲ爲サヽリシトキハ戶籍吏ハ戶籍役場ノ所在地ヲ管轄スル區裁判所ノ許可ヲ得テ國籍喪失ノ登記ヲ爲スコトヲ要ス

日本ノ國籍ヲ失フトハ日本人タルノ分限ヲ喪失スルコトヲ云フモノニシテ其塲合ハ國籍法第十八條乃至第廿四條ノ規定スル所ナリトス今其一二ノ例ヲ示サハ自己ノ志望ニ依リテ外國ノ國籍ヲ取得シタルモノヽ如キ又明治六年三月十四日第百三號布告第二項（外國人ニ嫁シタル日本ノ女ハ日本人タルノ分限ヲ失フベシ）ノ如キモノ是ナリ是等國籍ヲ失ヒタル者乃チ外國人トナリタルモノカ國籍喪失ノ旨ヲ屆出テサリシトキハ戶籍吏ハ戶籍役場所在ノ地ヲ管轄スル區裁判所ノ許可ヲ受ケ其喪失ノ登記ヲ爲スベシ其許可ヲ受クルヲ要スル所以

ノモノハ事ヲ鄭重ニシ錯誤ナカラシメンカ爲メナリトス

第二十八條　登記ニハ第二十二條ニ規定シタルモノノ外左ノ事項ヲ記載スルコトヲ要ス

一　屆出又ハ申請ノ受附ノ年月日但他ノ戸籍吏又ハ官廳ヨリ屆書ノ送付ヲ受ケタル場合ニ於テハ發送者ノ官職、氏名及ヒ發送ノ年月日ヲ併記スルコトヲ要ス

二　報告又ハ請求ノ發送及ヒ受附ノ年月日並ニ報告者又ハ請求者ノ官職、氏名

三　證書又ハ航海日誌ノ謄本ノ發送及ヒ受附ノ年月日並ニ證書又ハ航海日誌ノ作製者及ヒ謄本發送者ノ官職、氏名

四　登記ヲ命シタル裁判ノ年月日及ヒ裁判所ノ名

本條ハ登記スベキ事項ヲ示シタルモノニシテ乃チ登記スヘキ事項ハ第二十二條ニ云フ所ノモノノ外尚本條ニ規定セル各事項ヲ記載スベキモノトセルナリ何故ニ斯ク之ヲ別條ニ規定スルヤト云フニ彼ハ屆出若クハ報告ニヨリ爲スベキ事柄乃チ換言スレバ登記スルコトヲ要スル主タル事項ヲ規定シタルモノニシテ是ハ登記スルニ至リタルマテノ順序又ハ手續等ヲ

知ルニ必要ナル從タル事柄ヲ規定シタルモノナルヲ以テナリ

本條第一號乃至第四號ノ各事項ハ別ニ說明ヲ要セズ條文上明ナルニヨリ之ヲ省略ス

第二十九條 登記ヲ爲スニハ略字又ハ符號ヲ用井ス字畫明瞭ナルコトヲ要ス

年月日時及ヒ年齡ヲ記スル數字ニハ一二三十ノ字ヲ用井スシテ壹貳參拾ノ字ヲ用ユルコトヲ要ス

文字ハ之ヲ改竄スルコトヲ得ス若シ訂正、挿入又ハ削除ヲ爲シタルトキハ其字數ヲ欄外ニ記載シ又ハ文字ノ前後ニ括弧ヲ附シ戶籍吏之ニ認印シ其削除ニ係ル文字ハ尙ホ明カニ讀得ヘキ爲メ字體ヲ存スルコトヲ要ス

本條ハ登記ニ付テノ用字並ニ挿入削除ニ關スル規定ナリトス乃チ登記ヲ爲スニ當リテ略字又ハ符號ヲ用ユルトキ又ハ用字明ナラサルトキ所謂走リ書キノ如キハ餘人ニ於テハ之ヲ了解スルコト能ハザルニ至ルベキヲ以テ決シテ略字符號ヲ用ユルコトヲ許サズ又字畫ハ極メテ鮮明ナラサルベカラサルモノトス又年月日若クハ年齡等ヲ記スル爲メ數字ヲ用ユルトキニ於テ一、二、三、十等ノ字ヲ用ユルトキハ魯魚ノ誤ヲ生シ易ク改竄ノ弊ヲ來タシ易キヲ以

テ必スヤ壹、貳、參、拾ノ文字ヲ用ユベキモノトセリ又決シテ改竄ヲ許サス若シ訂正挿入削除ヲ爲シタルカ如キコトアラバ其字數ヲ欄外ニ記載シ又ハ其事ヲ明瞭ニセンカ爲メ文字ノ前后ニ括弧ヲ付シ戶籍吏之レニ認印スヘシ又其削除シタル部分ハ全ク塗抹セスシテ讀ミ得ベキ爲メニ字躰ヲ存スルコトヲ要スルモノトス、明治十九年十月內務省令第二十二號戶籍取扱手續第四條ニ「戶籍ハ字畫ヲ明瞭ニ記載シ濫ニ添削スルコトヲ得ズ若シ錯誤脫漏ニ依リ添削スルトキハ之ニ認印ヲ捺シ且其削ルベキモノハ朱線ヲ畫シ原文ヲ存スベシ」トアリテ本條ト多少ノ差異ナキニアラズト雖モ立法ノ精神ニ至リテハ二者共ニ同一ナリト云フヲ得ベシ

第三十條 登記ハ特別ノ規定アル場合ヲ除ク外日次ヲ逐ヒ事件受附ノ順序ニ從ヒテ之ヲ爲シ一事件每ニ番號ヲ附シ用紙ニ空行ヲ存セス前後ノ登記ヲ接續セシムルコトヲ要ス

登記ヲ爲スニハ一日二日ト順次日ヲ逐ヒ事件ヲ受附ケタル順序ニ從ヒテ之ヲ爲スベク一事件每ニ番號ヲ附シ同紙ニ空行ヲ存スルコトナク前後ノ登記ヲ接續セシムベシ例之バ六月一日ニ受附ケタル事件ハ第一號ヨリ順序ヲ逐フテ第二號第三號ト云フカ如ク其日ニ受附タル順序ニ從ヒ登記ヲ爲シ翌二日ニ至ラバ又更ニ一二三ノ順序ヲ逐ヒ前日受附タル事件ノ次ニ

登記スルカ如シ此ノ如ク日次ヲ逐ヒ受付順序ニ從ヒ空行ヲ存スルコトヲ許サヽル所以ノモノハ蓋シ後日ノ記入ヲ防キ不正ノ登記ヲ避ケシメンカ爲メナリトス尤モ法律ニ於テ特別ノ規定アルモノニ付テハ本條ノ規定ヲ適用スルニ及ハザルナリ其所謂特別ノ規定アル場合トハ第二十四條第二十五條ノ登記ノ取消又ハ變更ノ登記ヲナストキノ如シ

第三十一條 戸籍吏ハ登記ヲ爲シタル每ニ其文末ニ認印スルコトヲ要ス

本條ハ戸籍吏ハ一事件ノ登記ヲナシタル每ニ其終リニ認印セサルヘカラサルモノトシタルモノニシテ其理由ハ職責ヲ嚴明ナラシムルニ在リトス

第三十二條 欄外登記ヲ爲スヘキ場合ニ於テ用紙ニ餘白ナキトキハ掛紙ヲ以テ之ニ充ツルコトヲ得此場合ニ於テハ戸籍吏ハ職印ヲ以テ掛紙ト本紙トニ契印ヲ爲スコトヲ要ス

本條ニ所謂欄外ニ登記ヲ爲スベキ場合トハ第二十四條第二十五條ニ於ル登記取消又ハ變更ノ登記ノ如キ第二十六條ニ於ケル被登記者ノ本籍ノ分明トナリタルトキノ如キ場合ヲ云フ而シテ是等ノ場合ニ於テ欄外用紙ニ餘白ナキトキハ掛紙ヲ爲シ之ニ記入シ本紙ト掛紙トニ契印シテ後日ノ紛亂ヲ來タサヾラシメンコトヲ要スルモノトス前示戸籍取扱手續第三條ニ「若シ登記ノ事項多クシテ欄内ニ餘白ナキトキハ用紙ヲ以テ其欄上ニ掛紙シ之ニ登記ス

ヘシ但本紙ト掛紙トノ續目ニハ官印ヲ捺スヘシ」トアルハ全ク本條ト其揆ヲ一ニスルモノト謂フベシ

第三十三條 被登記者ノ本籍カ屆出ニ因リテ戶籍吏ノ管轄ヨリ他ノ戶籍吏ノ管轄ニ轉屬スル場合ニ於テハ戶籍吏ハ登記ヲ爲シタル後遲滯ナク屆書ノ正本ヲ新管轄ノ戶籍吏ニ送付スルコトヲ要ス
被登記者ノ本籍カ他ノ戶籍吏ノ管轄ヨリ戶籍吏ノ管轄ニ轉屬スル場合ニ於テハ戶籍吏ハ登記ヲ爲シタル後遲滯ナク屆書ノ副本ヲ舊管轄ノ戶籍吏ニ送付スルコトヲ要ス

本條ハ被登記者ノ本籍轉屬ノ場合ニ於ケル手續ヲ示スモノニシテ第一項ハ乃チ登記セラルル者ノ本籍カ他ノ戶籍吏ノ管轄ニ轉屬スルトキ舊本籍地ノ戶籍吏ハ其登記ヲ爲シタル後直ニ其屆書ノ正本ヲ新本籍地ノ戶籍吏ニ送付スベキモノトセルナリ例之バ離婚又ハ離緣ノ屆出ニヨリ離婚セラレ又ハ離緣セラレタル者ノ本籍カ他ノ戶籍吏ノ管轄ニ轉屬スルコト、ナルカ如キ場合ニ其離婚又ハ離緣ノ屆書ノ正本ヲ轉屬先キノ戶籍吏ニ送付スルカ如シ第二項ハ新管轄ノ戶籍吏カ斯ル屆出ヲ受ケタルトキハ是亦前項ト同シク登記ヲ爲シタル后直ニ舊本籍地ノ戶籍吏ニ其屆書ノ副本ヲ送付スヘキモノトセルナリ例之バ婚姻又ハ緣組ニヨリテ他家ニ入ル者カ其家所在地ノ戸籍吏ニ之カ屆出ヲナシタルトキハ婚家又ハ養家ノ管轄戸籍吏（新本籍）ヨリ其者ノ實家ノ管轄戸籍吏（舊本籍）ヘ屆書ノ副本ヲ送付スルカ如シ之ヲ要スルニ移轉スル登記ヲ爲ス戸籍役塲ハ常ニ屆書ノ副本ヲ受取リ置キ入籍登記ヲ爲ス戸籍役塲ニハ正本ヲ受取リ置クモノトス尙前第二十條註釋ヲ參照スベシ

第三十四條 被登記者ノ本籍カ屆出ヲ受ケタル戸籍吏ノ管轄以外ニ於テ一ノ戸籍吏ノ管轄ヨリ他ノ戸籍吏ノ管轄ニ轉屬スル場合ニ於テハ其屆出ヲ受ケタル戸籍吏ハ登記ヲ爲シタル後遲滯ナク屆書ノ正本ヲ新管轄ノ戸籍吏ニ送付シ其副本ノ一通ヲ舊管轄ノ戸籍吏ニ送付スルコトヲ要ス

本條ハ前條ト少シク異ニシテ屆出ヲ受ケタル戸籍役塲ニ本籍ヲ有セスシテ其屆出ニヨリテ一ノ戸籍役塲ノ管轄ヨリ他ノ戸籍役塲ノ管轄ニ本籍カ轉屬スル塲合ニ屆出ヲ受ケタル戸籍吏カ取ルベキ手續ヲ定メタルモノニシテ乃チ其戸籍役塲ハ登記后直ニ屆書ノ正本ヲ新管轄ノ戸籍役塲ニ其謄本ノ一通ヲ舊管轄ノ戸籍吏ニ送付スベキモノトセルナリ例之ハ甲戸籍役塲ノ管轄內ニ本籍ヲ有スル者乙戸籍役塲ノ管轄內ニ非本籍アリ而シテ丙戸籍役塲ノ管轄內ニ本籍ヲ有スル者ヲ娶リタルニ其屆出ヲ乙戸籍役塲ニ爲シタルトキハ其役塲ニ於ケル戸籍

吏ハ婚姻屆書ノ正本ヲ甲戸籍役塲ニ其副本ノ一通ヲ丙戸籍役塲ニ送付スルカ如シ

第三十五條 前二條ノ場合ヲ除ク外被登記者ノ本籍カ戸籍吏ノ管轄ニ屬セサルトキハ戸籍吏ハ登記ヲ爲シタル後遲滯ナク屆書ノ正本ヲ管轄戸籍吏ニ送付スルコトヲ要ス

本條ハ轉屬ニアラサル塲合ヲ規定スルモノナリ乃チ第三十三條第三十四條第規定以外ノ塲合ニ於テ屆出ヲ受ケタル戸籍役塲カ其人ノ本籍ヲ有セサルトキハ之ヲ登記シタル后直ニ屆書ノ正本ヲ本籍管轄ノ戸籍吏ニ送付スヘキモノトス例之バ甲戸籍役塲ノ管轄内ニ本籍ヲ有スル者乙戸籍役塲ノ管轄内ニ寄留セントシ其屆書ヲ乙戸籍役塲ニ差出シタルトキノ如シ

第三十六條 第三十三條及ヒ第三十四條ノ規定ハ屆出以外ノ事由ニ因リ被登記者ノ本籍カ移轉スル場合ニ之ヲ準用ス

前項ノ場合ニ於テハ戸籍吏ハ其受附ケタル書面ノ謄本ヲ作リ其謄本ヲ以テ屆書ノ副本ニ代フルコトヲ要ス屆出以外ノ事由ニ因リ登記ヲ爲シタル場合ニ於テ被登記者ノ本籍カ戸籍吏ノ管轄ニ屬セサルトキ亦同シ

本條ハ屆出以外ノ事柄乃チ報告等ニヨリ本籍ノ轉屬スル塲合ヲ云フモノニシテ此塲合ニ在リテハ第三十三條第三十四條ノ規定ヲ準用スト定メタルモノナリ斯ニ準用ストアルハ類似

ノ規定ヲ擬ヘ用ユルト云フコトニシテ全然用ユルニアラス而シテ全然用ユル塲合ニハ適用ト云フモノト知ルベシ

前項ノ塲合ニ在リテハ戸籍吏ハ其受付ケタル書面例之バ報告書等ノ謄本ヲ作リ之ヲ以テ屆書ノ副本ニ代用シ第三十三條第三十四條ニ規定スル手續ヲ盡クスベキモノトス而シテ此規定ハ第三十五條ノ塲合ニモ準用セラルヽモノト知ルベシ尙前第二十條ノ註釋ヲ參照スベシ

第三十七條 登記ヲ爲シタルトキハ屆書其他登記ニ關シテ受附ケタル書類ニ登記ノ番號及ヒ年月日ヲ記載シ登記簿ノ區別ニ從ヒ各別ニ之ヲ編綴シ且之ニ目錄ヲ附スルコトヲ要ス

登記ハ一事件每ニ番號ヲ附スベキモノナルコトハ第三十條ノ示ス所ニシテ本條ニ於テハ受附ケタル屆書其他登記ニ關スル書類ニハ其登記番號及ヒ年月日ヲ附記シ登記簿ノ區別ニ從ヒ各別ニ編綴シ目錄ヲ附スベキコトヽ規定セルナリ是レ蓋シ彼是照合ニ便ナラシメ索引ニ易カラシムルカ爲メナリトス

第三十八條 前條ノ書類ハ一个月每ニ遲滯ナク之ヲ監督區裁判所ニ送付シ監督區裁判所ハ之ヲ保存スルコトヲ要ス

書類ヲ保存スヘキ期間ハ司法大臣之ヲ定ム

本條ハ前條ノ規定ニヨリテ取纒メタル書類ハ一ヶ月毎ニ遲滯ナク之ヲ監督區裁判所ニ送付シテ保存セシムベキモノトセルナリ而シテ其保存年限ニ付テハ司法大臣ノ命令ヲ以テ定ムベキモノトシ第二項ノ規定ヲ設ケタルモノトス

第三十九條 戸籍吏ハ登記ヲ爲シタル毎ニ登記ヲ爲スト同一ノ手續ニ依リ遲滯ナク其全文ヲ登記簿ノ副本ニ謄寫スルコトヲ要ス

登記簿ノ副本ヲ地方裁判所ニ送付シタル後欄外登記ヲ爲シタル場合ニ於テハ戸籍吏ハ遲滯ナク其登記ノ謄本ヲ作リ職氏名ヲ署シ職印ヲ押捺シ之ヲ地方裁判所ニ送付スルコトヲ要ス

地方裁判所長ハ前項ノ規定ニ依リ送付ヲ受ケタル登記ノ謄本ヲ登記簿ノ副本中相當登記ノ欄外ニ貼付シ職印ヲ以テ謄本ト本紙トニ契印ヲ爲スコトヲ要ス

本條ハ副本ニ關スル規定ナリトス

凡テ書類ノ副本ハ正本ト全ク同一事項ノ記載ヲ爲スモノナレバ身分登記簿ノ副本モ亦正本ト同一ノ記載ヲ爲スベキモノトシタルニ外ナラズ

第二項ハ第十一條第二項ノ規定ニ從ヒ登記ヲ終結シタル身分登記簿ノ副本ヲ地方裁判所ニ

送付シタル後ニ正本ニ欄外登記ヲ爲スカ如キ場合ヲ生シタルトキハ戶籍吏ハ其寫シヲ作リ職氏名ヲ署シ職印ヲ押捺シテ之ヲ地方裁判所ニ送付スヘシトシ以テ次項ノ手續ヲ爲サシムルノ用ニ供スルモノトス若シ之ヲ爲ササルトキハ正副ノ登記簿同一ナラサル結果ヲ生ズベケレバナリ

第三項ハ地方裁判所長カ前項ニ規定スル登記ノ謄本ノ送付ヲ受ケタルトキハ之ニ相當スル部分ニ之ヲ貼付シ謄本ト本紙トニ契印ヲ爲スベキモノトセルナリ其契印ヲナス所以ノモノハ第三十二條ト同一ノ理由ニ基クモノトス

第四十條 登記ヲ爲シタル後其登記ニ付キ錯誤又ハ遺漏アルコトヲ發見シタルトキハ戶籍吏ハ遲滯ナク之ヲ届出人又ハ登記事件ノ本人ニ通知スルコトヲ要ス

登記ヲ爲シタル後ニ至リ其登記事項中ニ錯誤アリタルトキ又ハ遺漏アリタルトキハ戶籍吏ハ猥リニ之カ訂正增補ヲナスコトヲ許サズシテ直ニ利害關係人タル届出人又ハ登記事件ノ本人ニ通知セサルベカラズ蓋シ此通知ヲ爲スコトヲ要スル所以ノモノハ是等ノ者ヲシテ更ニ書面ヲ出サシムルカ又ハ訂正ノ申請ヲ爲サシムルニ在ルナリ

第四十一條 戶籍吏ハ每年末ニ於テ最終登記ノ次行ニ終結ノ旨ヲ記載シ

職氏名ヲ署シ職印ヲ押捺スルコトヲ要ス

前項ノ規定ハ最終登記ヲ爲ス前登記簿ノ用紙ヲ用井盡シタル場合ニ之ヲ準用ス

本條ハ戸籍吏カ年末ニ於テ登記簿ノ締メ括リヲ爲スコトニ關スル規定ニシテ乃チ身分登記簿ハ一年限リノモノナルコトハ第八條ノ示ス所ナレバ年末ニ於テハ必ス終結セサルベカラサルモノナリ故ニ其最終ノ登記ヲナシタル次行ニ終結ノ旨ヲ記シ署名捺印スベキモノトセリ尤モ此規定ハ啻ニ年末ノミナラズ帳簿ノ用紙ヲ用ヒ盡シタル塲合ニモ同樣ニ爲スベキモノナレバ第二項ノ規定ヲ設ケタルモノトス

第四章　身分ニ關スル屆出

本章ニ於テハ人ノ身分ニ關スル屆出ニ付テノ規定ヲ爲シタルモノニシテ即チ以下說明スルカ如ク人ノ出生、死亡、婚姻、緣組、離婚又ハ一家ノ興廢其他身分ノ變更等ヲ登記簿ニ登記スルニ付テノ屆出ノ方式等ヲ規定シタルモノトス身分ノ何タルコトニ付テハ既ニ前ニ說明スル所ナルヲ以テ斯ニ之ヲ省畧ス

第一節　通則

通則トハ本章全躰ニ適用スヘキ規定ノ謂ニシテ第二節以下ノ屆出ニハ總テ本節ノ規定ヲ遵奉セシムルモノトス故ニ本節ノ規定ハ本章中ノ全般ニ亘ル總則トモ稱スヘキニシテ各節ニ一々之ヲ規定スルノ煩ヲ避ケ茲ニ一括シテ本章ノ冒頭ニ置キタルモノトス

第四十二條　身分ニ關スル屆出ハ其屆出人ノ本籍地ノ戶籍吏ニ之ヲ爲スコトヲ要ス但其屆出人カ本籍地外ニ在ル場合ニ於テハ其所在地ノ戶籍吏ニ屆出ヲ爲スコトヲ得

屆出人カ本籍ヲ有セサルトキハ其屆出ニ關シテハ所在地ヲ以テ本籍地ト看做ス

本條ハ身分ニ關スル屆出ヲ爲スベキ塲所ノ規定ニシテ第一項ニ於テハ屆出人ノ本籍地ノ戶籍吏ニ爲スヘキコト、定メタルナリ因是觀之身分ニ關スル屆出ノ塲所ハ原則トシテハ其屆出人ノ本籍地ニ於テ爲スベキモノナルコトヲ知ルベシ然レ𪜈人ハ必スシモ本籍地ニノミ住居スルモノニアラズ生活上其他ノ理由ヨリシテ本籍地以外ニ住居スルモノ多キハ今日ノ實例ナレバ此原則ヲ絕對的ニ適用スルトキハ太甚シキ不便不都合ヲ生スルノ虞アリ故ニ本法ニ於テモ屆出人カ本籍地外ニ在ル塲合ニ於テハ其所在地ニ屆出ヲ爲スコトヲ得ベキモノトセリ明治十九年九月內務省令第十九號第五條ニ於テモ出生死亡其他戶籍ニ登記ス可キ事項ハ本籍地戶長ニ屆出ツルヲ原則トシ本籍地外ニ在ルトキハ現在地戶長ニ屆出ツルト同時ニ本籍地戶長ヘ屆書ヲ發送スヘキコト、セリ本法ハ即チ此立法ノ精神ヲ襲用シ以テ本條ノ規定ヲ設ケ唯本籍地外ナル所在地ニ屆出テタル塲合ニ於テ本籍地ニ於ケル登記ニ付テハ既ニ前第三章登記ノ手續中ニ之レカ規定ヲ設ケタリ

第二項ハ全國中何レニモ本籍ヲ有セサル者カ屆出ヲ爲スベキ塲合ヲ規定スルモノニシテ即チ其所在地ヲ以テ本籍地ト看做シ其地ニ屆出ヲナスコトヲ許シタルモノトス蓋シ事ノ便宜ニ基クモノナリ

第四十三條 屆出ハ書面ヲ以テ之ヲ爲スコトヲ要ス但正當ノ事由アルト

キハ届出人ハ戸籍吏ニ其事由ヲ陳述シ口頭ニテ届出ヲ爲スコトヲ得

本條ハ届出ノ方式ヲ定メタルモノトス何故ニ書面ヲ以テナスコトヲ要スルカト云フニ身分ニ關スル登記ハ人ノ權利ノ得喪ニ關スル最モ重大ナル事項ニ關スルカ故ニ其登記ヲナスニ當リテハ最モ愼重愼密ナルヲ要スルト同時ニ其登記ハ届出ノ事項ト毫厘ノ差ナキコトヲ要ス從テ登記シタル事項ニ付テ後日爭ヲ生スルカ如キコトアラハ本條ニ規定スル届出ノ書面ハ唯一ノ證據トナルベク若シ又戸籍吏カ故意ニ登記事項ヲ變更シ之レカ爲メ届出人ニ損害ヲ蒙ラシムル如キコトアラハ第六條ニ規定スルカ如ク戸籍吏ハ賠償ノ責ヲ負ハザルベカラス此ノ如ク一方ニ於テハ届出ヲ爲シタルコト乃チ其届出事件ノ成立ト他ノ一方ニ於テハ届出事項ノ證據トナルベキノ必要アルカ故ニ此規定ヲ設ケタル所以ナリ然レトモ本法ハ亦或ル塲合ニ於テ口頭ニテ届出ヲ爲スコトヲ得ベキコトヽシ其塲合ハ届出人ニ正當ノ事由アルトキ例之バ届出人カ目ニ一丁字ナキ塲合ノ如キヲ云フ而シテ此口頭ノ届出ニ付テハ尚第五十四條ノ規定ヲ參照スヘシ

第四十四條　届書ニハ左ノ事項ヲ記載シ届出人之ニ署名捺印スルコトヲ要ス

一　届出事件

二　届出ノ年月日

三　届出人ノ族稱、職業、出生ノ年月日及ヒ本籍地

本條ハ前條ニ於テ届出ハ書面ニテ爲スベキモノト定メタルガ故ニ其書面乃チ届書ニハ如何ナル條件ヲ具備スルヲ要スルカヲ規定シタルモノトス

一、届出事件　届出事件トハ届出ヲ爲ス所ノ目的タル事柄ヲ云フモノニシテ例之バ子ノ出生ノ届出ナレバ出生届トシ後見ノ届出ナレバ後見届トスルカ如キヲ云フモノニシテ本章第二節以下ニ規定スル事項乃チ是ナリ要スルニ届書ニ届出事件ヲ記セサルトキハ如何ナル身分ノ届出ナルヤ判明ナラサルニ依ルモノトス加之第七條ニ規定スル如ク身分登記簿ハ届出事件ノ區別ニ從ヒ別冊トナスモノナレバ書面ニハ其届出事件ヲ明掲スルノ必要アルコト深ク論スルノ必要ナシ

二、届出ノ年月日　届書ニ届出ノ年月日ヲ記載スルノ要ハ各事件ニ從ヒ本法ハ届出ノ期間ヲ定メタルガ故ニ此年月日ノ記載ナキトキハ果シテ法定ノ期間內ニ届出ヲ爲シタルモノナルカ否ヤヲ知リ難ク又第二百十條ノ適用ヲ爲スカ爲メニ必要アルヲ以テナリ

三、届出人ノ族稱、職業、出生ノ年月日及ヒ本籍地　族稱ハ華士族平民ノ區別ヲ云ヒ(僧尼ノ輩ハ元ト一般人民トハ殊ナル族籍ヲ有シタルモ明治七年七月十日布告第七十四號ニヨリ

各其原籍ニ復スベキ事トナリタリ）職業ハ其生業トスル所ノモノヲ指シ出生ノ年月日ヲ記載スルハ屆出人ノ未成年者ナルカ成年者ナルカヲ知リ一目シテ其屆出義務者ナルカ否ヲ判別スルノ要アリ本籍地ヲ記載スルハ第四十二條ニ於テ屆出ハ本籍地ニ爲スヲ原則トスルニ由ルハ勿論又何レノ地ニ本籍ノ屬スルヤヲ明カナラシムルニ在リ

以上第一乃至第三ノ事項ハ必ズ屆書ニ記載スルヲ要スル所ノモノニシテ以下本法ニ於テ何々スルコトヲ要ストアルハ一ノ要素即チ之レナクンハ有效ナルモノトスル能ハサルモノト知ルベシ

第四十五條 屆出人ト屆出事件ノ本人ト異ナルトキハ屆書ニ其間ノ續柄ヲ記載スルコトヲ要ス

屆出人カ家族ナルトキハ屆書ニ戸主ノ氏名及ヒ屆出人ト戸主トノ續柄ヲ記載スルコトヲ要ス

凡ソ身分ノ屆出ハ其事件ノ主躰タルベキ人ヨリ屆出ツベキハ當然ナルコトナリ例之バ私生子ノ認知ハ之ヲ爲シタル本人ヨリシ婚姻又ハ緣組ハ當事者兩人ヨリスルカ如ク其屆出ヲ爲ス所ノ目的タル事項ヲ行ヒタル者乃チ屆出事件ノ本人ヨリスルヲ通例トスト雖モ如何ナル塲合ナリトモ必ス屆出事件ノ本人ヨリ爲スコトヲ得ルモノニアラズ例之バ死亡ノ屆出ノ如

キ届出事件ノ本人タル死者ヨリシテ爲シ得ベキニアラズ出生ノ届出ノ如キ亦然リ此ノ如キハ其事件ノ性質上自ラ届出事件ノ本人ト届出人ト異ナラサルヲ得サルモノトス而シテ又或ル場合例之バ届出事件ノ本人カ未成年者ナルカ又ハ禁治産者ナルトキハ次條ニ定ムルカ如ク親權ヲ行フ者又ハ後見人ヲ以テ届出義務者トスルモノニシテ是等ハ畢竟其人ノ無能力ナルカ爲メ届出事件ノ本人ト届出人ト異ナラザルヲ得サルモノトス右何レノ場合ニ於ケルモ苟モ事件ノ本人ト事實上届出ヲ爲ス所ノ人ト異ナルトキハ其届書ニハ必ス其間ノ續柄ヲ記載スルコトヲ要スルモノトセリ斯ニ所謂其間ノ續柄トハ届出人ハ届出事件ノ本人ト如何ナル親族上ノ關係アルヤヲ明ニスベキノ意ニシテ例之バ本人ノ父母又ハ兄弟姉妹ト記載スルカ如キヲ云フ

右ノ如ク届出人ト届出事件ノ本人トノ續柄トヲ記載スルノ外尙第二項ヲ以テ若シ届出人ガ家族ナルトキハ其家ノ戸主ノ氏名ト戸主トノ間ノ續柄トヲ記載スルコトヲ要ス故ニ例之バ家族ガ婚姻ヲナシ其届出ヲ爲ストキハ戸主ト自己トノ續柄ヲ記載スルヲ云フ

第四十六條 届出ヲ爲スヘキ者カ未成年者又ハ禁治産者ナルトキハ親權ヲ行フ者又ハ後見人ヲ以テ届出義務者トス

前項ノ場合ニ於テハ届出人ハ届書ニ左ノ事項ヲ記載スルコトヲ要ス

一　屆出ヲ爲スヘキ者ノ氏名、族稱、出生ノ年月日及ヒ本籍地
二　無能力ノ原因
三　屆出人カ親權ヲ行フ者又ハ後見人タルコト
本條ハ前條ニ所謂屆出人ト屆出事件ノ本人ト異ナル場合ノ一ニシテ屆出ヲナス義務者ノ何者タルコトヲ示シタルモノナリ
民法ノ規定ニヨレバ未成年者ノ子ハ其家ニ父ノ親權ニ服シ若シ父カ知レザルトキ、死亡シタルトキ家ヲ去リタルトキ、又ハ親權ヲ行フコト能ハザルトキハ其家ニ在ル母ノ親權ニ服セザルベカラズ（民法第八百七十七條）又親權ヲ行フ父母共ニ之レナキトキハ後見ニ付セラルヘキモノトス（同第九百條）又禁治產者乃チ民法第七條ニヨリ禁治產ノ宣告ヲ受ケタルモノニハ民法上必ズ後見人ヲ付スベキモノトセリ（同第八條）此ノ如ク民法上未成年者又ハ禁治產者ハ無能力者トシテ親權又ハ後見ニ服スベキモノトシ單獨ニテ法律行爲ヲ爲スヲ得ザルモノトスルヲ以テ身分ニ關スル屆出ニ付テモ其監督保護ノ任ニ膺ルベキ後見人又ハ親權ヲ行フベキ者ヲ以テ屆出義務者ト定メタルニ外ナラサルナリ
第二項ハ左ノ如ク屆出義務者ヨリシテ身分ニ關スル屆出ヲナス場合ニ於テハ其ノ屆書ニ具備スルコトヲ要スル條件ヲ定メタルナリ乃チ

一、屆出ヲ爲スヘキ者ノ氏名、族稱、出生ノ年月日及ヒ本籍地此要件ハ第四十四條第三號ト同一ノ理由ニ基クモノナリ

二、無能力ノ原因　斯ニ無能力ノ原因ト云フハ例之バ未成年者ナリトカ又ハ禁治產者ナリトカ云フコトヲ明示スルヲ云フモノニシテ即チ屆出事件ノ本人カ獨立シテ屆出ヲ爲スノ能力ナキ原因ヲ明カナラシムルモノトス

三、屆出人カ親權ヲ行フ者又ハ後見人タルコト　此要件ハ屆出人カ其義務ヲ負フノ原因ヲ明示スルモノトス

第四十七條　前條ノ規定ハ無能力者カ其法定代理人ノ同意ヲ得スシテ爲スコトヲ得ヘキ行爲ノ屆出ニハ之ヲ適用セス

禁治產者カ屆出ヲ爲ス場合ニ於テハ屆書ニ屆出人カ屆出事件ノ性質及ヒ效果ヲ理會スルニ足ルヘキ能力ヲ有スル者ナルコトヲ證スヘキ醫師ノ診斷書ヲ添フルコトヲ要ス

前條ニ於テ未成年者又ハ禁治產者ノ如キ無能力者カ身分ニ關スル屆出ヲナサントスルニハ屆出義務者ヨリ爲スコト、スト雖モ是等ノ無能力者ナリト雖モ民法上敢テ後見人又ハ親權ヲ行フ者ノ同意ヲ得ルニアラサレバ如何ナル行爲ヲモ爲シ得ザルト云フニァラス或行爲ニ

付テハ無能力者カ獨立シテ爲シ得べキモノアリトス彼ノ一身ニ專屬スル權利例之バ民法第七百七十四條ノ禁治產者ガ婚姻ヲ爲スニハ後見人ノ同意ヲ得ルコトヲ要セザルカ如キ第八百二十八條ノ私生子ノ認知ヲ爲スニハ法定代理人ノ同意ヲ得ルコトヲ要セザル如キ苟モ無能力者カ獨立シテ爲スコトヲ得べキモノニ在リテハ屆出事件ノ本人タル無能力者ヨリ屆出ツルハ元ヨリ至當ナルべキヲ以テ此ノ如キ塲合ニ於テハ屆出義務者ヲ煩スべキニアラス是レ本條第一項ノ規定アル所以ナリ

第二項ハ禁治產者カ後見人ノ同意ヲ得ルコトヲ要セスシテ爲シ得ヘキ行爲ハ元ト其一身ニ專屬スル權利ナルニ依ルトハ云ヘ禁治產者ハ時々本心ニ回復スルコトアルヘキヲ以テ其精神ヲ回復シタル時ニ於テ或行爲(例之ハ婚姻又ハ私生子認知ノ如キ)ヲ獨立シテ爲スコトヲ許シタルモノナレバ其屆出ヲナスニ當リテハ其精神ヲ回復シタル時ニ於テ爲シタルモノナルコトヲ證明スルノ必要アリ否ラサレバ果シテ禁治產者カ其行爲ノ性質又ハ其法律上如何ナル効果ヲ生ズルヤ否ヤヲ知リテ爲シタルモノナリト認ムルニ由ナシ是レ本條第二項ノ規定アル所以ニシテ其塲合ニ於テハ醫師ノ診斷書ニヨリ適當ニ之ヲ證明スルニ足ルべキモノトシ屆書ニ之ヲ添フべキコトヲ命ズルナリ

第四十八條 證人ヲ要スル事件ノ屆出ニ付テハ證人ハ屆書ニ其證人タル

コト、出生ノ年月日、職業及ヒ本籍地ヲ記載シテ署名、捺印スルコトヲ要ス

身分ニ關スル屆出ニハ證人ヲ要スルモノ多々アリ例之バ婚姻(民法第七百七十五條第二項)協議上ノ離婚(同第八百十條)養子緣組(同第八百四十七條)協議上ノ離緣(同第八百六十四條)ノ如シ是等ノ事件ノ屆出ニハ其證人ノ氏名族稱出生ノ年月日本籍地ヲ記載スルノ要アルコト尚第四十四條第三號ト同一ノ理由アルニ依ル而シテ證人タルコトノ明示ヲ必要トスルハ若シ此明示ナクンバ屆出事件ノ本人ナルカ屆出義務者ナルカ將タ又何故ニ屆書ニ署名捺印シタルカヲ知ルコト能ハザレバナリ

第四十九條 屆出人、屆出事件ノ本人又ハ屆出ノ證人カ本籍地外ニ在ルトキハ屆書ニ其所在地ヲ記載スルコトヲ要ス

本條ハ第四十二條ニ於テ身分屆出ハ所在地ニ於テ爲シ得ヘキモ原則トシテハ本籍地ニ爲スベキモノトセルモノヨリシテ屆出人屆出事件ノ本人又ハ證人カ本籍地外ニ在リテ屆出ヲ爲スベキ場合ニ於テハ其所在地ヲ屆書ニ明記セシムルモノトス

第五十條 本法ノ規定ニ依リ屆書ニ記載スヘキ事項中其事實ノ存セサルモノ又ハ知レサルモノアルトキハ其旨ヲ記載スルコトヲ要ス但戶籍吏

ハ各屆出事件ニ付キ特ニ重要ト認ムル事項ヲ記載セサル屆書ヲ受理スルコトヲ得ス

本條ハ第四十四條乃至第四十九條ヲ以テ屆書ノ條件トシテ記載スルコトヲ要スト定メタル事項ノ中其事實ノ存セサルモノ例之ハ本籍地ヲ有セサルモノハ事實上本籍地ノ存セサルモノナルカ如シ又ハ知レザルモノアルトキ例之ハ屆出人ト屆出事件ノ本人トノ續柄ノ判明ナラザルトキ若クハ屆出人ノ出生ノ年月日ノ知レサルトキニ於テハ事實ノ存セサル者又ハ知レサル旨ヲ記載セザルベカラズトシタルナリ此ノ如ク事實ノ存セサル塲合又ハ知レサル塲合ニ於テハ只其書ヲ記載スルコトヲ要スルノミトスルトキハ或ハ屆出人ノ故意又ハ怠慢ニヨリ不實ノ記載ヲナスヲ計ラレズ從テ其屆出事件ニ極メテ重要ナル事項ヲ明記セザル如キコトアリテハ法律カ屆書ノ方式ヲ定メタルノ理由ヲ滅却スルニ至ラン是レ實ニ本條但書ヲ以テ戶籍吏ニ其重要ナリト認ムル事項ノ記載ナキ屆書ヲ受理スルコトヲ許サヾルモノナリ而シテ如何ナル事項カ尤モ重要ナルモノナルヤト云ヘバ各事件ニ從ヒ必ズヤ一樣ナラザルベク畢竟事實上ノ問題ニ屬スベシト雖モ要スルニ屆出事件ノ性質又ハ屆書ノ適否ヲ知ルニ足ルベキ事項ノ記載ナキトキ例之バ屆出義務者ヨリスル屆書ニ無能力ノ原因又ハ屆出義務者ノ義務ノ原因ヲ記載セサルカ如キ之レナリ

第五十一條　屆書ニハ本法其他ノ法令ニ定メタル事項ニ非サレハ之ヲ記載スルコトヲ得ス

本條ハ唯屆書ニハ法律カ命スル以外ノ事項ノ記載ヲ禁スルコトヲ示スモノニシテ即チ法律カ命セサル事項ハ元ト不必要ナルニ因ルモノナレハ不必要ナル事項ノ記載アルハ登記手續上徒ラニ煩累ヲ來スノ害アレバナリ其他ノ法令トハ民法又ハ勅令省令等ヲ云フ

第五十二條　第二十九條ノ規定ハ屆書ノ記載ニ之ヲ準用ス

身分登記ヲナスニハ略字符號ヲ用ユルヲ得ズ又字畫明瞭ナルヲ要スルコト及ヒ其他ノコトニ付テハ既ニ第二十九條ノ規定スル所ニシテ屆書ハ即チ登記ヲナスノ材料タルベキモノナルガ故ニ其誤謬ヲ來シ疑義ヲ生セシムルカ如キコトナカラシムル爲メ第二十九條ノ規定ヲ準用スヘキモノトシタルニ外ナラズ

第五十三條　本籍地ノ戸籍吏ノ管轄地外ニ於テ屆出ヲ爲ストキハ屆書ハ正副二本ヲ作ルコトヲ要ス

屆出ニ因リ一人又ハ數人ノ本籍カ一ノ家ヨリ他ノ家ニ移轉スル場合ニ於テ兩家ノ本籍地カ戸籍吏ノ管轄ヲ異ニスルトキハ屆書ハ正副二本ヲ作リ屆出地ト兩家ノ本籍地トカ各戸籍吏ノ管轄ヲ異ニスルトキハ正本

一通副本二通ヲ作ルコトヲ要ス
本條ハ本籍地以外ニ於テ屆出ヲナス場合ノ屆書ニ關スル規定ニシテ第一項ハ既ニ第三十五條ニ規定スル如ク正本ヲ本籍ノ管轄戶籍吏ニ送付スルノ必要ナルヲ以テナリ
第二項ハ屆出ニヨリ本籍カ他ノ家ニ移轉シ各其管轄戶籍役場ヲ異ニスル場合ト屆出地ト兩家ノ本籍地トノ管轄ノ異ナル場合トノ規定ニシテ左ノ如ク分說スルヲ便宜トス
第一、屆出ニヨリ一人又ハ數人ノ本籍カ一ノ家ヨリ他ノ家ニ移轉スル場合　屆出ニヨリ一人ノ本籍カ一ノ家ヨリ他ノ家ニ移轉スル場合ハ例之バ甲家ノ子女カ乙家ヘ婚姻又ハ緣組ヲナシタルトキ若ハ離婚又ハ離緣ニヨリ婚家又ハ養家ヨリ實家ヘ復歸スル場合ノ如シ數人ノ本籍カ一ノ家ヨリ他ノ家ヘ移轉スル場合トハ例ヘバ夫カ他家ヘ入リ又ハ一家ヲ創立シタルトキハ妻ハ之ニ隨フベキモノ(民法第七百四十五條)トスルカ故ニ夫妻ノ本籍ハ同時ニ他ノ家ヘ移轉スルコトヽナルカ如シ而シテ此二個ノ場合ニ於テ一ノ家ト他ノ家トノ本籍地カ戶籍吏ノ管轄ヲ異ニスルトキ例ヘバ一ノ家ノ本籍ハ東京市ニシテ他ノ家ノ本籍ハ橫濱市ニ在ルカ如キトハ第一項ト同樣正副二本ヲ作リテ屆出ツルコトヲ要ス其理由ハ第三十三條ニ於テ屆書ノ二本ヲ新管轄ノ戶籍吏ニ送付スルヲ要スト定メタルカ故ナリ
第二、屆出地ト兩家ノ本籍地トカ各戶籍吏ノ管轄ヲ異ニスルトキ　例ヘバ前例ノ東京市

ニ本籍ヲ有スル者カ横濱市ニ本籍ヲ有スル者ヲ娶リタルトキ其當事者カ京都市ニ居住シ同市ニ之カ屆出ヲナスカ如キ場合ヲ云フ而シテ此場合ニハ正本一通副本二通ヲ作ルコトヲ要ス其理由ハ第三十四條ニ於テ屆書ノ正本ヲ新管轄(東京市)副本一通ヲ舊管轄(横濱市)ノ各戸籍吏ニ送付スルコトヲ要スト定メタルカ故ナリ

第五十四條 口頭ヲ以テ屆出ヲ爲スニハ屆出人ハ戸籍吏ノ面前ニ出頭シ其屆出事件ヲ陳述シ戸籍吏ハ直チニ其口述竝ニ屆出ノ年月日、屆出人ノ氏名、出生ノ年月日、職業及ヒ本籍地ヲ筆記シ之ヲ屆出人ニ讀聞カセ且屆出人ヲシテ之ニ署名、捺印セシムルコトヲ要ス

本條ハ第四十三條但書ヲ以テ口頭ニテ屆出ヲナシ得ヘキコトヲ規定シタルカ故ニ口頭ニテ屆出ヲナスモノアル場合ニ於テ如何ニ取扱フヘキモノナルヤヲ定メタルモノナリ即チ此場合ニ於テハ屆出人ハ戸籍吏ノ面前ニ出頭シ己カ屆出ヲ爲サントスル目的タル事件ノ何タルコトヲ供述シ戸籍吏ハ其供述ヲ錄取シ之ヲ屆出人ニ讀聞カセ署名捺印セシムヘキコトヲ要ストシタルナリ而シテ戸籍吏カ錄取シタル所ノ書面ハ即チ屆書ト同様ニ看做スヘキモノナルカ故ニ其書面作成ニ付テノ方式ハ屆出人ヨリ爲ス屆書ト同様ナラシムルノ要アリ從テ本條ニ於テ戸籍吏カ筆記スルヲ要スル所ノ事項ハ第四十四條規定ノ事項ト敢テ異ナラザルヲ

知ルベシ

第五十五條 前條ノ規定ニ依リテ戸籍吏カ作ルヘキ書面ニハ屆書ニ關スル規定ヲ準用ス

戸籍吏カ前條ノ規定ニヨリ屆出人ノ口述ヲ筆記シ作成スル所ノ書面ニ付テハ前述スル如ク屆書ト同樣ニ看做スベキモノナルカ故ニ屆書ニ關スル規定即チ第四十四條乃至第五十三條ニ規定セル要件(方式其他書面ノ員數等)ハ此塲合ニ準用セラルベキモノトセルナリ例之ハ第五十三條第一項ニ該當スル塲合ニ於テハ戸籍吏ハ正副二通ノ書面ヲ作ルコトヲ要スルカ如シ

第五十六條 第四十三條、第五十四條及ヒ前條ノ規定ハ屆出事件ニ關スル同意、承諾又ハ承認ノ證明ニ之ヲ準用ス

身分ニ關スル屆出ニハ其事件ノ性質ニ從ヒ屆書ニ同意承諾又ハ承認ノ證書ヲ添付スルヲ要スル塲合アリ例之バ本法第八十二條(承諾)第八十七條(同意)第九十八條(同意)第百三條(同意)第百十條(同意)第百二十一條(承諾)ノ如シ是等ノ同意承諾又ハ承認ノ證明ニ付テハ第四十三條第五十四條及ヒ前條ノ規定ヲ準用スト云フハ即チ書面ヲ以テスルヲ普通トシ口頭ニテナス塲合ニハ戸籍吏ノ面前ニ於テ其口述スル所ヲ戸籍吏ニ筆記セシムル等苟モ前數

條ニ於テ規定シタル屆書ノ要件方式員數等ハ此場合ニ準用セラルベキモノトセルナリ
同意承諾及ヒ承認ハ普通ノ意味ニ於テハ何レモ同一ニ用ヒルコトアルモ强テ之ヲ區別スル
トキハ同意ハ主トシテ自己ノ身ニ直接ノ利害關係ナキ場合ニ用ヒラレ同意ヲ求ムルモノト
求メラルヽモノトノ位地ニ對等ナラサルモノヽ間ニ於ケル用語ニシテ通俗ニ之レヲ解スレ
ハ異議ヲ申立テズ故障ヲ爲サズト云フカ如キヲ云フ承認及ヒ承諾ハ之ヲ爲スモノヽ爲メニ
モ多少利害ノ關係アル點ニ於テハ異ナルナキモ承諾ナル文字ヲ用ユル場合ハ其是認スル事
柄が自己ノ身ニ關スルト同時ニ之ヲ求ムルモノヽ身ニモ關スルトキニ用ユルモノナルモ承
諾ハ其是認スル事柄カ主トシテ自己ノ一身ニ關スル場合ニ於テ用ヒラルヽモノトス

第五十七條

本法ニ別段ノ規定アル場合ノ外法令ノ規定ニ依リ屆出事件ニ付キ官廳ノ許可ヲ要スルトキハ屆出人ハ屆書ニ許可書ノ謄本ヲ添フルコトヲ要ス

本條ハ亦屆書ニ添付スヘキ書類ニ關スル規定ニシテ本條ニ別段ノ規定アル場合例之ハ第百五十九條第百六十四條第百六十五條ノ外他ノ法律命令ノ規定ニヨリ或ル身分上ノ事項ニ付キ官廳ノ許可ヲ要スル場合例之ハ明治十七年七月宮內省達華族令第九條ニ華族及ヒ華族ノ子弟婚姻又ハ養子セントスル者ハ宮內大臣ノ許可ヲ受クベキコトヲ定ムルカ故ニ華族カ本

法ニ從ヒ婚姻又ハ養子緣組ノ屆出ヲ爲スニハ前數條ニ定ムルモノヽ外尙宮內大臣ノ許可書ノ謄本ヲ添フルコトヲ要スルカ如シ

第五十八條 屆出人カ疾病其他ノ事故ニ因リ自ラ戶籍吏ノ面前ニ出頭スルコト能ハサルトキハ代理人ヲ差出タスコトヲ得

凡ソ百般ノ法律行爲中餘人ヲ以テハ性質上爲シ得ヘカラサル外ハ皆代理人ヲ以テモ爲スコトヲ得ヘキヲ原則トスルカ故ニ身分ノ屆出ニ付テモ亦此原則ハ適用セラルヘキモノナルコトハ本條ニ於テ定メタルモノトス卽チ屆出人カ疾病其他ノ事故例之ハ公務ノ爲メ旅行中ナルカ若クハ兵役ノ爲メ入營中ニシテ出頭スル能ハサルカ如キ塲合ニ在リテハ代理人ヲ差出シ得ヘキモノトセルナリ此ノ塲合ニ於テハ民法ノ代理ノ規定ニ從フヘキモノトス

第五十九條 外國ニ在ル日本人ハ本法ノ規定ニ從ヒ其國ニ駐在スル日本ノ公使又ハ領事ニ屆出ヲ爲スコトヲ得

前數條ニ規定スル所ハ專ラ內國ニ於テ身分ニ關スル屆出ヲナス塲合ニ於ケル規定ナレトモ今日ノ如ク交通ノ便開ケ海外到ル所我國人ノ住居セサルナキ狀態ナレハ海外在住ノ內國人間ニ於テ婚姻緣組又ハ出生死亡等人事上ノ異動アルヘキハ亦數ノ免レサル所ナルヲ以テ是等外國ニ在ル者ノ屆出ニ付テノ規定ヲ設クルノ必要アリ既ニ民法ニ於テモ第七百七十七條

第八百五十條等ニ於テ婚姻縁組共ニ其國ニ駐在スル日本ノ公使又ハ領事ニ屆出ヲナスコトヲ得ヘキモノトセルニ依リ本條ニ於テ之レカ規定ヲ爲ス所以ナリトス

第六十條 外國ニ在ル日本人カ其國ノ法式ニ從ヒ屆出事件ニ關スル證書ヲ作ラシメタルトキハ三个月内ニ其國ニ駐在スル日本ノ公使又ハ領事ニ其證書ノ謄本ヲ差出タスコトヲ要ス

日本ノ公使又ハ領事カ其國ニ駐在セサルトキハ本人歸國ノ後一个月内ニ本籍地ノ戸籍吏ニ證書謄本ヲ差出タスコトヲ要ス

前條ノ規定ニ依リ外國ニ在ル日本人カ身分ニ關スル屆出ヲ公使又ハ領事ニ爲スハ本法ノ規定ニ從ヒ屆書ヲ以テ之ヲ爲シ得ルハ元トヨリ論ヲ俟タサル所ナレトモ若シ外國ニ在ル日本人カ外國人ト婚姻シタルカ如キ塲合ニ於テハ或ハ其國ノ法律ニ從ヒ其國ニ於テ定ムル方式ヲ以テ婚姻證書ヲ作成スルカ如キコトナシトセズ此ノ如キ塲合ニ在リテハ其證書ヲ作ラシメタル者ハ其證書ノ謄本ヲ三ヶ月内ニ日本ノ公使又ハ領事ニ差出サヽルヘカラサルナリ而シテ此ノ謄本ノ呈出ハ即チ屆書ノ呈出ト同一ノ効力アルモノトス又公使若クハ領事カ其謄本ヲ受領シタル以後ノ手續ハ次條ニ規定スル所ナリ

第二項ハ若シ日本ノ公使又ハ領事ノ駐在ナキ塲合ハ如何ニスヘキヤノ規定ニシテ此塲合ニ

於テハ本人歸國後一ヶ月内ニ本籍地ノ戸籍吏ニ屆出ツヘキモノトス而シテ戸籍吏ハ第十五條第三項ニ從ヒ登記スヘキモノナリ

第六十一條 前二條ノ規定ニ依リテ公使又ハ領事カ受取リタル屆書又ハ證書ノ謄本ハ其公使又ハ領事ヨリ三个月内ニ之ヲ外務大臣ニ發送シ外務大臣ハ十日内ニ之ヲ本人ノ本籍地ノ戸吏籍ニ發送スルコトヲ要ス

本條ハ前二條ノ規定ニヨリテ日本ノ公使又ハ領事カ屆書又ハ證書ノ謄本ヲ受理シタル以後本國ニ於ケル戸籍吏カ登記スルニ至ルマテノ手續ヲ規定シタルモノナリ尙第十五條第三號ヲ參看スヘシ

本條ニ云フ所ノ三ヶ月又ハ十日ナル期間ハ前條云フ所ノ三ヶ月ノ期間乃チ屆出期間トハ全ク異ニシテ發送期日トモ稱スヘキモノトス故ニ屆出又ハ證書ノ謄本ヲ受取リタルトキヨリ起算スヘキモノト知ルヘシ

第六十二條 本法ニ定メタル屆出期間ハ屆出事件ノ發生シタル日ヨリ之ヲ起算ス

裁判確定ノ日ヨリ期間ヲ起算スヘキ場合ニ於テ屆出義務者カ裁判ノ送達又ハ交付ヲ受クル前裁判カ確定シタルトキハ其送達又ハ交付ヲ受ケ

タル日ヨリ之ヲ起算ス
身分ニ關スル届出ハ何時ニテモ之ヲ爲シ得ヘキモノトシ別ニ其期間ヲ定メサルトキハ或ハ之ヲ等閑ニ付シ去リ從テ人ノ身分ヲ永ク不確定ノ地位ニ置クノ危險アルハ勿論權利ノ消長ニ重大ノ關係ヲ及ホスヘキモノナルカ故ニ本法ニ於テハ各事件ニ從ヒ各其期限ナルモノヲ設ケタリ（第六十八條第七十五條第七十九條第九十二條第九十九條第百十一條第百十四條第百二十二條第百二十五條等）本條ハ此期間ノ計算法ヲ定メタルモノニシテ第一項ニ於テ届出事件ノ發生シタル日ヲ以テ起算點トスルコヲ規定セリ故ニ例之ハ出生ノ届出ハ生出ノ日ヨリ起算シ十日以內ニ出ツヘク嫡出子ノ否認ハ其裁判確定シタル日ヨリ起算シテ一ケ月以內ニ届出ツルカ如シ
第二項ハ裁判確定ニヨリ届出事件ノ發生シタル場合ニ於テ期間計算ニ付テノ一例外ヲ規定シタルモノトス即チ裁判ハ裁判言渡書（判决、决定、命令）ノ送達ヨリ法律ニ定ムル期間（三十日若クハ七日ニシテ其詳細ハ民事訴訟法ニヨリ之ヲ知ルヘシ）ヲ經過シタルトキ確定スルモノニシテ其送達ハ訴訟ニ於ケル當事者ニ爲スヘキモノナルコトヲ普通トスルモ若シ其者ノ訴訟代理人アルトキハ其代理人ニ送達セラルコトアルヘキヲ以テ自己ノ知ラサル間ニ裁判確定スルコトアルヘシ從テ其事實ヲ知ラスシテ遂ニ届出期間ヲ失スルカ如キ場合ナシトセス此ノ如キ場合ニ於テ直ニ怠慢ノ責アリトシ制裁ヲ加フルカ如キハ太甚タ酷ナリト謂ハサルヘカラス故ニ届出義務者カ裁判ノ送達又ハ交付ヲ受ケタル日ヨリ起算スヘシトノ例外ヲ設ケタルモノナリ

第六十三條　本法ノ規定ニ依リ期間内ニ爲スヘキ届出ヲ怠リタル爲メ過料ニ處セラレタル者アルトキハ裁判所ハ遲滯ナク其者カ届出ヲ爲スヘキ地ノ戸籍吏ニ之ヲ通知スルコトヲ要ス但戸籍吏ヨリ既ニ届出ヲ受理シタル旨ノ通知アリタル場合ハ此限ニ在ラス

戸籍吏カ前項ノ通知ヲ受ケタルトキハ届出義務者ニ對シ相當ノ期間ヲ定メ其期間内ニ届出ヲ爲スヘキ旨ヲ催告スルコトヲ要ス

届出義務者カ前項ノ期間内ニ届出ヲ爲ササルトキハ戸籍吏ハ更ニ相當ノ期間ヲ定メテ催告ヲ爲スコトヲ要ス爾後届出義務者カ戸籍吏ノ催告ニ應セサルトキ亦同シ

前條ニ説明スル如ク事件ニヨリ届出ノ期間ヲ異ニスト雖モ法律ハ必ス届出ヲナスヘキコトヲ命スルモノナルカ故ニ本法ノ規定ニ違背シ届出ヲ爲ササルモノアルトキハ第二百十條ニ規定スルカ如ク過料ニ處セラルヘキモノトス故ニ第一項ニ於テハ戸籍法違反者ニ對シ制裁

ヲ加ヘタル場合ニハ其宣告ヲ爲シタル裁判所ヨリ其者カ屆出ヲ爲スヘキ地ノ戸籍吏ヘ此旨ヲ通知スルノ義務ヲ其裁判所ニ負ハシメタリ是レ畢竟スルニ第二項ノ規定ト相待ツテ屆出ヲ强要シ以テ本法制定ノ主旨ヲ貫徹セシムルノ目的ニ出テタルモノトス故ヲ以テ但書ノ如ク屆出ヲナスヘキモノカ既ニ戸籍吏ニ屆出ヲ爲シタルノ事實ヲ裁判所ニ於テ知リタル場合ニハ別段通知ヲ爲スニ及ハスト規定スル所以ナリ

第二項ハ戸籍吏カ前項ノ通知ヲ裁判所ヨリ受ケタルトキハ屆出義務者ニ對シ相當ノ期間乃チ戸籍吏カ適當ナリト認メタル期間内ニ屆出ツヘキコトヲ催促シ必ス屆出ヲ爲サシムルニ勉ムヘキコトヲ命シタルモノトス

第三項ハ前項ニヨリ催告ヲ爲シタルニ尙屆出ヲナサヾル場合ノ規定ニシテ即チ催告ニ重ヌルニ催告ヲ以テス尙之レニ應セサルトキハ又更ニ催告ヲナシ屆出ヲナスマテハ飽マテモ之ヲ强要スヘキコトヲ命シタルモノトス此ノ如ク本法カ幾回幾十回ノ催告ヲ命スル所以ノモノ畢竟身分登記ノ重且大ナルニヨラスンハアラサルナリ又本項ノ規定ニ違反スル者ハ第二百十一條ニヨリ過料ニ處セラル丶モノト知ルヘシ

第六十四條 戸籍吏カ其管轄内ニ本法ノ規定ニ違反シテ屆出ヲ爲サヽル者アルコトヲ知リタルトキハ遲滯ナク之ヲ其事件ノ管轄裁判所ニ通知

スルコトヲ要ス

本條ハ戶籍吏カ戶籍法違反者アルコトヲ知リタル場合ニ負フ所ノ義務ヲ規定シタルモノニシテ乃チ戶籍吏ハ常ニ戶籍ヲ管掌スルモノナルカ故ニ屆出ヲ怠ル者アルコトヲ知リ得ヘキコトハ容易ナルヲ以テ苟モ本法ノ規定ニヨリ期間內ニ登記屆出ヲ爲サヽル違反者カ其管轄內ニアルコトヲ知リタルトキハ直チニ其事件ノ管轄裁判所ヲシテ處罰セシムル爲メ通知スヘキモノト定メタリ蓋シ刑事訴訟法第五十二條ニヨレハ官吏公吏其職務ヲ行フニ因リ犯罪アルコトヲ認知シ又ハ犯罪アリト思料シタルトキハ速ニ其職務ヲ行フ地ノ撿事ニ告發スヘシトアリテ本條ハ乃チ此趣旨ニ基キ設ケタルモノナリトス

第六十五條　屆出期間ヲ經過シタル後ニ屆出ヲ爲シタル場合ト雖モ戶籍吏ハ其屆出ヲ受理スルコトヲ要ス

本條ハ期間經過後ノ屆出ナリトモ戶籍吏ハ苟モ其屆出ニシテ本法ニ規定セル方式條件等ノ具備スルニ於テハ之ヲ受理セサルヘカラサルコトヲ規定シタルモノニシテ前條ニ說明シタル如ク法律ハ飽クマテ屆出ヲ强要スルモノナレハ設令期間ヲ經過スルモ屆出ナキニ勝ルコト万々ナレハナリ之ヲ要スルニ屆出ヲ怠リ罰セラレタリトテ屆出ノ義務ヲ免除スルモノニアラサルコトヲ知ルヘシ

第六十六條 屆出人ハ手數料ヲ納付シテ屆出受理ノ證明書ヲ請求スルコトヲ得

本條ハ唯屆出人ハ手數料ヲ納付シテ屆出受理ノ證明書ヲ請求スルコトヲ得ル旨ヲ規定シタルニ止マリ手數料ノ額ニ付テハ司法大臣ノ定ムルモノナルコトハ附則第二百十七條ニ規定スル所ナリトス

第六十七條 屆出ニ關スル規定ハ登記ノ取消又ハ變更ノ申請ニ之ヲ準用ス

登記ノ取消及登記變更ノ何レタルコトハ既ニ第廿五條ノ下ニ於テ說明スル所ニシテ其何レノ場合ニ於テモ前數條ニ規定スルカ如ク屆書ニ關スル方式條件等ニ從ヒ之レカ申請ヲ爲スヘキモノトスルナリ故ニ例之ハ口頭ニテ登記ノ取消又ハ變更ヲ申請スルニハ第五十四條ノ規定ヲ準用スルカ如シ

第二節 出生

私權ノ享有ハ出生ニ初マルトハ民法第一條ニ規定スル所ニシテ凡テ人ノ權利能力ハ出生ヨリ初マルモノトスルカ故ニ出生ノ屆出ハ最モ重要ナリト謂ハサルヘカラス此ノ如ク人ハ出生ニヨリテ權利能力ヲ享有スヘキモノトスルヲ以テ其初期タル出生ノ屆出ヲ本章第二節ニ

規定シタルモノトス

抑モ出生トハ胎兒カ母躰ヨリ分離スルコトヲ云ヒ生キテ生ルルコトト生存シ得ベキモノナルコトトノ二條件ヲ要ス故ニ此二條件ヲ具備スルニアラサレバ法律上出生ト云フベキニアラズ從テ死シテ生レタルモノハ出生ト云フ能ハサルナリ而シテ出生子ヲ區別シテ法律上三種トス曰ク嫡出子、曰ク庶子、曰ク私生子是ナリ嫡出子トハ婚姻シタル男女ノ間ニ生レタル子ヲ云ヒ庶子ト私生子トハ共ニ婚姻セサル男女ノ間ニ生レタルモノナルモ何人ノ胤ニ出テタルモノナルカ乃チ父ノ知レサル子ヲ私生子ト云ヒ父カ認知シタル私生子ヲ庶子ト云フナリ此區別ハ後ニ説明スル如ク出生ノ屆出ニ關シテモ差異アルノミナラズ民法上ニ於テモ亦權利ノ取得上大差アルモノト知ルベシ之ヲ要スルニ本節ニ於テハ出生ノ屆出ニ關スル方式條件等ヲ規定シタルモノトス

第六十八條　子ノ出生アリタルトキハ十日內ニ左ノ諸件ヲ具シテ之ヲ屆出ツルコトヲ要ス

一　子ノ名及ヒ男女ノ別

二　子カ私生子ナルトキ又ハ出生前ニ認知セラレタル爲メ庶子ト爲リタル者ナルトキハ其旨

三　出生ノ年月日時及ヒ場所
四　父母ノ氏名、族稱、職業及ヒ本籍地但私生子ノ屆出ニ付テハ母ノ氏名、族稱、職業及ヒ本籍地ノミヲ記載スルコトヲ要ス
五　出生子ノ入ルヘキ家ノ戶主ノ氏名、族稱、職業及本籍地
六　出生子カ一家ヲ創立スル者ナルトキハ其旨及ヒ創立ノ原因
七　國籍ヲ有セサル者ノ子ナルトキハ其旨

本條ハ子ノ出生ノ屆出ニ具備スルコトヲ要スル條件ヲ定メタルモノニシテ乃チ左ノ如シ

一　子ノ名及ヒ男女ノ別

子ノ男性ナルヤ女性ナルヤ又其名稱ノ如何ナルヤハ其子ヲ識別スルカ爲メ欠ク可カラサルモノナルコト多言ヲ須ヒズ從テ出生屆ニ此條件ヲ必要トスル亦明ナリトス而シテ子ノ氏ニ付テハ民法第七百三十三條ニ子ハ父ノ家ニ入リ、父ノ知レサル子ハ母ノ家ニ入ルトシ各其家族トナルベク家族ハ其家ノ氏ヲ稱スヘキモノナレバ(民法第七百四十六條)父ノ家ニ入ルモノハ父ノ氏ヲ稱シ母ノ家ニ入ルモノハ母ノ氏ヲ稱スベキモノト知ルヘシ

二　子カ私生子ナルトキ又ハ出生前ニ認知セラレタル爲メ云々

父ノ知レサル子ヲ私生子ト云ヒ父ノ認知シタル私生子ヲ庶子ト云フ(民法第八百二十七條)

コト既ニ前述シタルカ如シ而シテ私生子ノ認知ハ胎内ニ在ルトキト雖モ其父ニ於テ母ノ承諾タニ之ヲ得バ爲スコトヲ得ベキモノナリ（民法第八百三十一條）此ノ如ク實体法タル民法ノ規定アルヨリシテ屆出ニモ是等ノ塲合ニ該當スルトキハ其旨ヲ具シテ屆出ツルノ必要アルナリ

以上第一號第二號ヲ湊合シテ之ヲ見ルトキハ嫡出タル子ノ出生ニ付テハ別ニ屆書ニ其旨ヲ具スルノ必要ナキモノトス之レ子ハ原則上嫡出子ト認ムヘキモノナレハナリ

三　出生ノ年月日時及ヒ場所

何年何月何日何時何分某所ニ於テ出生シタル旨ヲ明示スルヲ云フ爰ニ一言スヘキハ双子三子ノ出産セシトキハ何レヲ長トシ何レヲ幼トスヘキヤノコトナリ明治八年四月十四日名東縣ノ伺ニ對シ內務省ノ指令セシ所ニ依レハ双子三子兄弟順序ノ儀ハ前ニ產ルヽヲ兄姉ト取極ムトアリテ今尙ホ之レニ則リ取扱フモノヽ如シ此指令ハ其當ヲ得タルモノト信ス何トナレハ出生トハ母躰ヲ離レテ社會ニ生出シタルモノヲ謂フモノナレハ前キニ產出シテ外氣ニ觸ルヽモノヲ長トスルハ理ノ當然ナレハナリ

四　父母ノ氏名、族稱、職業及ビ本籍地云々

嫡出子ノ屆出ニハ嫡出子タルコトヲ明ニスルノ必要ナキコトハ本號ニ於テ父母ノ氏名等ヲ

明示スルニヨリテモ亦明ナリ私生子ノ屆出ニハ父ノ何人ナルカハ知レサルモノナルカ故ニ父ノ氏名等ヲ明示スルハ不能ノコトニ屬ス故ニ但書ノ規定ヲ設ケタルモノトス

五　出生子ノ入ルヘキ家ノ戶主ノ氏名、族稱、職業及ヒ本籍地

子ノ入ルヘキ家ニ付テハ前述スル如ク父ノ家若クハ母ノ家ニ入ルヘキヲ原則トスルモ家族ノ庶子及ヒ私生子ハ戶主ノ同意アルニアラサレハ其家ニ入ルコトヲ得ズ庶子カ父ノ家ニ入ルコトヲ得サルトキハ母ノ家ニ入ルヘキモノナレハ（民法第七百三十五條）本號ノ條件ヲ具備スルノ要アリトス

六　出生子カ一家ヲ創立スル者ナルトキハ其旨及ヒ創立ノ原因

父母共ニ知レサル子ハ一家ヲ創立ス（民法第七百三十三條第三項）又私生子カ母ノ家ニ入ルコトヲ得サルトキハ一家ヲ創立ス（同第七百三十五條第二項）故ニ此二者何レニ原因シテ一家ヲ創立スルモノナルヤ否ヲ明示スルノ要アリ是レ本號ヲ設ケタル所以ナリ

七　國籍ヲ有セサル者ノ子ナルトキハ其旨

子ノ國籍ハ父母ノ國籍ニ從フヘキハ當然ナレドモ日本ニ於テ生レタル子ノ父母共ニ知レサルトキ又ハ國籍ヲ有セサルトキハ其子ハ之ヲ日本人トストハ國籍法案第四條ニ規定スル所ナリ故ニ此條件ヲ必要トセルナリ尙國籍法案第一條乃至第三條ヲ參照スヘシ

出生ノ届出ニハ右ノ如キ條件ヲ具備スルコトヲ要シ十日內ニ之ヲ爲スベキモノトス明治十九年內務省令第十九號第一條ニモ「出產アリタルトキハ十日以內ニ屆出ツヘシ」トアリテ屆出ノ期間ハ本法ニ於テモ亦同一ナリトス

第六十九條 嫡出子出生ノ屆出ハ出生地又ハ父母ノ本籍地若クハ寄留地ノ戶籍吏ニ之ヲ爲スコトヲ要ス

庶子出生ノ屆出ハ出生地又ハ父ノ本籍地若クハ寄留地ノ戶籍吏ニ之ヲ爲スコトヲ要ス但庶子カ父ノ家ニ入ルコトヲ得サル場合ハ此限ニ在ラス

私生子又ハ父ノ家ニ入ルコトヲ得サル庶子ノ出生ノ屆出ハ出生地又ハ母ノ本籍地若クハ寄留地ノ戶籍吏ニ之ヲ爲スコトヲ要ス

本條ハ出生ノ屆出ヲナスヘキ土地ノ規定ナリトス

第一項ハ嫡出子出生ノ屆書ニ關スルモノニシテ出生地ニ於テスルモ父母ノ本籍地ニ於テスルモ又寄留地ニ於テスルモ何レノ土地ナリトモ其管轄ノ戶籍吏ニ之ヲ爲スコトヲ要ストシタリ例之ハ父母ノ本籍地ハ東京ニシテ其寄留地ハ橫濱ナルニ轉地療養先キナル伊香保ニ於テ出生アリタリトセハ伊香保ニ屆出ツルモ橫濱ニ屆出ツルモ又東京ニ屆出ツルモ屆出人ノ

選擇ニ任スニ外ナラサルナリ其何レノ地ニ於テスルヲ問ハス前條ノ條件ヲ具備セサルヘカラサルハ論ナシ

出生ノ屆出ヲナスヘキ土地ニ付テハ前示內務省令第五條ニヨルトキハ本籍地戶長ニ屆出ツヘキモノトシ本籍地外ニアルトキハ現在地戶長ニ屆出同時ニ本籍地戶長ニ屆書ヲ發送スヘシトアリテ本條ニ於テハ之ヲ改メタルモノト知ルヘシ本條第二項第三項ニ付テモ亦同シ

第二項ハ庶子ノ出生屆ニ關スルモノニシテ是亦第一項ト同樣ナリトス唯民法第七百三十五條ノ塲合ハ次項ニ定ムル所ナルヲ以テ本項ニ依ルノ限ニ在ラストスルノミ

第三項ハ私生子ノ屆出及ヒ民法第七百三十五條（乃チ庶子カ父ノ家ニ入ルコトヲ得サルトキ）ノ庶子出生ノ屆出ニ關スルモノニシテ是亦第一項ト同一ナリトス

第七十條 汽車又ハ航海日誌ヲ備ヘサル船舶中ニテ出生アリタル場合ニ於テハ其屆出ニ付テハ到著地ヲ以テ出生地ト看做ス

本條ハ出生地ヲ定ムルコトニ關スル規定ニシテ一定ノ土地ニ於テ出生シタルコトノ明ナルモノハ其土地ヲ以テ出生地トスヘキハ敢テ論ヲ俟タサル所ナリト雖モ彼ノ進行中ノ滊車內ニ於テ出產シタルカ如キ又ハ航海中ノ船舶內ニ於テ生レタルモノノ如キハ一瞬ノ間千里其地ヲ異ニスルノ差ヲ生スヘキモノナレバ果シテ何レノ地ニ於テ出生シタルモノナルヤヲ知

ルニ苦シマサルヲ得サルナリ故ニ此ノ如キ場合ニ在リテハ到着地ヲ以テ出生地ト看做スヘキモノトシタルニ過キス尤モ航海中ノ船舶ナリト雖モ船舶ハ滊車ト異ニシテ航海日誌ヲ備フルモノニ在リテハ日々船內ニ生シタル出來事ハ凡テ之ヲ記載スヘキモノナレハ出生ニ付テモ第七十八條ノ規定アルカ故ニ出生地ニ付テモ亦之ニ由リテ明ニ知ルヲ得ヘシ故ニ本條ニ於テ船舶ニ付テハ單ニ航海日誌ヲ備ヘサルモノノミニ限リ適用スヘキモノトセルナリ

第七十一條　嫡出子生出ノ屆出ハ父ヨリ之ヲ爲シ父カ屆出ヲ爲スコト能ハサル場合及ヒ民法第七百三十四條第一項、第二項但書ノ場合ニ於テハ母ヨリ之ヲ爲スコトヲ要ス

庶子出生ノ屆出ハ父ヨリ之ヲ爲シ私生子出生ノ屆出ハ母ヨリ之ヲ爲スコトヲ要ス

前二項ニ揭ケタル者ヨリ屆出ヲ爲スコト能ハサル場合ニ於テハ左ニ揭ケタル者ハ其順序ニ從ヒ屆出ヲ爲ス義務ヲ負フ

第一　戶主

第二　同居者

第三　分娩ニ立會ヒタル醫師又ハ產婆

第四　分娩ヲ介抱シタル者

同順位ノ屆出義務者數人アルトキハ其中ノ一人ヨリ屆出ヲ爲スヲ以テ足ル

本條ハ出生ノ屆出ヲ爲スヘキ者ヲ定メタルモノニシテ第一項ニ於テ嫡出子出生ノ屆出ハ其父ヨリシテ之ヲ爲スヲ原則トシ父カ屆出ヲ爲ス能ハサル塲合例之ハ旅行中ナルカ如キトキニハ母ヨリシテ屆出ツベク又民法第七百三十四條第一項ノ規定ニヨレバ父カ子ノ出生前ニ離婚又ハ離緣ニヨリ其家ヲ去リタル塲合ニハ懷胎ノ始ニ溯リテ其子ノ入ルヘキ家ヲ定ムヘキモノトスルカ故ニ例之ハ入夫カ離婚ニヨリテ家ヲ去リ養子カ離緣ニヨリテ實家ニ復歸スル塲合ニ於テ其妻カ懷胎セルトキハ其生レタル子ハ懷胎ノ當時父ノ居リシ家乃チ母ノ家ニ入ルヘキモノトス故ニ此塲合ニ在リテハ母ヨリシテ出生ノ屆出ヲ爲スヲ當然ナリトス又民法第七百三十四條第二項但書ノ塲合トハ例之ハ養子カ離緣ニ因リテ養家ヲ去リ妻ハ一旦夫ニ從テ養家ヲ去ルモ后日協議上離婚ヲナシテ生家ニ歸ルカ又ハ離緣ヲ理由トシテ離婚ノ訴ヲ提起シ子ノ出生前ニ復籍ヲ爲シタルトキハ其子ハ父ノ舊養家ニ屬セシムヘキモノナルカ如シ故ニ此塲合ニ在リテモ亦母ヨリシテ出生ノ屆出ヲ爲スヲ當然ナリトス

第二項ノ規定ハ庶子トハ父ノ認知アルモノナレバ其父ヨリシテ屆出ヲ爲シ私生子ハ父ノ知

レサルモノナルカ故ニ母ヨリシテ出生ノ届出ヲ爲スハ元ヨリ當然ナルカ故ノミ第三項ハ前二項ノ如ク子ノ出生ノ届出ヲナスベキモノヲ定ムト雖モ是等ノ者ヨリシテ届出ヲ爲スコト能ハサル場合乃チ旅行中ナルカ或ハ死亡シタルトキノ如キハ之ニ代ハリテ届出ヲナスベキ者ナクンバアラス故ニ本法ハ左ニ掲クル者ヲ以テ前二項ニ規定スル者ト同シク届出ヲナスヘキノ義務ヲ負フ者トシタルナリ

第一　戸主、　本條第一項第二項ニ所謂父又ハ母ハ必スシモ戸主ニアラス父又ハ母ニシテ一家ノ家族タルヘキモノアルカ故ニ父又ハ母ニ次テ届出ノ義務ヲ負フモノハ第一ニ其父又ハ母ノ屬スル家ノ戸主タルベシトセルナリ

第二　同居者　　乃チ父又ハ母ノ屬スル家ニ同居セル兄弟姉妹ノ如キヲ云フモノニシテ是等ノ者ヲ以テ第二位ノ義務者トスルニ過キス

第三　分娩ニ立會ヒタル醫師又ハ産婆、　是等ノ者ハ前第一位第二位ノ義務者ナキ場合ニ於テ初メテ届出ノ義務ヲ負フモノトス

第四　分娩ヲ介抱シタル者　　斯ニ分娩ヲ介抱シタル者ト云フハ例之ハ産婆ニアラサルモ出生子ノ取リ上ケヲナシタル者ノ如キヲ云フ世間往々産婆ヲ依賴セスシテ經驗アル知人等ニ分娩ヲ介抱セシムルコト山間僻隱ノ地多ク其例ヲ見ル所ナルヲ以テ第四位ノ義務者トシ

テ之ヲ算入シタルモノトス
以上第一乃至第四ノ者ヲ以テ届出義務者トスルモ同順位ニ位スル者數人アルトキ例之ハ同居者數人存スルトキノ如キ又第三位ノ醫師ト産婆トノ如キ何レモ二人以上ノ義務者存スルモノナルトキハ各義務者ヨリシテ届出ヲナスヲ要スヘキカノ疑ヲ生スルヲ以テ本條末項ニ於テ出生ノ届出ハ同順位ニ在ル者ノ内一人ヨリシテ之ヲ爲スヲ以テ足レリトスルコトヲ明ニシタルモノトス而シテ斯ニ注意ノ爲メ一言スヘキハ若シ同順位ニ在ル者互ニ此義務ヲ盡クサスシテ届出ヲ爲ササルトキハ共ニ第二百十條以下ノ制裁ヲ免ル能ハサルハ勿論ナリトス
出生ノ届出ヲ爲スヘキ者ニ付テハ舊制度乃チ前示内務省令第十九號第五條ニ於テハ戸主ヨリシテ届出ツヘキモノトシ戸主未定又ハ不在ナルトキハ親族二人以上又ハ其事ニ關係アル者ヨリシテ届出ツヘシトセシモ本法ニ於テハ本條ノ如ク明確ナル規定ヲナシタルモノトス

第七十二條 夫ハ妻ノ子ノ嫡出ナルコトヲ否認セントスル場合ト雖モ前條第一項ノ規定ニ依リ出生ノ届出ヲ爲スコトヲ要ス

嫡出子否認ノ何タルコトニ付テハ第三節ニ於テ詳シク説明スヘシト雖モ否認ハ乃チ父カ出生子ノ自己ノ子ニ非サルコトヲ主張スルモノナレバ嫡出子トシテ前條第一項ノ規定ニヨリ

出生ノ届出ヲ爲ササルモノアルヤモ計ルヘカラスト雖モ嫡出子ニアラサルヤ否ハ裁判ノ結果ニヨルニアラサレハ判然セサルモノナレハ兎ニ角ニ婚姻中ニ懷胎シタルモノナルトキハ夫ヲシテ出生ノ届出ヲ爲サシムルヲ至當ナリトシ本條ノ規定ヲ設ケタルモノナリ而シテ否認ノ訴ニシテ棄却セラルルトキ乃チ原告タル夫ノ敗訴スルトキハ其子ハ嫡出子タルヘキカ故ニ出生ノ届出ハ別ニ取消スヲ要セサレトモ若シ原告勝訴トナリタルトキハ即チ其子ハ嫡出ニアラスト定マルモノナレハ此場合ニ在リテハ父ハ第七十九條ニヨリ届出ヲ爲シ且前登記ノ變更ヲ申請セサルヘカラサルナリ尙第三節ニ至リ之ヲ説明スヘシ

第七十三條 民法第八百二十一條ノ規定ニ依リ裁判所カ出生子ノ父ヲ定ムヘキトキハ出生ノ届出ハ母ヨリ之ヲ爲スコトヲ要ス此場合ニ於テハ其届書ニ父ノ未定ナル事由ヲ記載スルコトヲ要ス

父カ裁判ニ依リテ定マリタルトキハ其父ハ裁判確定ノ日ヨリ一ヶ月內ニ第六十八條ニ揭ケタル諸件ヲ具シ裁判ノ謄本ヲ添ヘテ届出ヲ爲シ且第一項ノ届出ニ依リテ爲シタル登記ノ取消ヲ申請スルコトヲ要ス

民法第八百二十一條ノ規定ニヨリ裁判所カ出生子ノ父ヲ定ムヘキトキト云フハ乃チ民法第七百六十七條第一項ニヨルトキハ女ハ前婚ノ解消又ハ取消ノ日ヨリ六ヶ月ヲ經過シタル后

ニアラサレハ再婚ヲ爲スコトヲ得サルモノナルニモ係ラス六ケ月内ニ再婚ヲ爲シタル場合ニ於テハ其分娩シタル子ハ前夫ノ子ナルヤ將后夫ノ子ナルヤヲ定メサルヘカラス然ルニ民法第八百二十條ノ規定スル所ニヨレハ妻カ婚姻中懷胎シタル子ハ夫ノ子ト推定ストアレハ或ハ前夫ノ子ナリト云ヒ得ヘク又後夫ノ子ナリトモ云ヒ得ヘク其父ノ何レナルカヲ定ムルコト能ハサルニ至ラン故ニ此ノ如キ場合ニ於テハ裁判所之ヲ定ムヘキモノトセルナリ而シテ此裁判所カ父ヲ定ムル場合ニ於テハ出生ノ當時ニ在リテハ父未定ナルモノナレハ從テ父ヨリシテ出生ノ屆出ヲナス能ハサルナリ故ヲ以テ本條第一項ハ母ヨリシテ之ヲ爲スヘキモノトシ且其屆書ニハ父ノ未定ナル事由ヲ記載スヘキコトヲ要ストシタルナリ

第二項ハ前項父ノ未定ナル子ニ付テ後日裁判所ノ判定ニヨリ其父ノ定マリタルトキ乃チ裁判所カ前夫ヲ以テ父ナリトスルカ若クハ后夫ヲ以テ父ナリトスルニ於テハ其父ナリト判定セラレタル者ハ右裁判ノ謄本ト共ニ前第六十八條ニ揭ケタル諸條件トヲ具シ嫡出子タルノ屆出ヲ爲スヘク且前項ニ於テ母ヨリ爲シタル屆出ノ登記ノ取消ヲ申請スヘキモノトス

第七十四條 病院、監獄其他ノ公設所ニ於テ子ノ出生アリタル場合ニ於テ父又ハ母ヨリ屆出ヲ爲スコト能ハサルトキハ病院、監獄又ハ其他ノ公設所ノ長若クハ管理人ヨリ出生ノ屆出ヲ爲スコトヲ要ス本條ハ唯病院、監獄又ハ其他ノ公設所（例之ハ公立ノ養育院又ハ感化院ノ如シ）ニ於テ子ノ出生アリタル場合ノ屆出ニ付テノ規定ニシテ此場合ニ在リテモ其父又ハ母ヨリシテ屆出ヲ爲スヘキハ正則ナリトスルヲ以テ父又ハ母ヨリシテ屆出ヲナス場合ハ本條ニヨルノ限ニ在ラス唯其爲シ得サル場合ニ於テノミ本條ニ準據スヘキモノト知ルヘシ從テ本條ノ規定ハ第七十一條ノ例外ナリトス

第七十五條　棄兒ヲ發見シタル者ハ二十四時內ニ其旨ヲ戶籍吏ニ屆出ツルコトヲ要ス

棄兒發見ノ屆出アリタルトキハ戶籍吏ハ其兒ニ氏名ヲ命シ且之ニ附屬スル衣服、物品、發見ノ場所、年月日時其他ノ景況竝ニ其兒ノ出生ノ推定年月、氏名、男女ノ別、引受人ノ氏名、職業、本籍地及ヒ所在地又ハ育兒院ノ稱號竝ニ場所及ヒ引渡ノ年月日ヲ調書ニ記載シテ之ヲ屆書ニ添ヘ置クコトヲ要ス

引受人又ハ育兒院ニ變換アリタルトキハ雙方ヨリ十日內ニ其旨ヲ屆出ツルコトヲ要ス

第二項ノ調書ハ登記ニ付テハ之ヲ屆書ト看做ス

本條第一項ハ棄兒ヲ發見シタル者ハ之カ屆出ヲナスヘキ義務アルコトヲ規定シタルニ過キス而シテ之カ屆出ハ二十四時間內ニ爲スヘキモノトス

第二項ハ棄兒發見ノ屆出アリタルトキ戶籍吏ノ爲スヘキ手續ヲ定メタルモノナリ棄兒ニハ氏名ヲ有セサル者アリ又之ヲ有スルモ知レサル者アリ此二ケノ場合ニ於テハ氏名ヲ命シ次ニ調書ヲ作製スヘキモノトス而シテ其調書ニ記載スヘキ事項ハ棄兒着用ノ衣服ノ種類縞柄員數等及ヒ添ヘアリタル玩具又ハ吸乳器等ノ類、發見ノ場所及ヒ年月時其他ノ景況例之ハ如何樣ニ遺棄シアリタルカ其狀況ヲ知ルニ足ルヘキ事實ノ記載ヲナスコト並ニ其兒ノ出生ノ推定年月(例之バ生后何月何日ヲ經過スルノ類)氏名、男女ノ區別等ヲ記シ若シ該棄兒ヲ引受ケント申出テ其者ヘ引受ケシメタルトキハ引受人ノ氏名職業本籍地及ヒ所在地ヲ記載スルコトヲ要シ又育兒院ヘ引渡シタルトキナレバ其育兒院ノ稱號幷ニ所在ノ場所及ヒ引渡ノ年月日等ヲ記載スヘキモノトス而シテ右ノ如ク戶籍吏カ作リタル調書ハ發見屆ニ添付シオクベキモノトス是レ發見屆ト調書トヲ別々ニスルトキハ其調書ハ何レノ發見屆ニ相應スルモノナルカヲ知リ難ク取扱上種々ノ不都合ヲ生スルヲ以テナリ

第三項ハ引受人又ハ育兒院ニ變換アリタルトキハ双方乃チ新舊引受人又ハ新舊育兒院ヨリ屆出ツヘキモノト定メタルナリ

第四項ハ前第二項ノ規定ニヨリ戸籍吏カ作成シタル調書ハ登記ノ材料トナルヘキモノニシテ之ニヨリテ登記簿ニ登記ヲ爲スヘキモノトス故ニ届書ト同一ニ看做スト規定シタルモノナリ

第七十六條 棄兒ノ父又ハ母カ現出シテ其兒ヲ引取ルトキハ一ケ月內ニ第六十八條ノ届出ヲ爲シ且棄兒發見ノ登記ノ取消ヲ申請スルコトヲ要ス

本條ハ棄兒ノ父又ハ母カ知レタルトキノ規定ニシテ其父又ハ母ハ第六十八條ノ届出ヲ爲スト同時ニ前條ニヨル登記ノ取消ヲ申請スヘシト定メタルモノナリ

第七十七條 出生又ハ棄兒發見ノ届出ヲ爲ササル前出生子又ハ棄兒カ死亡シタルトキハ出生又ハ棄兒發見及ヒ死亡ノ届出ヲ爲スコトヲ要ス

出生及ヒ棄兒發見ノ届出ニハ第六十八條第七十五條ニ其期間ノ定メアリテ各其期間內ニ於テハ何時ニ届出ツルモ可ナルモノトス而シテ此期間內未タ届出ヲ爲ササル以前ニ出生子又ハ棄兒カ死亡シタルトキハ出生又ハ棄兒發見ノ届出ト死亡ノ届出トヲ同時ニ爲スヘキコトヲ本條ニ於テ規定シタルモノトス死亡ノ届出ニ付テハ第十二節ニ規定スル所ニシテ第百二十五條以下ノ方式條件等ヲ具備スルヲ要スルヤ論ナシ

斯ニ一言スヘキハ前述シタル如ク出生ハ生キテ生レタルコトヲ要シ死産ハ出生ト云フ能ハザルモノナレバ出生后一旦呼吸シタルモノハ直ニ死亡ストモ本條ノ規定ニヨリ出生ト死亡トヲ届出テサルベカラサルヲ知ルヘシ然レドモ彼ノ早産乃チ俗ニ所謂月足ラスニテ生レタルモノノ如キハ本法ニヨルノ限ニアラサルナリ從前ニ於テハ姙娠四个月以下ニシテ流産シタルモノノ如キハ別段届出ヲナスニ及ハズ唯其四个月以上ノ死胎ニカカルトキハ明治十七年内務省乙第四十號達ニ依リ醫師若クハ産婆ノ死産證ヲ添ヘ届出ツヘキモノトセリ

第七十八條 航海中ニ子ノ出生アリタルトキハ艦長又ハ船長ハ二十四時内ニ乘船者中ヨリ選ミタル證人ノ前ニ於テ第六十八條ニ揭ケタル諸件ヲ航海日誌ニ記載シ證人ト共ニ署名、捺印シ且證人ノ出生ノ年月日、職業及ヒ本籍地ヲ記載スルコトヲ要ス

前項ノ手續ヲ爲シタル後艦船カ日本ノ港ニ着シタルトキハ艦長又ハ船長ハ二十四時内ニ其出生ニ關スル航海日誌ノ謄本ヲ其地ノ戸籍吏ニ送付スルコトヲ要ス

艦船カ外國ノ港ニ著シタルトキハ艦長又ハ船長ハ遲滯ナク其出生ニ關スル航海日誌ノ謄本ヲ其國ニ駐在スル日本ノ公使又ハ領事ニ送付シ公

使又ハ領事ハ三个月內ニ之ヲ外務大臣ニ發送シ外務大臣ハ十日內ニ之ヲ父母ノ本籍地ノ戶籍吏ニ發送スルコトヲ要ス

本條ハ航海中ニ出生アリタル塲合ノ規定ナリトス

第一項ハ艦長又ハ船長ノ爲スヘキ手續ヲ定メタルモノナリ斯ニ艦長ト云フハ軍艦ノ長ヲ云ヒ船長ト云フハ商船ノ長ヲ云フ而シテ航海中其乘組員中ニ出產シタルモノアリタルトキハ艦長又ハ船長ハ乘船者中ヨリ撰ミタル證人ノ面前ニ於テ航海日誌ヘ第六十八條ニ揭クル諸件ヲ記載シ證人ト共ニ署名捺印スヘキモノナリ此航海日誌ヘ記載シタル事項ハ登記ノ基本トナルヘキモノナルカ故ニ艦長又ハ船長ノ獨斷ニテ爲シ得ルモノトスルトキハ或ハ私意ヲ狹ミ人ノ權利ニ消長ヲ來スノ結果トナルヘシ故ニ法律ハ立會ノ爲メ乘船者中ヨリ證人ヲ選擇シ其證人ノ面前ニ於テ記載シ且證人ト共ニ署名捺印スヘキモノトシ以テ其手續ヲ鄭重ニシ其事實ノ正確ヲ擔保セシムル所以ナリ又斯ニ云フ證人ハ何人ニテモ可ナルモノニシテ敢テ其資格ヲ限定スルモノニアラサルナリ

第二項ハ前項ノ手續ヲ爲シタル以后如何ニスヘキカヲ定メタルモノニシテ乃チ日本ノ港ニ着シタルトキハ前記航海日誌ノ謄本ヲ二十四時內ニ其到着シタル地ノ戶籍吏ニ送付スヘキモノトセルナリ戶籍吏ハ其送付ヲ受ケ第十五條ノ如ク身分登記ヲナスモノナリ

第三項ハ前項ノ如ク日本ノ港ニ到着シタル場合ニアラスシテ外國ノ港ニ到着シタル場合ノ規定ニシテ第六十條第六十一條ノ規定ニ類似スルヲ以テ別ニ之カ註釋ヲ付セス前説明ヲ參照スヘシ

第三節　嫡出子否認

民法第八百二十條ニ曰「妻カ婚姻中ニ懷胎シタル子ハ夫ノ子ト推定ス、婚姻成立ノ日ヨリ二百日後又ハ婚姻ノ解消若クハ取消ノ日ヨリ三百日内ニ生レタル子ハ婚姻中ニ懷胎シタルモノト推定ス」トアリ是則チ法律カ懷胎時期ニ付テ最長期ト最短期トヲ定メ此兩極期内ニ生レタル子ハ婚姻中ニ懷胎シタルモノト推定スルニ在リ是レ元ヨリ法律ノ推定ナルカ故ニ反對ノ證據アルトキハ之ヲ打破ルコトヲ得ベキモノタリ（斯ニ注意ノ爲メ一言スヘキハ法語中ニ看做ストアルト推定ストアルトノ區別是ナリ所謂看做ストアルモノハ反證ヲ許サヽルモノヲ云ヒ推定ストアルハ反證ヲ許スヲ云フナリ）若シ法律ニ於テ苟モ婚姻中ニ懷胎シタル子ナラシメバ之ヲ夫ノ子ト看做ストスルトキハ遂ニハ自己ノ子ニアラサルモノヲモ尙己ノ子ナリト强ユラルルコトアルヘク或ハ妻ヲシテ婚姻中ニ在リテ姦通ノ如キ不法行爲ヲナスニ便宜ヲ與フルカ如キ結果ヲ生スルニ至ラン果シテ然ルトキハ道義全ク地ニ墜チ風敎ニ害アルベキハ多言ヲ須ヒスシテ明ナリ是則チ法律カ單ニ夫ノ子ト推定スト規定シ反證ヲ以テ此推定ヲ破ルコトヲ得セシメタル所以ナリ而シテ此法律ノ推定ヲ打破ルカ爲メニ父ニ附與スル所ノモノヲ名ケテ否認訴權トハ云フナリ故ニ否認訴權トハ之ヲ定義シテ裁判上父タルコトノ拒絕ナリト云フベキナリ此ノ如ク否認訴權ハ法律カ父ニ附與スル所ノ一權利ナレドモ此權利ヲ行使シ得ベキ原因ニ付テハ敢テ法律ノ明示スル所ニアラズ父タル者ハ妻ノ生ミタル子ノ嫡出ナルコトヲ否認セントスル塲合ニハ何時ニテモ此訴ヲ提起シ得ベキモノトス而シテ其訴訟ノ結果原告タル父ノ勝訴トナリタルトキハ其子ハ嫡出子ニアラサルコトナリ父ノ敗訴シタルトキハ其子ハ乃チ嫡出子タルヘキコト既ニ前述シタルカ如シ又此訴ニ於テ相手取ラルルモノハ子又ハ其法定代理人ナレドモ若シ夫カ子ノ法定代理人ナルトキハ裁判所ハ特別代理人ヲ選任スルコトヲ要スルモノナリ(民法第八百二十三條)尙否認ノコトニ付テハ實躰法タル民法第八百二十二條乃至第八百二十六條ニ規定スル所ニシテ本法ニ於テハ只否認ノ裁判カ確定シタル塲合ノ届出ニ付テ之カ規定ヲ設ケタルニ過キス

第七十九條 嫡出子否認ノ裁判カ確定シタルトキハ否認者ハ裁判確定ノ日ヨリ一ケ月內ニ左ノ諸件ヲ具シ裁判ノ謄本ヲ添ヘテ之ヲ届出テ且既ニ出生ノ登記ヲ爲シタル者ニ付テハ登記ノ變更ヲ申請スルコトヲ要ス

一 子ノ名及ヒ男女ノ別

二　出生ノ年月日

三　否認ノ裁判カ確定シタル年月日

既ニ前述シタルカ如ク子ノ出生アリタルトキハ父ハ設ヒ其子ヲ否認セントスル場合ニ於テモ第七十二條ニヨリ父ヨリシテ出生ノ屆出ヲ爲スヘキモノトスレドモ否認原告ノ勝訴トナリタル場合ニハ如何ナル手續ヲ爲スヲ要スルカト云ヘバ則チ本條ノ規定ニ從ヒ嫡出子否認ノ屆出ヲナシ且第七十二條ニヨリ既ニ出生ノ登記ヲ爲シタルモノニ付テハ其登記ノ變更ヲモ併テ申請セサルヘカラサルナリ（斯ニ既ニ出生ノ登記ヲ爲シタル者ニ付テハ云々トアルヨリシテ或ハ前第七十二條ノ如キ規定アルヲ以テ否認ノ裁判カ確定スルマテニハ通常出生ノ登記アルベケレバ此一句ハ蛇足タルヲ免レサルモノヽ如ク思惟スル者アルベシト雖モ若シ第七十二條ノ屆出ヲ爲サヽルモノアル場合ニ在リテハ登記ノ存在スル筈ナキヲ以テ其場合ニハ別段其登記ノ變更ヲ申請スルニ及ハサルナリ否ナ變更スヘキ目的ナキカ故ニ申請スルコト能ハサルモノトス是レ其場合ヲ想像シテ此一句ヲ入レタルモノトス勿論第七十二條ノ屆出ヲ爲サヽル者ニ制裁ヲ加フヘキハ全ク別問題ナリトス）而シテ本條ノ屆出期間ハ否認ノ裁判確定ノ日ヨリ一ヶ月ナリトス又其屆出ニ具備スルコトヲ要スル條件ハ乃チ左ノ如シ

一　子ノ名及男女ノ別　　二　出生ノ年月日

右ノ二條件ハ第六十八條第一號第三號ト同一ニシテ乃チ何レノ子ヲ否認シタルモノナルヤ否ヲ明ニスルモノニシテ別言スレハ否認セラレタル者ノ何人ナルカヲ識別スルノ必要アルニ基クモノナリ

三　裁判ノ確定シタル年月日　　裁判ノ確定シタル日ハ乃チ其子カ父ノ子ニアラサルコトノ確定シタル日ナルヲ以テ其記載ヲ要スルハ勿論併テ否認ノ届出期間ハ裁判確定ノ日ヨリ起算スヘキモノナルニヨリ之ヲ要ストシタルモノナリ

第四節　私生子ノ認知

明治六年一月第二十一號布告ニ「妻妾ニ非サル婦女ニシテ分娩スル兒子ハ一切私生ヲ以テ論シ其婦女ノ引受タルヘキ事、但男子ヨリ己レノ子ト見留メ候上ハ婦女住所ノ戸長ニ請テ免許ヲ得候者ハ其子其男子ヲ父トスルヲ可得事」トアリ舊民法人事編第九十八條ニハ私生子ハ父之ヲ認知スルニ因リテ庶子ト爲ルトアリテ従前ニ於テハ父ノ認知ノミヲ認メ母ノ認知ニ付テハ別ニ何等ノ規定ナキモノノ如シ然ルニ新民法第八百二十七條ニハ私生子ハ其父又ハ母ニ於テ之ヲ認知スルコトヲ得、父ノ認知シタル私生子ハ之ヲ庶子トストアリ是則チ新民法ニ於テハ母カ出生子ヲ棄テ又ハ母カ法律ニ違反シテ出生ノ届出ヲ爲サス後ニ至リ認知ヲ爲スコトアルヘキカ故ニ認知ハ啻ニ父ノミナラス母ニ於テモ亦之ヲ爲スコトヲ得ヘキモノトシタルニ外ナラサルナリ因是觀之認知ニハ父ノ認知ト母ノ認知トノ區別アリテ父ノ認知ニヨリテ其私生子ハ庶子タルノ身分ヲ取得スヘキモノトス而シテ民法ニ所謂認知ハ之ヲ定義シテ法律ノ規定ニヨリ爲シタル巳レノ子タルコトノ陳述ナリト云ヒ得ベク學理上所謂一身ニ專屬スル一ノ權利ニシテ其父又ハ母ニ於テノミ之ヲ爲スヲ得ヘキモノタリ故ニ民法ニ於テモ私生子ノ認知ヲ爲スニハ父又ハ母カ無能力ナルトキト雖モ其法定代理人ノ同意ヲ得ルコトヲ要セスト規定セリ(民法第八百二十八條)又認知ハ出生シタル子ニ對シテ爲スヘキヲ通例トスルモ父ハ胎内ニ在ル子ト雖モ母ノ承諾ヲ得テ認知スルコトヲ得ベク(仝第八百三十一條第一項)又死亡シタル子ト雖モ其直系卑屬アルトキハ父又ハ母ハ認知ヲ爲スコトヲ得ベク(仝條第二項)遺言ニヨリテモ亦認知スルコトヲ得ヘキナリ(仝第八百二十九條第二項)其他認知ノ性質及ヒ効果ニ付テハ實體法タル民法ノ規定スル所ナレハ斯ニ説明ヲ省畧ス而シテ同法第八百二十九條第一項ニヨルトキハ私生子ノ認知ハ戸籍吏ニ屆出ツルニ依リテ之ヲ爲ストアリテ屆出ヲ以テ成立條件トセリ故ニ本法ハ此規定ニ基キ本節ニ於テ認知ノ屆出ニ付テノ方式條件等ヲ規定スルニ至レリ

第八十條 私生子認知ノ屆書ニハ左ノ諸件ヲ記載スルコトヲ要ス

一　子ノ名及ヒ男女ノ別
二　出生ノ年月日
三　死亡シタル子ヲ認知スル場合ニ於テハ死亡ノ年月日
四　父カ認知ヲ爲ス場合ニ於テハ母ノ氏名、職業及ヒ本籍地
前項第四號ノ場合ニ於テ母カ家族ナルトキハ其戸主ノ氏名、職業、本籍地及ヒ其戸主ト母トノ續柄ヲ記載スルコトヲ要ス
本條ハ私生子認知ノ屆書ニ具備スルコトヲ要スル條件ヲ定メタルモノニシテ乃チ左ノ如シ
一　子ノ名及ヒ男女ノ別、　二、出生ノ年月日
此二條件ハ前條第一號第二號ト同樣ニシテ乃チ何レノ子ヲ認知シタルモノナルヤ否ヲ明ニスルニ在リテ別言スレハ認知セラレタル者ノ何誰ナルカヲ識別スルカ爲メナリ
三　死亡シタル子ヲ認知スル塲合ニ於テハ死亡ノ年月日
父又ハ母ハ死亡シタル子ト雖モ其直系卑屬アルトキニ限リ之ヲ認知スルコトヲ得ルハ既ニ前述シタル所ナリ此第三ノ條件ハ乃チ此塲合ノ適用ニ外ナラスシテ死亡シタル子ノ直系卑屬例之ハ子又ハ孫（故ニ認知スル父又ハ母ヨリシテ見レバ孫又ハ曾孫ニ該ル）ノ利益ヲ保護スル爲メニ設ケラレタルモノトス何トナレバ死亡シタル子ヲ認知スルトキハ其直系卑屬

ハ之ニ因リテ相續權ヲ取得スル場合アラン此ノ如キ利益アルカ爲メニ民法第八百三十一條第二項ノ規定ヲ設ケタルニ外ナラサルナリ而シテ此場合ニ該當スル認知ノ屆書ニハ此第三ノ條件ヲ具備セサルヘカラスト定メタルモノトス

四、父カ認知ヲ爲ス場合ニ於テハ母ノ氏名職業及ヒ本籍地

認知ハ父又ハ母ニ於テ爲スコトヲ得ヘキモノナルカ故ニ何人カ認知ヲ爲シタルヤヲ明示スルノ要アルハ勿論ナレトモ父カ認知スルトキハ其子ハ庶子トナルヘク庶子ハ其父母ノ婚姻ニヨリテ嫡出子タル身分ヲ取得スルモノナルカ故ニ(民法第八百三十六條第一項)此第四ノ條件ヲ具備スルヲ必要トセルナリ

第二項ハ前項第四號ノ場合ニ母カ家族ナルトキハ其母ノ屬スル家ノ戸主ノ氏名、職業、本籍地ト其戸主ト母トノ親族上ノ關係ヲ記載スルコトヲ要ストシタルニ過キサルナリ

第八十一條 民法第八百三十一條第一項ノ規定ニ依リテ認知ヲ爲ス場合ニ於テハ認知者ハ母ノ氏名、職業及ヒ本籍地ヲ具シテ其胎內ニ在ル子ヲ認知スル旨ヲ屆出ツルコトヲ要ス

父ハ胎內ニ在ル子ト雖モ之ヲ認知スルヲ得ヘキハ民法第八百三十一條第一項ノ規定スル所ニシテ其子ノ利益ヲ保護スルカ爲メニ法律カ許シタルニ外ナラスト雖モ此場合ニハ其母ノ

承諾ヲ要スルモノナレバ是ニ該當スル認知ノ屆出ニハ母ノ氏名、職業及ヒ本籍地ト胎内ニ在ル子ヲ認知スル者ノ記載アルコトヲ要ストセルモノナリ即チ本條ハ胎内ニ在ル子ノ認知屆書記載ノ條件ヲ定メタルモノトス

第八十二條　民法第八百三十條及ヒ第八百三十一條ノ規定ニ依リ子、母又ハ直系卑屬ノ承諾ヲ要スル場合ニ於テハ屆出人ハ屆書ニ承諾ノ證書ヲ添ヘ又ハ承諾ヲ爲シタル者ヲシテ屆書ニ承諾ノ旨ヲ附記シ之ニ署名捺印セシムルコトヲ要ス

成年ノ私生子ハ其承諾ナケレハ認知スルコトヲ得ス(民法第八百三十條)又胎内ニ在ル子ヲ認知セントスルニハ母ノ承諾ヲ得ルコトヲ要スルハ亦前述スルカ如シ又死亡シタル子ヲ認知セントスル場合ニ其直系卑屬カ成年者ナルトキハ其承諾ヲ得ルコトヲ要スルモノナルコト(民法第八百三十一條第二項)ハ何レモ實躰法ニ規定スル所ニシテ其理由ハ皆是等承諾ヲ與フル權利アル者ノ利益及ヒ名譽等ヲ損セサラシメンカ爲メナレバ是等ノ場合ニ該當スル認知ノ屆出ニハ其承諾ノ證書ヲ添フルカ又ハ承諾者ヲシテ屆書ニ承諾ノ旨ヲ附記セシメ署名捺印セシムヘキコトヲ本條ニ於テ定メタルモノナリ即チ認知ニ付テノ有効條件ヲ具備シタルコトヲ證明セシムルカ爲メ本條ノ規定ヲ設ケタルニ外ナラサルナリ

第八十三條 遺言ニ依リテ認知ヲ爲シタル場合ニ於テハ遺言執行者ハ遺言カ效力ヲ生シタル日ヨリ十日内ニ其認知ニ關スル遺言ノ謄本ヲ添ヘ前三條ノ規定ニ從ヒテ之ヲ屆出ツルコトヲ要ス
遺言ニ依ル認知ノ屆書ニハ認知者ノ死亡ノ年月日ヲ記載スルコトヲ要ス

私生子ノ認知ハ遺言ニ依リテモ亦之ヲ爲スヲ得ベキハ（民法第八百二十九條第二項）既ニ前述シタル如クニシテ本條ハ此場合ニ該當スル屆出ノ規定ヲ爲シタルモノトス第一項ハ遺言ニヨリテ爲シタル認知ニ付テハ遺言執行者ヨリ屆出ツルコトヲ要スル旨ヲ規定セリ元來遺言ナル者ハ遺言者ノ死亡ノ時ヨリ其効力ヲ生スルモノニシテ（民法第千八十七條）遺言ニ付テハ遺言者ノ指定シタル一人又ハ數人ノ遺言執行者又ハ遺言ヲ以テ委托シタル第三者ノ指定ニカカル遺言執行者ニ於テ其遺言者ノ意思ヲ遂行スヘキモノナルカ故ニ（仝第千百八條）認知ニ付テモ亦遺言執行者ヨリ屆出ヲ爲スヲ要ストシタルモノナリ而シテ此屆出ヲ爲スニハ認知ニ關スル遺言ノ謄本ヲ添ヘ第八十條ニ定ムル條件ノ記載アル書面ヲ呈出スヘキモノニシテ其屆出期間ハ遺言カ効力ヲ生シタル日乃チ遺言者死亡ノ日ヨリ十日内ニ爲スヘキモノト定メタルナリ斯ニ遺言ノ謄本ヲ添ヘシムル所以ノモノハ遺言者ノ意思

ヲ證明セシムルニ在リトス
第二項ハ遺言ニヨル認知ノ届出ニハ第八十條ノ條件ヲ具備スルノ外尚認知者ノ死亡ノ年月日ヲ記載スヘキコトヲ定メタルモノニシテ是レ遺言ノ効力ハ何時發生シタルヤヲ知ルノ要アルニ基クカ故ナリ

第八十四條 胎內ニテ認知セラレタル子カ死體ニテ分娩シタルトキハ出生届出義務者ハ其事實ヲ知リタル日ヨリ一ヶ月內ニ認知ノ登記ノ取消ヲ申請スルコトヲ要ス但遺言執行者カ認知ノ届出ヲ爲シタル場合ニ於ハ遺言執行者ヨリ登記ノ取消ヲ申請スルコトヲ要ス

本條ハ胎內ニ在ル子ヲ認知シタルニヨリ第八十一條ニ從ヒ届出ヲ爲シタル后ニ至リ其胎兒カ死軆ニテ分娩シタルトキノ規定ニシテ元ヨリ認知ノ效ヲ生スヘキニアラサルヲ以テ其登記ノ取消ヲナスヲ當然トシ以テ本條ノ如キ規定ヲ設ケタルナリ既ニ前ニモ云ヘル如ク出生ハ胎兒カ母軆ヨリ分離シテ生存セルコトノ一條件ヲ要スルモノナレバ死軆ニテ分娩シタルモノハ出生ト云フコト能ハズ出生ト云フ能ハスンハ人トシテ社會ニ存スルモノニアラサルカ故ニ登記簿上ニ之カ登記ノ存スル必要ナキナリ是則チ胎內ニテ認知セラレタル者カ死軆ニテ分娩シタルトキハ認知ノ登記ヲ取消スヘシトスル所以ナリトス而シテ此場合ニ於テ登

記ノ取消ヲ爲サントスルニハ出生届出義務者ヨリシテ其事實ヲ知リタル日ヨリ一个月內ニ申請スヘキモノトセリ斯ニ其事實ヲ知リタル日トハ乃チ死胎ニテ分娩シタルノ事柄ヲ知リ得タルノ日ヲ云ヒ自己カ直接ニ其事實ヲ知ルト又他ヨリ其事實ヲ聞知シタルトヲ問ハザルナリ又届出義務者トアルハ第七十一條ニ規定スルカ如ク父又ハ母若クハ同條第三項ニ定ムル所ノ者ヲ云ヒ何故ニ此塲合ニ是等ノ届出義務者ヨリシテ取消ノ申請ヲ爲サシムルヤト云フニ是等届出義務者ニ在リテハ直接ニ胎兒カ死胎ニテ分娩シタルノ事實ヲ知リ得ルノ地位ニ在リ或ハ又直接ニ之ヲ知リ得サルモ之ヲ知ルニ便宜ナルノ地位ニ在ル者ナルヲ以テナリ尤モ遺言ニヨリ認知シタルトキハ本條ノ規定ニヨリ遺言執行者ヨリ其届出ヲ爲スモノトス是レ遺言執行者ハ遺言セラレタル事項ハ勿論之ヨリ生スヘキ必然ノ結果ニ付テモ亦之ヲ爲サヽルヘカラサルヲ以テ認知取消ノ申請ニ付テモ亦遺言執行者ヲシテ之ヲ爲サシムルヲ至當トス是レ本條但書ノ規定アル所以ナリ

第五節　養子緣組

養子緣組トハ他人ノ子ヲ收養シテ己レノ子トナス法律上ノ一ノ擬制ニシテ收養者ト被收養者トノ間ニ法律上親子ノ關係ヲ生スルモノヲ云ヒ法ノ規定上之ヲ區別スルトキハ二種トナスヲ得曰ク女婿ノ爲メニスルモノ乃チ婿養子緣組ト同ク單純ノ養子緣組是レナリ而シテ此

緣組ノ成立及ヒ有効ナルカ爲メニハ種々ナル條件ヲ要スル者ニシテ民法第八百三十七條乃至第八百五十條ニ規定スル所ノモノ是ナリ今其主モナル規定ノ一二ヲ摘記センニ尊屬又ハ年長ノ者ヲ養子トナスコトヲ得サルヘク（民法第八百三十八條）法定ノ推定家督相續人タル男子アル者ハ男子ヲ養子トスルコトヲ得サルヘク尤モ女婿ト爲ス爲メニスル場合ハ差支ナシ（仝法第八百三十九條）後見人ハ被後見人ヲ養子トナスコトヲ得サルヘク（仝法第八百四十條）又配偶者アル者ハ其配偶者ト共ニスルニ非サレハ緣組ヲ爲スコトヲ得ス（仝法第八百四十一條）トアルカ如シ而シテ民法ニ於テハ緣組ノ成立條件トシテ緣組ハ戶籍吏ニ屆出ツルニヨリテ其効力ヲ生ストシ（民法第八百四十七條第七百七十五條）屆出ヲ以テ一要件トスルカ故ニ本法ニ於テハ之レカ屆出ノ方式條件等ヲ規定シタルモノトス

斯ニ此制度ニ付テ從來行ヒ來リタル法規ノ一二ヲ抄出センニ明治六年一月廿二日第二十七號布告ニ曰ク身分華士族平民互ニ養子取組不苦候事但華族ハ管轄廳ヨリ正院へ伺出士族ハ管轄廳ニテ聞屆平民ハ戶長へ可屆事トアリ又明治六年一月廿二日第二十八號布告ニ曰ク父兄伯叔總テ目上ノ者子弟甥等ノ目下ノ家ヲ繼承スルトキハ相續人ト稱シ養子ト稱ス可ラストアリ又明治三年十月十七日布告ニ曰ク華族ノ輩實子無之輩ハ年齡ニ不拘養子願ノ儀可爲勝手事トアリ又明治九年六月五日第五十八號達ニ曰ク實子アル者養子ヲ以テ相續人トシ子

女アルノ寡婦夫ヲ迎ヘテ前夫ノ跡相續人ト定ムル等ハ一般難差許定規ニ候得共華士族ヲ除クノ外現實極貧或ハ老病等ニシテ實子孫アリト雖モ幼年ナルカ又ハ有子ノ寡婦ナリ共極貧或ハ其子女幼少且後見スヘキ者モ無之歟ノ場合親族協議ヲ以テ出願候節不得止事情ニ係ル者ハ地方官限リ聽許不苦此旨相達候事トアリ又明治八年十二月九日第二百九號達ニ曰ク婚姻又ハ養子養女ノ取組若クハ離婚離緣假令相對熟談ノ上タリトモ双方ノ戶籍ニ登記セサル內ハ其効ナキ者ト看做スヘク候條右等ノ屆方等閑ノ所業無之樣精々說諭可致此段相達候事トアリ其他之ニ關スル伺指令枚擧スルニ遑アラサルヲ以テ之ヲ省畧ス

第八十五條 緣組ノ屆書ニハ左ノ諸件ヲ記載スルコトヲ要ス

一 當事者ノ氏名、出生ノ年月日、職業及ヒ本籍地

二 養子ノ實父母ノ氏名、職業及ヒ本籍地

三 當事者カ家族ナルトキハ戶主ノ氏名、職業及ヒ本籍地

養子カ婚家又ハ養家ヨリ更ニ緣組ニ因リテ他家ニ入ル場合ニ於テハ前項ニ揭ケタル事項ノ外婚家ノ戶主又ハ前養親ノ氏名、職業及ヒ本籍地ヲ記載スルコトヲ要ス

本條ハ緣組ノ屆書記載ノ要件ヲ定メタルモノニシテ乃チ左ノ如シ

一　當事者ノ氏名出生ノ年月日職業及ヒ本籍地

即チ養子トナル者ト養子ヲ爲ス者トノ氏名等ヲ記載スルモノニシテ何人ノ間ニ縁組アリタルヤヲ明示スルノ要アルニ因ル又出生ノ年月日ヲ記載スルハ民法第八百三十七條第八百三十八條第八百四十三條第八百四十四條ノ規定ニ抵觸セサルヤ否ヤヲ知ルノ必要アルニ由ル

二　養子ノ實父母ノ氏名職業及本籍地

即チ養子ハ何人ノ子ナルヤ何レノ本籍人ナリシヤヲ知ルノ必要アルニ由ル

三　當事者カ家族ナルトキハ戸主ノ氏名云々

當事者乃チ收養者被收養者共ニ家族ナルトキハ戸主ノ配下ニ屬スルモノナルヲ以テ此條件ヲ記載スヘシトセルナリ蓋シ縁組ヲ爲シタルモノハ何人ノ家ニ屬シタルモノナルヤヲ知ラシムルノ要アルニ由ル例之ハ父カ戸主ニシテ其子カ養子ヲナシ若クハ他家ノ家族ノ養子トナルカ如キ場合ニハ其戸主ノ氏名職業及ヒ本籍地ヲ記スルカ如シ

第二項ハ民法第七百四十一條第八百四十五條ノ規定ニヨリ縁組ヲ爲シタル場合ノ屆出ニ關スル規定ナリトス同條ニヨルトキハ婚姻又ハ養子縁組ニヨリテ他家ニ入リタル者カ更ニ婚姻又ハ養子縁組ニヨリテ他家ニ入ラントスルトキハ婚家又ハ養家及ヒ實家ノ戸主ノ同意ヲ得ルコトヲ要ストアリ從來ノ慣例ニヨルトキハ婚姻等ニヨリ他家ニ入リタル者ハ一旦實

家ヘ復歸シタル后ニアラサレハ更ニ他家ニ入ルコトヲ得サルモノヽ如シ之レ兩名ノ養父母ヲ帶フル理ニ當リ不都合ヲ生スヘシト云フニアラン然レ𪜈斯クスルトキハ徒ラニ手續上煩雜ヲ増スノミナラス別段戸籍上紛糾ヲ來スモノニアラサルヲ以テ新民法ニ於テハ斯ク修正シタルモノナリトス從テ同條ノ規定ニ依リ養子カ婚家又ハ養家ヨリ更ニ緣組ニヨリテ他家ニ入ル塲合ニハ別示三個ノ要件ノ外ニ尙婚家ノ戸主又ハ前養親ノ氏名職業及ヒ本籍地ヲ記載スヘキコトヲ要ストシタルモノナリ今一例ヲ示サハ丙ナル者甲家ノ養子トナリ同家ニ入籍シタル後乙家ト養子緣組ヲナシタルトキハ其緣組ノ屆書ニハ甲家ニ於ケル養親ノ氏名等ヲモ記載スルカ如キ又甲女乙家ニ嫁入シタル後更ニ丙家ノ養女トナラントスルカ如キ塲合ニハ其緣組ノ屆書ニハ乙家ノ戸主ノ氏名等ヲモ記載スルヲ云フ

今參照ノ爲メ本條說明スル所ノ從來ノ訓令指令ヲ左ニ抄錄セン

明治六年一月廿二日第廿八號布告ニヨレハ當主壯年ナレトモ疾病其外無據事故有之養子致シ候處前當主疾病平愈又ハ事故相解候節再家督致シ右養子ハ實家ヘ立戻リ候歟又ハ當主他ヘ緣付候共双方熟談ノ上願出候ハヽ聞屆不苦事トアリテ明治八年五月九日內務省ハ名東縣ノ伺ニ對シ下ノ如キ指令ヲ與ヘタリ乃チ六年第廿八號公布中當主他ヘ緣付候トモ双方熟談ノ上云々ノ儀ハ乃チ前當主ニ相當リ當時養子其養家ヨリ直ニ他ヘ緣付候儀ヲ双方熟談致シ

候趣旨ニ無之故ニ其養子再ヒ他ヘ縁付カントスルトキハ養家斷縁ノ上一旦實家ヘ立戻リ而シテ他ヘ縁付カサレハ到底養父兩名ヲ帶スルコトニ相成依テ不都合ノ旨過般指令ニ及ヒ候儀ニ候條概シテ養子タルモノ再ヒ他ヘ縁付候時ハ最初ノ養家ハ斷縁ノ上名籍及ヒ自己所有ノ財產トモ一旦實家ヘ持歸リ而シテ後再ヒ他ヘ縁付候儀ト可心得事トアリ又明治九年一月二十日内務省ハ東京府ノ伺ニ對シ左ノ指令ヲ與ヘタリ乃チ凡養子タル者再ヒ他家ヘ養子又ハ相續人タラン者ハ戶主タルト否トヲ問ハス斷縁復歸ノ上タルヘシ若シ復歸スヘキ原籍ナキ者ハ斷縁ノ上養家ノ附籍トシテ他家ヘ養子又ハ相續人タル事ヲ得ヘシ云々トアリ

第八十六條　民法第八百四十三條ノ規定ニ依リテ縁組ノ承諾ヲ爲シタル者ハ養子ニ代ハリテ縁組ノ届出ヲ爲スコトヲ要ス

民法第八百四十三條ノ規定ニヨルトキハ養子トナルヘキ者カ十五年未滿ナルトキハ其家ニ在ル父母之ニ代リテ縁組ノ承諾ヲナスコトヲ得繼父母又ハ嫡母カ前項ノ承諾ヲナスニハ親族會ノ同意ヲ得ルコトヲ要スト元來縁組ヲナスコトハ一ノ法律行爲ナルヲ以テ當事者ノ承諾ナキ以上ハ成立スヘキニアラサレトモ十五年未滿ノ者ニ在リテハ未タ意思能力ノ發達セサルモノナレハ其父母ノ承諾ヲ以テ養子トナルヘキ者ノ承諾ニ代フルコトヲ得ルモノトセルナリ從テ此場合ニ於ケル縁組ノ届出ニ付テハ代リテ承諾ヲナス父母ヲシテ届出ヲナサシ

ムルハ元トヨリ至當ナルヘシ是レ本條ノ規定アル所以ナラン尤モ繼父母カ其繼子ノ緣組ヲ承諾シ嫡母カ其庶子ノ緣組ヲ承諾スルニハ前示ノ如ク親族會ノ同意ヲ得ルノ制限アルヲ以テ繼父母又ハ嫡母カ代リテ緣組ノ屆出ヲナスニハ尙次條ノ規定ニ從フヘキモノト知ルヘシ繼父トハ實母ノ後夫ヲ云ヒ繼母トハ實父ノ後妻ヲ云ヒ嫡母トハ庶子ヨリ其父ノ正妻ヲ指スノ語ナリトス

第八十七條　民法第七百四十一條第一項、第七百五十條第一項、第八百四十一條第二項及ヒ第八百四十三條乃至第八百四十六條ノ規定ニ依リ戶主、父母、配偶者、後見人又ハ親族會ノ同意ヲ要スル場合ニ於テハ屆出人ハ屆書ニ同意ノ證書ヲ添ヘ又ハ同意ヲ爲シタル者ヲシテ屆書ニ同意ノ旨ヲ附記シ之ニ署名、捺印セシムルコトヲ要ス

婚姻又ハ養子緣組ニ因リテ他家ニ入リタル者カ更ニ婚姻又ハ養子緣組ニ因リテ他家ニ入ラントスルトキハ婚家又ハ養家及ヒ實家ノ戶主ノ同意ヲ得ルコトヲ要シ（民法第七百四十一條第一項）家族カ養子緣組ヲ爲スニハ戶主ノ同意ヲ得ルコトヲ要シ（民法第七百五十條第一項）夫婦ノ一方カ他ノ一方ノ子ヲ養子トナスニハ他ノ一方ノ同意ヲ得ヘク（民法第八百四十一條第二項）其他民法第八百四十三條第八百四十四條第八百四十五條及ヒ第八百四十

六條ノ規定ニヨルトキハ父母其他ノ者ノ同意ヲ得ルコトヲ要スルヲ知ル其理由トスル所ハ或ハ戸主權ヲ尊重スルニアルヘク或ハ一家ノ和睦ヲ破ラサルニアルヘク又或ハ子ノ利益ヲ害セサラシムルニ在リトス而シテ是等各場合ニ該當スル縁組ノ届出ニハ同意書又ハ承諾書ヲ添フルカ又ハ同意ヲ爲シタルモノ承諾ヲ爲シタルモノヲシテ縁組ノ届書ニ其旨ヲ記載シ署名捺印セシムヘキコトヲ本條ニ於テ規定シタリ是レ第八十二條ノ規定ト同一ノ精神ニ出テ養子縁組ノ有効ナルニ必要ナル條件ヲ具備シタルモノナルコトヲ證明セシムルヲ目的トスルニ在リトス

第八十八條 民法第八百四十二條ノ規定ニ依リ配偶者ノ一方カ雙方ノ名義ヲ以テ縁組ヲ爲ス場合ニ於テハ届出人ハ届書ニ其事由ヲ記載スルコトヲ要ス

民法第八百四十一條第一項ノ規定ニヨルトキハ配偶者アルモノハ其配偶者ト共ニスルニアラサレハ縁組ヲナスコトヲ得サルモノトセリ故ニ夫婦カ養子ヲナサントスル場合モ夫婦カ他人ノ養子トナラントスル場合モ何レモ夫婦相一致スルニアラサレハ縁組ヲナスコトヲ得ス換言スレハ夫婦ハ各別ニ養子ヲナスヲ得サルト同シク各別ニ他人ノ養子トナルコトヲ得サルモノナリ如斯夫婦一致ヲ要スヘキモノナルヲ以テ若シ配偶者ノ一方カ精神錯亂等ノ爲

メ其意思ヲ表示スルコト能ハサルトキハ他ノ一方ニ於テ如何ニ養子ヲ爲サント欲スルモ又養子トナルコトヲ必要且利益ナリト認ムルモ一致ヲ欠クカ爲メニ爲シ能ハサルニ至ラン故ヲ以テ民法第八百四十二條ニ於テハ夫婦ノ一方カ其意思ヲ表示スル能ハサルトキハ他ノ一方ハ双方ノ名義ヲ以テ緣組ヲ爲スコトヲ得トノ一ノ便宜主義ノ法制ヲ採用セリ本條ハ此場合ニ該當スル緣組ノ屆出ニハ夫婦ノ一方カ双方ノ名義ヲ以テナス旨ヲ明示シ且其原因乃チ一方カ精神錯亂等ノ爲メ意思ヲ表示スル能ハサル等ノ理由ヲ開示スヘキ旨ヲ規定シタルモノトス想フニ本條ノ屆出ニハ第八十五條ノ記載條件中第一ノ當事者ノ氏名トハ無論夫婦双方ノ氏名ヲモ記載スヘク唯其何レカノ一方カ意思ヲ表示スル能ハサル旨及其原因ヲ記載スルヲ以テ足レリトナスヘキナリ

第八十九條　民法第八百四十八條ノ規定ニ依リ緣組ノ屆出ヲ爲ストキハ屆書ニ第八十五條ニ揭ケタル諸件及ヒ遺言者ノ死亡ノ年月日ヲ記載シ且之ニ養子ニ關スル遺言ノ謄本ヲ添フルコトヲ要ス

本條ハ民法第八百四十八條ニ養子ヲ爲サント欲スル者ハ遺言ヲ以テ意思ヲ表示スルコトヲ得此場合ニ於テハ遺言執行者養子トナルヘキ者又ハ第八百四十三條ノ規定ニ依リ之ニ代リテ承諾ヲ爲シタル者及ヒ成年ノ證人二人以上ヨリ遺言カ効力ヲ生シタル後遲滯ナク緣組ノ

届出ヲ爲スコトヲ要ストアル場合ニ該當スル届書ノ方式ヲ定メタルモノナリ蓋シ遺言ヲ以テ養子ヲ爲スコトハ從來ノ慣例上禁止セラレタルカ如ク又ハ制限セラレタルカ如ク見ユルモ實際上之ヲ禁止スヘキ理由ナク一家永續ノ上ヨリ之ヲ論究スレハ遺言ヲ以テモ養子ヲ爲スコトヲ許サヽル可カラサルヲ以テ斯ル規定ヲ爲スニ至リタルモノトス而シテ此場合ニ於ケル届出ニハ遺言執行者ハ第八十五條ニ定ムル條件ノ外尙遺言者ノ死亡ノ年月日ヲ記載シ且養子ニ關スル遺言書ノ謄本ヲ添ユヘキコトヲ要スルモノトセルナリ遺言者死亡ノ年月日ヲ記載スル所以ノモノハ遺言ニヨル養子ノ届出ハ養親ノ死亡ノ時ニ溯リテ其効力ヲ生スルハ民法第八百四十八條第二項ノ規定スル所ナルヲ以テニ依ルモノトス又遺言ノ謄本ヲ添ユルハ遺言者ノ意思ヲ證スルニ必要ナルカ故ナリトス

今此新民法制定已前ニ於テ遺言ニヨル養子ニ關シテ制定セラレタルモノヽ中一二ヲ參考ノ爲メ摘記セントニ舊民法人事篇第百六條第二項ノ遺言ヲ爲ス能力アル者ハ遺言養子ヲ爲スコトヲ得トアリ寛永十二年十二月諸士法度ニ曰ク跡目ノ儀養子ハ存生之内可レ致言上末期ニおよび忘却之刻申といふとも不レ可レ用レ之勿論無二筋目一もの不レ可二許容一たとひ雖レ爲二實子一筋目違ひたる遺言立間敷事トアリ又寛文三年八月ノ法度ニハ跡目ノ義養子は生存之内言上いたすへし及二末期一雖レ申レ之不レ可レ用レ之雖レ然其父五十以上之輩は雖レ爲二末期一依二

其品ニ可レ立レ之十七以下之者於レ致ニ養子ニハ吟味之上許容すへし云々トアリ降テ壬申三月太政官指令ニハ實子無レ之者死去後、養子家督申達不レ苦トアリ又明治六年八月二十四日指令ニハ死後嗣子ナク親族評議ノ上相續スル者尊屬並ニ姉妹ヲ妻ハスヘキ分ヲ除ク外生前父子ノ約ハ無シトモ養子ト稱スヘシトアリ又明治十六年一月廿二日内務省ノ指令ニハ生前父子ノ約ナシト雖モ年令ノ長短ニ拘ハラス總テ養子ト稱シ尊屬又ハ弟妹ハ相續人ト稱スヘシ云々トアリテ新法制定已前ニモ全ク遺言養子ヲ禁止シタルモノニアラサルヲ知リ得ヘシ

第九十條　縁組ノ屆出ハ養親ノ本籍地又ハ所在地ノ戸籍吏ニ之ヲ爲スコトヲ要ス

本條ハ養子縁組ノ屆出ヲナスヘキ地ヲ定メタルニ過キス

斯ニ一言スヘキハ屆出カ成立條件ノ一要素ナルトキハ其規定ハ實體法タル民法ニ於テ爲スヘキモノニシテ手續法タル本法ノ如キモノニ於テ爲スヘキモノニアラス故ニ前ニモ述タル如ク本節養子縁組ノ如キ又次節ノ婚姻ノ如キハ屆出ニヨリテ効力ヲ生スルモノ乃チ成立スルモノナルヲ以テ民法ニ於テ之カ屆出ヲナス者ノ何人ナルヤヲ定メタルモノトス依テ仝養子縁組ノ屆出ヲナスヘキ者ハ何人ナルヤノ規定ヲ案スルニ民法第八百四十七條第七百七十五條ニヨリテ當事者双方乃チ收養者被收養者ヨリナスヘキモノタルコトヲ知ル婚姻ノ屆出

ニ付テモ亦同シ
又戸籍吏ハ此屆出アリタルトキニ於テハ凡テノ法定有效條件ヲ具備シタルヤ否ヲ調査シ適法ナルモノニアラスンハ受理スルコトヲ得サルモノナルコトハ民法第八百四十九條ノ規定スル所ナレハ須ラク注意セサルヘカラス婚姻ニ付テモ亦同シ此ノ注意ハ離婚及ヒ離縁ノ屆出ニ付テモ亦同樣ナリト知ルヘシ

第九十一條　縁組カ無效ナルトキハ屆出人ハ其無效ナル事由ノ證明書ヲ提出シテ登記ノ取消ヲ申請スルコトヲ要ス

養子縁組ハ如何ナル塲合ニ於テ無効ナルカハ民法第八百五十一條ニ規定スル處ニシテ其塲合ハ二個アリ而シテ其無効ノ縁組ハ初メヨリ成立セサルモノナレハ屆出アリタリトテ其効ヲ生スヘキモノニアラス從テ登記セラレタリトテ不成立ノモノヲ成立セシムルニ由ナシ故ニ此塲合ニハ其登記ヲ取消スヘキヲ當然トス而シテ之ヲ取消スニハ屆出人ヨリシテ其無效ナル事由乃チ民法第八百五十一條第一號ニ所謂當事者間ニ縁組ヲナスノ意思ナカリシコトノ證明書ヲ提出スヘキモノトセルナリ尤モ同條第二號ノ規定ハ本條ノ適用ヲ受クルコトナシ其故ハ初メヨリ屆出ナキカ故ニ無效ナルモノナレハ登記ノアルヘキ筈ナク登記ナケレハ從テ之ヲ取消スコトノ要ナケレハナリ

第九十二條 緣組ノ無效又ハ取消ノ裁判カ確定シタルトキハ其訴ヲ提起シタル者ハ裁判確定ノ日ヨリ一月內ニ裁判ノ謄本ヲ提出シテ登記ノ取消ヲ申請スルコトヲ要ス

本條ハ緣組ノ無效又ハ取消ノ裁判確定シタル場合ニ於ケル登記取消ノ申請ニ係ル規定ニシテ此場合ニハ確定ノ日ヨリ一ケ月內ニ裁判ノ謄本ヲ提出シテ取消ノ申請ヲ爲スヘシト定メタルナリ斯ニ所謂緣組ノ取消トハ民法第八百五十二條以下ニ規定セル原因アル場合ニ於テ當事者ノ一方ヨリ裁判上取消ノ訴訟ヲ提起シ其訴訟ニ於テ請求ノ容レラレタル場合ニ於テ生スルモノトス而シテ此場合ニ於ケル屆出人ハ前條ト異ニシテ其訴訟ヲ提起シタル者ヨリ假令ハ養子カ原告ナルトキハ養子ヨリ養親原告ナルトキハ養親ヨリスルカ如シ

第九十三條 第八十五條及ヒ第八十七條乃至第八十九條ノ規定ハ口頭ヲ以テ屆出ヲ爲ス場合ニ之ヲ準用ス

本條ハ唯前示第八十五條第八十七條乃至第八十九條ノ規定ハ口頭ヲ以テ屆出ヲナスニモ準用スヘキコトヲ規定セルニ過キス而シテ口頭ニテ屆出ヲナスニハ正當ノ事由アルトキニ限ルハ第四十三條ニ規定スル所ナルヲ以テ該條ノ說明ニ就テ詳知スヘシ

第九十四條 第五十八條ノ規定ハ緣組ノ屆出ニハ之ヲ適用セス

第五十八條ニテハ屆出人ハ代理人ヲ差出スコトヲ許スモノナレトモ緣組ノ屆出ニ關シテ絕對的ニ代理人ヲ許サヽルコトヲ規定シタルモノナリ何トナレハ緣組ハ人ノ身分ニ變更ヲ來タスヘキ重大ナル事項ニ屬スルカ故ニ錯誤詐欺ヲ防止スルカ爲メニハ代理人ヲ許サヽルヲ尤モ相當ナリトスヘケレハナリ

本節ヲ終ルニ臨ミ從來行レタル慣例ノ重モナル一二ヲ抄錄シテ參考ノ資ニ供スヘシ

明治十七年七月宮內省ノ華族一般ニ達シタル華族令ニ曰ク華族及ヒ華族ノ子弟婚姻シ又ハ養子セントスル者ハ先ツ宮內卿ノ許可ヲ受クヘシト

明治十年九月廿四日內務省指令ニ曰ク家女ニ迎ヘタル養子ハ結婚前後ヲ問ハス聟養子ト稱シテ不苦候事

明治十七年五月八日內務省指令ニ曰ク年長者ハ養子トナスコトヲ得ズト

明治八年三月十四日內務省指令ニ曰ク當主長男次男有之配偶スヘキ娘無之幷ニ分家スル目途無之共養子貰受候儀不苦候事トアリ由是觀之新民法トハ反對ナリトス

第六節　養子離緣

離緣トハ緣組ノ解除ヲ云フモノニシテ一旦收養者ト被收養者トノ間ニ生シタル親子ノ關係ヲ解消セシムルモノトス而シテ法律上離緣ニ二個ノ區別アリテ一ヲ協議上ノ離緣ト云ヒ一

ヲ裁判上ノ離縁ト云フ所謂協議上ノ離縁トハ當事者相方協議ヲ以テ爲スモノヲ云ヒ（民法第八百六十二條乃至第八百六十五條）裁判上ノ離縁トハ法律ノ定ムル原因ニ基キ裁判所ノ判決ニヨルモノヲ云フ而シテ其原因ハ九個ノ塲合ニ限ルモノトス（民法第八百六十六條乃至第八百七十三條）以上何レノ塲合ナリトモ離縁ハ之ヲ戸籍吏ニ屆出ツルコトヲ要ス殊ニ協議上ノ離縁ニ於テハ屆出ニ依リテ其成立ヲ告クルモノ（民法第八百六十四條第七百七十五條參照明治八年十二月九日第二百九號達ニヨレハ離婚離縁假令相對熟談ノ上タリトモ双方ノ戸籍ニ登記セサル内ハ其效ナキ者ト見做スヘク云々トアリ）ナルカ故ニ本節ニ於テ其屆出ニ關スル方式條件等ヲ規定シタルモノトス

第九十五條　離縁ノ屆書ニハ左ノ諸件ヲ記載スルコトヲ要ス

一　當事者ノ氏名、職業及ヒ本籍地
二　養子ノ實父母ノ氏名、職業及ヒ本籍地
三　當事者カ家族ナルトキハ戸主ノ氏名、職業及ヒ本籍地
四　縁組ノ年月日
五　離縁カ協議又ハ裁判ニ因ルコト
六　養子ノ妻カ養子ト共ニ養家ヲ去ルトキハ其旨及ヒ妻ノ名

七　養子カ復籍スヘキ家ノ戸主ノ氏名、職業及ヒ本籍地
八　養子カ復籍スヘキ家ナキトキハ其事由
本條ハ離縁ノ届書ニ記載スヘキ要件ヲ定メタルモノニシテ乃チ左ノ如シ
一　當事者ノ氏名云々
縁組ノ届出ニ當事者ノ氏名其他ヲ記載スルヲ要スルト同シク離縁ノ届出ニモ亦此要件ヲ要スルモノトス畢竟スルニ何人ノ間ニ離縁アリタルヤヲ知ラシムルノ要アレハナリ
二　養子ノ實父母云々
第八十五條第二號ト同シ
三　當事者カ家族ナルトキ云々
第八十五條第三號ト同シ
四　縁組ノ年月日
讀テ字ノ如シ
五　離縁カ協議又ハ云々
此要件ハ前述シタル如ク離縁ニ協議上ノモノト裁判上ノモノトノ區別アルヲ以テ何レノ塲合ニ於ケル離縁ナルカヲ知ルノ要アルカ爲メナリトス

六　養子ノ妻カ養子ト共ニ云々

妻ハ夫ニ從フヘキモノナルカ故ニ夫カ離緣トナルトキハ妻ハ夫ト共ニ養家ヲ去ルヘキモノトスルヲ通例トストト雖モ彼ノ養子カ家女ノ婚姻ヲナシタルカ如キ塲合ニ在リテハ離緣ヲ理由トシテ離婚ヲナスコトヲ得ヘキモノトスルヲ以テ(民法第八百十三條第十號)若シ離婚スルトキハ其家ヲ去ラサルコトアルヘシ從テ此條件ヲ記スルノ必要アリトス

七　養子カ復籍スヘキ云々

養子緣組ニ因リテ他家ニ入リタルモノハ離緣ノ塲合ニ於テハ實家ニ復籍スヘキモノナレハ(民法第七百三十九條)此要件ヲ必要トスルヤ亦論ヲ俟タサル所ナリトス

八　養子カ復籍スヘキ家ナキトキ云々

實家ニ復籍スヘキ者カ實家ノ廢絕ニ因テ復籍ヲナスコト能ハサルトキ又復籍ヲ拒マレタルトキハ一家ヲ創立スルカ又實家ノ再興ヲナスヘキモノトス(民法第七百四十條)其何レノ方法ヲ執ルヘキヤハ其人ノ任意ナルモ前段ニ說明スルカ如ク實家ニ復籍スルヲ當然ナリトスルヲ以テ復歸スヘキ家ナキ塲合ニ在リテハ其旨ヲ明示シ併テ如何ナル事由ニヨルヤ即チ養家ニヨルカ絕家ニヨルカ但シハ復籍拒絕ニヨルカヲ記載スヘキモノトセルナリ

第九十六條　民法第八百六十二條第二項ノ規定ニ依リテ離緣ヲ爲ス場合

ニ於テハ養親及ヒ養子ニ代ハリテ協議ヲ爲シタル者ヨリ屆出ヲ爲スコトヲ要ス

民法第八百六十二條第二項ニ曰ク養子カ十五年未滿ナルトキハ其離緣ハ養親ト養子ニ代リテ緣組ノ承諾ヲ爲ス權利ヲ有スル者トノ協議ヲ以テ之ヲ爲スト斯ニ承諾ヲ爲ス權利ヲ有スル者トハ民法第八百四十三條ニ規定スルカ如ク其家ニ在ル父母ヲ(繼父母又ハ嫡母ヲモ包含ス)云フモノトス而シテ本條ハ此場合乃チ十五年未滿ノ養子ノ離緣ニ付テハ養親及ヒ實家ニ在ル父母トノ協議ヲ以テ爲スモノナルカ故ニ其屆出ハ養親及ヒ實家ニ在ル父母ヨリシテ屆出ヲ爲スヘキコトヲ定メタルモノトス乃チ第八十六條ト同一ノ旨主ニ基クモノナリ

第九十七條 民法第八百六十二條第三項ノ規定ニ依リテ離緣ヲ爲ス場合ニ於テハ養子ヨリ屆出ヲ爲スヲ以テ足ル

民法第八百六十二條第三項ニ曰ク養親カ死亡シタル後養子カ離緣ヲ爲サントスルトキハ戸主ノ同意ヲ得テ之ヲ爲スコトヲ得トアリ本條ハ此場合ニ於ケル離緣ノ屆出ハ養子ヨリ爲スヲ以テ足レリトスルニ過キス勿論同條ニヨル戸主ノ同意ニ付テハ次條ノ規定ニヨルヘキモノトス

第九十八條 民法第八百六十二條第三項及ヒ第八百六十三條ノ規定ニ依

リ戸主、父母、後見人又ハ親族會ノ同意ヲ要スル場合ニ於テハ屆出人ハ屆書ニ同意ノ證書ヲ添ヘ又ハ同意ヲ爲シタル者ヲシテ屆書ニ同意ノ旨ヲ附記シ之ニ署名、捺印セシムルコトヲ要ス

養親死亡後ノ離縁ハ戸主ノ同意ヲ要シ（民法第八百六十二條第三項）滿廿五年ニ達セサル者カ協議上ノ離縁ヲ爲サントスルニハ民法第八百四十四條ノ規定ニヨリ其縁組ニ付キ同意ヲ爲ス權利ヲ有スル者ノ同意ヲ得ルコトヲ要ス（民法第八百六十三條）ヘキモノナルヲ以テ是等ノ場合ニ該當スル離縁ノ屆出ニハ同意ノ證書ヲ添ユルカ又ハ同意ヲ爲シタル者ヲシテ離縁ノ屆書ニ同意ノ旨ヲ附記シ署名捺印セシムヘキコトヲ本條ヘ規定シタルナリ是レ第八十二條第八十七條ト同一ノ精神ニ出テタルモノニシテ離縁ノ有效ナルニ必要ナル條件ヲ具備シタルコトヲ證明セシムルヲ目的トスルニ在リトス

第九十九條　離縁ノ裁判カ確定シタルトキハ其訴ヲ提起シタル者ハ裁判確定ノ日ヨリ十日内ニ裁判ノ謄本ヲ添ヘテ屆出ヲ爲スコトヲ要ス

本條ハ裁判上ニ於テ離縁ノ判決アリタル場合ノ屆出ニ關スル規定ニシテ乃チ民法第八百六十六條ノ第一乃至第九ノ原因アルニ當リ之ヲ理由トシテ離縁ノ訴ヲ提起シ勝訴ノ判決ヲ受ケタル者ハ其裁判確定ノ日ヨリ十日内ニ其裁判ノ謄本ヲ添ヘテ之レカ屆出ヲ爲ササルヘカ

ラサルナリ是亦第九十二條ニ於ケル縁組ノ無效又ハ取消ノ裁判カ確定シタル場合ニ於ケル登記取消ノ申請ニ裁判ノ謄本ヲ添フルト同一ナリトス

第百條　第九十五條及ヒ第九十八條ノ規定ハ口頭ヲ以テ屆出ヲ爲ス場合ニ之ヲ準用ス

本條ハ第九十五條第九十八條ノ規定ハ口頭ヲ以テ屆出ヲ爲ス場合ニモ準用スヘキコトヲ定メタルニ過キス換言スレハ口頭ヲ以テ離縁ノ屆出ヲナス場合ニモ尙第九十五條及ヒ第九十八條ニ規定セル條件ヲ具スヘキモノトスルニ在リテ第九十三條ト同一ナリトス

第百一條　第五十八條ノ規定ハ離縁ノ屆出ニハ之ヲ適用セス

本條ハ第五十八條ノ規定ハ離縁屆出ノ場合ニハ適用セサルコトヲ明ニスルモノニシテ換言スレハ離縁ノ屆出ニハ代理人ヲ差出スコトヲ得サルモノトセルナリ是亦第九十四條ト同一ナリトス

第七節　婚姻

凡ソ物トシテ始中終ノ三期節アラザルナキノ理アルト同シク人生モ亦三時期ニ分ツコトヲ得ヘシ曰ク出生曰ク婚姻曰ク死亡之レナリ左レハ婚姻ハ人生ノ中期ニ位シ人事ノ關係中尤モ重大ナルモノニシテ男子ハ是ニ因リテ夫タルノ身分ヲ得女子ハ是ニ因リテ妻タルノ身分

ヲ得從テ其權利義務ノ上ニ變更ヲ來スノミナラス其夫婦ノ間ニ生レタル子ノ地位ニ至ルマテ定マルベキモノトス故ヲ以テ親族上ノ關係ハ主トシテ婚姻ヨリ生スト云フモ敢テ過言ニアラサルナリ元來婚姻ナルモノハ今日ニ在リテハ一夫一婦ヲ以テ通常トスト雖モ尚一夫數妻若クハ數夫一妻ヲ公認セルモノナキニアラズ國土又ハ人文開否ノ程度等ニヨリ必スシモ同一徹ニ出ツルモノニアラサレドモ今日文明諸國ニ於テハ婚姻ハ必ス一夫一婦ニ限ルモノトセルヲ以テ學者ノ一般ニ唱導スル所ニ從ヒ之カ定義ヲ下ストキハ乃チ婚姻トハ法律上公認スル一男一女ノ生存結合ニシテ其共諾ヨリ成ルモノト云フヲ得ベシ而シテ其成立幷ニ有效ナルカ爲メニハ法律上種々ナル條件ヲ要スルモノニシテ我國ニ於テハ從來此點ニ付キ多少法規ノ見ルヘキモノナキニアラザリシモ不完全タルヲ免レサリシガ幸ニ今ヤ民法ノ發布スルアリテ初メテ之ヲ一定スルニ至リ今民法ノ規定スル所ニヨリ其最モ主ナルモノノ二三ヲ摘示スレバ男ハ滿十七年女ハ滿十五年ニ至ラサレバ婚姻ヲ爲スコトヲ得ズ（民法第七百六十五條）配偶者アルモノハ重ネテ婚姻ヲ爲スコトヲ得ズ（仝第七百六十六條）姦通ニヨリテ離婚又ハ刑ノ宣告ヲ受ケタル者ハ相姦者ト婚姻ヲ爲スコトヲ得ズ（仝第七百六十八條）直系血族又ハ三親等內ノ傍系血族ノ間ニ於テハ婚姻ヲ爲スコトヲ得ズ（仝第七百六十九條）又直系姻族ノ間ニ於テハ婚姻ヲ爲スコトヲ得ズ第七百二十九條ノ規定ニ依リ姻族關係カ止ミ

タル后亦同シ（仝第七百七十條）トアルカ如キ皆婚姻ノ有効ナルカ爲メニ必要ナル條件ニシテ仝第七百七十五條ノ規定スル所ニヨレハ婚姻ハ之ヲ戸籍吏ニ届出ツルニ因リテ其効力ヲ生ズ、前項ノ届出ハ當事者双方及ヒ成年ノ證人二人以上ヨリ口頭ニテ又ハ署名シタル書面ヲ以テ之ヲ爲スコトヲ要ストアリ又仝第七百七十八條ニ婚姻ハ左ノ塲合ニ限リ有効トストアリテ其第二號ニ當事者カ婚姻ノ届出ヲ爲ササルトキトアリ因是觀之既ニ陳述シタルカ如ク婚姻ノ成立ニハ必ス届出ヲ要スルモノナルコトヲ知ルベシ故ニ婚姻ハ届出ナクンバ成立セズ從テ其婚姻ハ何等ノ效ヲモ發生セサルモノトセハ届出ノ一事ハ輕々ニ看過スヘキニアラサルナリ然ルニ從前ニ在リテハ婚姻ノ届出ハ其成立ノ一條件ナリシヤ否ニ付テハ大ニ疑ナキ能ハサリシモノヽ如シ則チ明治八年十二月九日第二百九號ノ公達ニハ婚姻又ハ養子養女ノ取組若クハ其離緣離婚假令相對熟談ノ上タリトモ双方ノ戸籍ニ登記セサル內ハ其效ナキモノト看做スヘク候條右等ノ届方等閑ノ所業無之樣精々說諭可致置此旨相達候事トアルニ明治十年六月十九日司法省丁第四十六號ヲ以テ大審院上等裁判所地方裁判所ヘノ達ニハ太政官ノ指令トシテ第二百九號ノ諭達後其登記ヲ怠リシ者アリト雖モ既ニ親族ノ者モ夫婦若クハ養父子ト認メ裁判官ニ於テモ其實アリト認ムル者ハ夫婦若クハ養父子ヲ以テ論スヘキ儀ト相心得ベシトアリテ一方ニ於テハ戸籍ノ登記ヲ要件トスルモノト解シ得ラルルニ他ノ一方ニ在リテハ之ヲ要件ト爲サヽルモノヽ如クニ解セラレ疑義ヲ挾ムニ十分ノ餘地アリシモノトス然ルニ民法ニ於テハ前示第七百七十五條ノ規定ヲ設ケタレハ最早疑モナク婚姻ニハ戸籍上ノ登錄ヲ必要トスルモノナルコトヲ知ルニ足レリ此民法ノ規定ハ全ク前示第二百九號布達ノ精神ヲ襲用シタルモノト謂フヘシ此ノ如ク民法ハ屆出ヲ以テ婚姻成立ノ一條件トスルヲ以テ本法ハ本節ヲ以テ之カ屆出ノ方式條件等ヲ規定スルニ至レリ

第百二條 婚姻ノ屆書ニハ左ノ諸件ヲ記載スルコトヲ要ス

一 當事者ノ氏名、出生ノ年月日及ヒ本籍地

二 父母ノ氏名、職業及ヒ本籍地

三 當事者カ家族ナルトキハ戸主ノ氏名、職業及ヒ本籍地

四 入夫婚姻又ハ婿養子緣組ナルトキハ其旨

五 入夫婚姻ノ場合ニ於テ入夫カ戸主ト爲ラサルトキハ其旨

六 婚姻ニ因リテ嫡出子タル身分ヲ取得スル庶子アルトキハ其名及ヒ出生ノ年月日

當事者ノ一方カ婚家又ハ養家ヨリ更ニ婚姻ニ因リテ他家ニ入ル場合ニ於テハ前項ニ掲ケタル事項ノ外前婚家ノ戸主又ハ養親ノ氏名、職業及

ヒ本籍地ヲ記載スルコトヲ要ス
本條ハ婚姻ノ屆出ニ具備スルコトヲ要スル條件ヲ定メタルモノニシテ乃チ左ノ如シ
一　當事者ノ氏名、出生ノ年月日及ヒ本籍地
乃チ夫トナリ妻トナルヘキ者ノ氏名ト其出生ノ年月日並ニ其者ノ本籍ハ何レノ地ニ在ルカヲ明ニスルモノニシテ第八十五條第一號ト同シク何人ノ間ニ婚姻ノ成立シタルモノナルヤヲ明示スルノ要アルニヨルモノナリ
二　父母ノ氏名、職業及ヒ本籍地
乃チ當事者双方ノ父母ノ何人ナルヤ又其職業ノ何如及ヒ何レノ地ニ本籍ヲ有スル者ナルヤヲ明ニスルモノニシテ第八十五條第二號ト同シク婚姻ヲ爲ス者ハ何人ノ子女ナルヤヲ明示スルノ要アルニ因ルモノナリ
三　當事者カ家族ナルトキハ戶主ノ氏名、職業及ヒ本籍地
此條件ハ乃チ第八十五條第三號ト同ジク夫婦トナル者カ一家ノ家族ナルトキハ其家ノ戶主ノ氏名ト職業及ヒ何レノ地ニ本籍ヲ有スルモノナルヤヲ明示スルモノトス
四　入夫婚姻又ハ婿養子緣組ナルトキハ其旨
入夫婚姻トハ女戶主ノ家ニ入リ其夫トナルヲ云ヒ婿養子緣組トハ養子緣組ヲ爲スト同時ニ

養家ノ女子ト婚姻ヲ爲スヲ云フモノニシテ例ヘハ甲ナル者ノ乙家ノ女婿トナルトキヲ云フ而シテ此二ツノ塲合ニ於テハ其入夫婚姻ナルヤ又ハ婿養子縁組ナルヤヲ屆書ニ記載スヘキコトヲ命シタルナリ

五、入夫婚姻ノ塲合ニ於テ入夫カ戶主ト爲ラサルトキハ其旨

民法第七百三十六條ニ曰、女戶主カ入夫婚姻ヲ爲シタルトキハ入夫ハ其家ノ戶主ト爲ル但當事者カ婚姻ノ當時反對ノ意思ヲ表示シタルトキハ此限ニ在ラズト因是觀之民法ニ於テハ入夫婚姻ヲ爲シタルトキハ其入夫カ戶主トナルヲ通例トスルモノナルヲ以テ其反對ノ意思ヲ表示シタル塲合ニ於テノミ此條件ヲ記載スベキモノトシタルナリ民法ノ此規定ハ果シテ舊慣ニ適合シタルモノナルヤ否ニ付テハ容易ニ斷言シ難キニ似タレドモ明治六年七月二十二日第二百六十三號布告ニハ婦女子相續ノ後ニ於テ夫ヲ迎ヘ又ハ養子致シ候ハヽ直ニ其夫又ハ養子ヘ相續可相讓事トアリ又明治九年六月五日太政官達第五十八號同樣ノ趣旨ニ解シ得ラレサルニアラサレドモ該達ニハ實子アル者養子ヲ以テ相續人トシ子女アル寡婦後夫ヲ迎ヘテ前夫ノ跡相續人ト定ムル者ハ一般難差許定規ニ候得共華士族ヲ除ク外現實極貧或ハ老病等ニテ實子孫アリト雖モ幼少ナル歟又ハ養子ノ寡婦タリトモ極貧或ハ其子幼少且後見スヘキモノモ無之カノ塲合ニテ親族協議ヲ以テ願出候節不得止事情ニ係ル者ハ地方官限リ

聽許不苦此旨相違候事トアリテ通常入夫ヲ以テ跡相續人トシ戸主トナラシムルハ普通ニアラス唯止ムヲ得サル場合ニ於テノミ之ヲ許シタルニ過キサルカ如シ果シテ然ルトキハ民法第七百三十六條ハ全然舊慣ニ適合セルモノト云ヒ難キニ似タリ然レトモ既ニ同條ノ規定アル以上ハ本法ニ於テ唯入夫カ戸主トナラサルトキニ於テノミ其旨ヲ記載セシメ其否ラサル場合ニハ當然入夫ヲ戸主トシテ登記スルヨリ外ナシトスルハ亦是非モナキ所ナリト謂ハサルヲ得ズ是則チ實躰法タル民法ノ規定ニ根據シ以テ此條件ヲ必要トスルニ外ナラサルナリ

六、婚姻ニ因リテ嫡出子タル身分ヲ取得スル庶子アルトキハ其名及ヒ出生ノ年月日

庶子ハ其父母ノ婚姻ニヨリテ嫡出子タル身分ヲ取得ストハ民法第八百三十六條ニ規定スル所ナルコトハ既ニ前述シタルカ如シ故ニ例令バ甲乙ノ男女私通シ丙ナル男子ヲ設ケ甲ハ之ヲ認知シ己レノ子トナシタル後甲男乙女カ婚姻スルトキハ丙ハ嫡出子トナルナリ乃チ換言スレバ庶子タル丙ハ其父母タル甲乙ノ婚姻ニヨリテ嫡出子タル身分ヲ取得スルモノナルカ故ニ此場合ノ如キ婚姻ノ屆出ニハ其丙者ノ氏名ト出生ノ年月日トヲ記載セシムルヲ要ストシタル所以ナリトス

第二項ノ規定ハ第八十五條第二項ト同一ノ理由ニ基クモノニシテ婚家又ハ養家ヨリ再婚ヲ爲ス場合ニハ前婚家ニ於ケル戸主ノ氏名職業及ヒ本籍地又ハ前養家ノ戸主ノ氏名職業ト併

テ其本籍地ヲ記載スルコトヲ一條件トスルコトヲ明ニシタルニ外ナラサルナリ

第百三條 民法第七百四十一條第一項、第七百五十條第一項、第七百七十二條及ヒ第七百七十三條ノ規定ニ依リ戸主、父母、後見人又ハ親族會ノ同意ヲ要スル場合ニ於テハ届出人ハ届書ニ同意ノ證書ヲ添ヘ又ハ同意ヲ爲シタル者ヲシテ届書ニ同意ノ旨ヲ附記シ之ニ署名、捺印セシムルコトヲ要ス

婚姻又ハ養子縁組ニヨリテ他家ニ入リタル者カ再婚又ハ再縁セントスルニハ婚家又ハ養家及ヒ實家ノ戸主ノ同意ヲ得ルコトヲ要シ(民法第七百四十一條第一項)家族カ婚姻又ハ養子縁組ヲ爲スニハ戸主ノ同意ヲ得ルコトヲ要シ(仝第七百五十條第一項)子カ婚姻ヲ爲スニハ其家ニ在ル父母ノ同意ヲ得ルコトヲ要シ父母ノ一方カ知レサルトキ死亡シタルトキ、家ヲ去リタルトキ、又ハ其意思ヲ表示スルコト能ハサルトキハ其一方ノ同意ノミヲ得ルヲ以テ足レリトシ父母共ニ知レサルトキ又ハ其他ノ塲合ニハ未成年者ハ其后見人及ヒ親族會ノ同意ヲ得ルコトヲ要シ(仝第七百七十二條)繼父母又ハ嫡母カ子ノ婚姻ニ同意セサルトキハ子ハ親族會ノ同意ヲ得テ婚姻ヲ爲スコトヲ得(仝第七百七十三條)ルモノナリ故ニ是等ノ塲合ニ該當スル者ニ在リテハ婚姻ノ届書ニ其同意ヲ與フルノ權利ヲ有スル者ノ同意ヲ表シタル

證書ヲ添フルカ又ハ其者等ヲシテ婚姻ノ屆書ニ同意ノ旨ヲ附記シ署名捺印セシムルニアラサレバ果シテ婚姻ノ有効條件ヲ充タシタルモノナルヤ否ヲ知ルニ由ナキモノトス是則チ本條ノ規定アル所以ニシテ第八十七條ニ於ケルト同一ノ精神ニ出テタルモノトス

第百四條 婚姻ノ屆出ハ夫ノ本籍地又ハ所在地ノ戸籍吏ニ之ヲ爲スコトヲ要ス但入夫婚姻及ヒ婿養子縁組ナルトキハ妻ノ本籍地又ハ所在地ニ於テ其屆出ヲ爲スコトヲ要ス

本條ハ婚姻ノ屆出ヲ爲スヘキ土地ヲ定メタルモノニシテ乃チ通常ノ婚姻ニ在リテハ夫ノ本籍地又ハ所在地ノ戸籍吏ニ爲スヘク入夫婚姻又ハ婿養子縁組ナルトキハ妻ノ本籍地又ハ所在地ノ戸籍吏ニ爲スヘキモノトシタルナリ何トナレバ婚姻ニヨリテ妻ハ夫ノ家ニ入ルベキモノ、入夫及ヒ婿養子ハ妻ノ家ニ入ルヘキモノナレバ(民法第七百八十八條)乃チ妻ヲ娶リ入夫ヲ爲シ又ハ婿養子ヲ爲シタル者ト本籍地若クハ所在地ニ屆出ヲ爲スヲ至當ナリトシタルカ故ナリ而シテ之カ屆出ヲ爲スヘキ者ハ當事者双方ヨリシテ爲スヘキモノナルコトハ民法第七百七十五條第二項ノ規定スル所ナリトス倘第九十條ノ註釋ヲ參照スヘシ

第百五條 婚姻カ無效ナルトキハ屆出人ハ其無效ナル事由ノ證明書ヲ提出シテ登記ノ取消ヲ申請スルコトヲ要ス

婚姻ハ如何ナル塲合ニ於テ無効ナルカハ民法第七百七十八條ニ規定スル所ニシテ第一ニ人違其他ノ事由ニヨリテ當事者ニ婚姻ヲナス意思ナキトキ第二ニ當事者カ婚姻ノ屆出ヲ爲サヽルトキトセリ而シテ此第二ノ塲合ニハ初メヨリ屆出ナキモノナレハ登記ノ取消ヲ申請スルノ要ナシ唯第一ノ塲合ニ於テノミ本條ノ規定ニ從ヒ取消ノ申請ヲ爲スヘキモノトス今其一例ヲ擧クレハ甲ナル者乙ト婚姻スルノ意思ナリシニ誤ツテ丙ト婚姻シタルカ如キトキハ乃チ甲ト丙トノ間ニハ事實婚姻ノ承諾ヲ爲シタル者ニアラサルカ故ニ其婚姻ハ無効ナルモノナレバ從テ其屆出ニ基キ爲シタル登記ハ之ヲ取消スニアラサレバ不都合ヲ生スルコトヽナルベシ故ニ此ノ如キ塲合ニハ之ヲ取消スノ必要アルヤ敢テ深ク論スルヲ須ヒサルナリ本條ハ乃チ此ノ如キ塲合ニ於ケル規定ヲ爲シタルモノニシテ其無効ナル事由ノ證明書ヲ具シテ屆出ツヘシトセルモノナリ尙第九十一條ト同一ノ理由ニ出テタルモノトス

第百六條 婚姻ノ無效又ハ取消ノ裁判カ確定シタルトキハ其訴ヲ提起シタル者ハ裁判確定ノ日ヨリ一ケ月內ニ裁判ノ謄本ヲ提出シテ登記ノ取消ヲ申請スルコトヲ要ス

檢事カ訴ヲ提起シタル場合ニ於テハ前項ノ規定ニ從ヒ檢事ヨリ登記ノ取消ヲ請求スルコトヲ要ス

本條第一項ハ亦第九十二條ト同一ノ理由ニ出テタルモノニシテ婚姻ノ無効又ハ取消ノ裁判カ確定シタルトキハ其訴ヲ提起シタル原告ヨリシテ登記ノ取消ヲ申請スヘキモノトシ其申請ノ期間ハ裁判確定ノ日ヨリ起算シ一个月内ニ爲スヲ要シ且其裁判ノ謄本ヲ提出スルコトヲ要ストシタルモノナリ

第二項ハ婚姻取消ノ訴ニ付テハ民法上檢事ヨリ裁判所ニ請求スルコトヲ許シタル場合ナリ（民法第七百八十條第七百六十五條乃至第七百七十一條參照）今其一例ヲ擧クレハ重婚者乃チ配偶者アル者カ重子テ婚姻シタルトキハ檢事ハ重婚ヲ理由トシテ其婚姻ノ取消ヲ裁判所ニ請求スルコトヲ得ヘキモノナレハ其請求ノ容レラレタルトキハ乃チ其婚姻ハ取消サレタルモノナルカ故ニ原告官タル檢事ヲシテ登記ノ取消ヲ申請セシムルハ元ヨリ至當ナリト云ハサルヲ得ズ是則チ本條第二項ノ規定アル所以ナリトス

第百七條　第百二條及ヒ第百三條ノ規定ハ口頭ヲ以テ屆出ヲ爲ス場合ニ之ヲ準用ス

本條ハ第百二條及ヒ第百三條ノ規定ハ口頭ノ屆出ニモ準用スヘキコトヲ定メタルニ過キスシテ第九十三條第百條ト同シク婚姻ノ屆出ヲ口頭ニテ爲スモノアルトキハ第百二條第百三條ニ規定セル條件ヲ具スヘキモノトスルニ在ルナリ

第百八條 第五十八條ノ規定ハ婚姻ノ屆出ニハ之ヲ適用セス

本條ハ亦第九十四條第百一條ト同シク第五十八條ノ規定乃チ代理人ヲ以テスル屆出ハ婚姻ニハ適用セサルコトヲ明ニシタルモノトス

本節ヲ終ルニ臨ミ從來ノ慣例二三ヲ摘示シ以テ參考ノ資ニ供セン

明治十七年二月十三日内務省ノ指令ニ女子婚姻年限ニ制限ナキモ幼年ノ者ハ成ルヘク結婚セシメサル樣注意スヘシトアリ

同十九年四月二十七日司法省指令ニ十二歲ニ滿タザル女子ノ結婚ハ不相成トアリ

同十四年六月一日太政官指令ニ姦婦姦夫處刑后ハ結婚差許サスト

同六年五月二十八日太政官ノ指令ニ亡夫ノ跡相續人タル婦女其亡夫ノ兄弟ト婚姻スルコトヲ許サスト

同十年八月二十八日司法省指令ニ有妻ノ夫ニシテ更ニ妻ヲ娶ル者律ニ正條ナシ犯ス者ハ不應爲ノ重ニ問フ後婚ノ婦女情ヲ知ル者同罪トアリ

同二十年一月十八日同省指令ニ實兄ノ妻ハ離緣后ト雖モ弟ト結婚スルヲ許サズトアリ

同二十四年六月同省指令ニ結婚セシ男女戶籍屆出ヲ怠リ未タ記載ナキ場合ニ出生セシ子女ハ私生子ト認ムト

同二十五年三月二日大審院ノ判例ニ戸籍ハ人ノ身分ヲ證スル公正記錄ナレハ其身分ニ付爭ヒアルトキハ戸籍ヲ以テ一應確實ナル證據トストナリ

第八節　離婚

離婚トハ婚姻ノ解除ヲ云フモノニシテ婚姻ニ因リテ夫タリ妻タルノ關係ヲ生セシメタルモノヲ解消スルヲ云フ而シテ離婚ニモ亦協議上ノ離婚ト裁判上ノ離婚トアルコトハ離緣ニ於ケル區別ト同樣ナリトス所謂協議上ノ離婚トハ夫婦カ其協議ヲ以テ乃チ談合ノ上婚姻ヲ解クヲ云ヒ裁判上ノ離婚トハ民法ニ定ムル原因ニ基キ裁判所ノ判決ヲ以テスルモノヲ云フ其原因ハ十個ノ場合ニ限ルモノニシテ民法第八百八條乃至第八百十二條ニ規定スル所ナリ以上何レノ場合ニ於ケルモ離婚ハ離緣ト同シク之ヲ戸籍吏ニ届出ツヘキモノナルヲ以テ（民法第八百六十四條第七百七十五條參照）本法ハ斯ニ之レカ方式條件等ヲ定メタルモノトス

第百九條　離婚ノ届書ニハ左ノ事項ヲ記載スルコトヲ要ス

一　當事者ノ氏名、職業及ヒ本籍地
二　父母ノ氏名、職業及ヒ本籍地
三　當事者カ家族ナルトキハ戸主ノ氏名、職業及ヒ本籍地
四　婚姻ノ年月日

五　離婚カ協議又ハ裁判ニ因ルコト
六　當事者カ復籍スヘキ家ノ戸主ノ氏名、職業及ヒ本籍地
七　當事者カ復籍スヘキ家ナキトキハ其事由
本條ハ離婚ノ屆書ニ具備スルコトヲ要スル條件ヲ定メタルモノニシテ乃チ左ノ如クナリトス
一　當事者ノ氏名職業及ヒ本籍地
此條件ハ乃チ第百二條第一號ト同シク何人ノ間ニ離婚ノ協議整ヒタルヤヲ明ニスルノ要アルニ基クモノナリ
二　父母ノ氏名職業及ヒ本籍地
是亦第百二條第二號ト同シク離婚ヲ爲シタル者ハ何人ノ子女ナルヤ其血統ヲ明ニセシムルニ在ルナリ
三　當事者カ家族ナルトキハ戸主ノ氏名職業及ヒ本籍地
此條件ハ亦第百二條第三號ト同シク離婚ヲ爲シタル者カ家族ナルトキハ其屬スル家ノ戸主ノ氏名其他ヲ明示セシムルニ在ルナリ
五　離婚カ協議又ハ裁判ニ因ルコト

是則チ當事者ノ爲シタル離婚ハ何レノ種類ニ屬スルモノナルヤ否換言スレバ協議ヲ以テ離婚スルモノナルカ又ハ裁判上離婚ヲ宣告セラレタルモノナルヤヲ明示セシムルニ在リ

六　當事者カ復籍スヘキ家ノ戸主ノ氏名職業及ヒ本籍地

離婚ニ因リテ妻、入夫、又ハ婿養子ハ各其實家ニ復籍スヘキモノナルカ故ニ何人ノ家ニ復籍スル者ナルヤ否ヲ明ナラシムルノ必要ヨリシテ此條件ヲ具スヘキモノトシタルニ外ナラサルナリ

七　當事者カ復籍スヘキ家ナキトキハ其事由

婚姻ニヨリテ他家ニ入リタル者ハ離婚ニヨリテ實家ニ復籍セントスルモ實家ノ廢絶ニ因リテ復籍ヲ爲スコト能ハサルトキ又ハ復籍拒絶セラレタルトキハ一家ヲ創立スヘキモノナリ（民法第七百四十條）故ニ復歸スヘキ家ナキモノニ在リテハ何故ニ復歸スル能ハサルカ其事由例之バ實家ノ廢家シタルニ由ルカ若シクハ絶家シタルニ由ルカヲ明示スベキモノトセルナリ

第百十條　民法第八百九條ノ規定ニ依リ父母、後見人又ハ親族會ノ同意ヲ要スル場合ニ於テハ屆出人ハ屆書ニ同意ノ證書ヲ添ヘ又ハ同意ヲ爲シタル者ヲシテ屆書ニ同書ノ旨ヲ附記シ之ニ署名、捺印セシムルコト

ヲ要ス

民法第八百九條ノ規定ニヨルトキハ滿二十五年ニ達セサル者カ協議上ノ離婚ヲ爲スニハ其父母、父母ノ一方カ知レサルトキ、死亡シタルトキ又ハ其意思ヲ表示スルコト能ハサルトキハ他ノ一方ノ同意ヲ得ルコトヲ要シ又父母共ニ知レサルトキ死亡シタルトキ、意見ヲ表示スルコト能ハサルトキハ未成年者ニ限リ其后見人又ハ親族會ノ同意ヲ得ルコトヲ要スルモノナレバ是等ノ塲合ニ該當スル者ノ屆出ニ關シテハ本條ノ規定ニ從ヒ同意ノ證書ヲ添フルカ又ハ同意者ヲシテ屆書ニ其旨ヲ記シ署名捺印セシムルニアラザレバ離婚ノ有効ナルカ爲メニ必要ナル條件ヲ充タシタルモノナルヤ否ヲ知ルニ由ナキヲ以テナリ尙第九十八條ト同一ナリトス

第百十一條 離婚ノ裁判カ確定シタルトキハ其訴ヲ提起シタル者ハ裁判確定ノ日ヨリ十日內ニ裁判ノ謄本ヲ添ヘテ屆出ヲ爲スコトヲ要ス

本條ハ第九十九條ト同一ノ理由ニ基キ離婚ノ裁判カ確定シタルトキハ其訴ヲ提起シタル勝訴ノ原告ヲシテ離婚ノ屆出ヲ爲ササルベカラズトシ且其屆出期間ハ裁判確定ノ日ヨリ記算シ十日以內トシ裁判ノ謄本ヲ添付スルヲ要ストシタルモノナリ

第百十二條 第百九條及ヒ第百十條ノ規定ハ口頭ヲ以テ屆出ヲ爲ス場合

ニ之ヲ準用ス

本條ハ前示第百九條及ヒ第百十條ハ口頭ニテ爲ス離婚ノ屆出ニモ準用スヘキコトヲ定メタルモノニシテ同條ノ規定スル條件等ハ口頭屆出ノ塲合ニモ必要ナルコトヲ明ニシタルニ過キス尙第百條ト同一ナリトス

第百十三條　第五十八條ノ規定ハ離婚ノ屆出ニハ之ヲ適用セス

本條ハ前示第百一條ト同一ニシテ離婚屆出ニハ代理人ヲ以テ爲スコトヲ得サル旨ヲ明ニシタルモノナリ之レ錯誤詐欺ヲ防止スルカ爲メナリト知ルベシ

本節ヲ終ルニ臨ミ例ニヨリテ舊慣ノ二三ヲ揭示シ以テ參考ノ資ニ供セン

明治二十二年五月十一日司法省指令ニ養戶主幼主ニシテ家ノ生計困難ニ付キ離緣復籍ノ儀ハ養實家親戚協議ノ上ハ聽許不苦トアリ

同年八月九日同省指令ニ重罪ノ刑ニ處セラレタルノ者ノ妻又ハ養子ノ離緣ハ夫又ハ父母ノ許諾ヲ要スヘキモノトス

明治六年六月十九日太政官指令ニ養子戶主身持放蕩ニシテ家政屆カス又ハ養母ヘ仕ヘ方不宜モノハ戶主ト雖モ離緣スルコトヲ得ト

同年五月二十八日太政官指令ニハ當主養子放蕩ニテ養父母ヨリ離別セントスルモ實家ニ於

テ之ヲ拒ムトキハ裁判處分ヲ受クヘキモノニ付キ府縣廳ニテ不取扱トアリ

第九節　後見

後見ハ無能力者保護ノ一方法ニシテ無能力者ノ身躰及財產ヲ監督保護シ民法上ノ行爲ニ付テ無能力者ヲ代表スル爲メ能力者ニ負ハシムル所ノ一ノ公ケノ責務ナリトス元來無能力者ハ自ラ主治シ自ラ保護スルノ能力ナキモノナレハ之ヲ保護スル者ハ必ス能力者ナラサルヘカラス扨民法上如何ナル者ヲ無能力者トスルカト云ヘハ未成年者禁治產者準禁治產者及ヒ妻是レナリ而シテ未成者トハ二十年未滿ノ者ヲ云フモノニシテ通常其家ニ在ル父ノ親權ニ服シ（民法第八百七十七條）父カ知レサルトキ死亡シタルトキ家ヲ去リタルトキ又ハ親權ヲ行フコト能ハサルトキ（例之ハ親權ヲ濫用シ又ハ甚タシキ不行跡アリタル爲メ親權ヲ喪失シタル如キ）ハ其家ニ在ル母ノ親權ニ服スヘキモノトス故ヲ以テ親權ヲ行フ父又ハ母アルトキハ別ニ後見ノ必要ナシ其故ハ親權ヲ行フ者ハ乃チ其子ノ身躰財產ヲ監督保護スヘキモノナレハナリ是ヲ以テ唯親權ヲ行フヘキ者ナキトキニ限リ未成年者ニ對シテ後見ヲ附スルノ要アルノミ尤モ母カ其子ニ對シ親權ヲ行フ場合ニハ財產ノ管理ヲ辭スルコトヲ得ヘキニ依リ（民法第八百九十九條）是ニ依リ母カ管理權ヲ有セサルトキハ同シク後見ヲ付スヘキモノトス禁治產者トハ心神喪失ノ常況ニアル者ニ對シ裁判所カ禁治產ノ宣告ヲナシタルモノニ

シテ後見ニ付スヘキモノナルコトハ民法第八條ニ規定スル所ナリトス又禁治產者トハ心神耗弱者聾者啞者盲者及ヒ浪費者ヲ云フモノニシテ保佐人ヲ附スルヿヲ得ルモ後見人ヲ置クコトナシ（民法第十一條）又妻ハ無能力者ナルモ法定代理人ナルモノナシ（尤モ未成年者ナル妻ナルトキハ未成年タルノ故ヲ以テ成年ノ夫ハ其後見人ノ職務ヲ行フヘキモノトス（民法第七百九十一條）如斯前二者ニハ後見人アリテ後二者ニ後見人ヲ附セサルノ故ハ準禁產者ナルモノハ全ク心神ヲ喪フモノニアラスシテ單ニ精神ノ軟弱ナルカ又ハ機能ノ不完全ナルニ過キサルモノナルヲ以テ毫厘モ是非ノ辨別ナキ者ト同視スルコトヲ得サルヲ以テ前二者ノ如ク後見人ヲシテ百事代理セシメ之ヲ保護セシムルノ要ナク唯僅ニ保佐人ヲシテ其爲ス所ノ法律行爲ニ同意ヲ與ヘシムルニ過キス又妻ナル者ハ夫ニ從順ナラシムルノ主旨ヨリシテ無能力者トスルニ過キスシテ毫モ精神上ニ欠缺アルモノニアラサルヲ以テ是亦後見ヲ附スルノ必要ナキモノトス故ヲ以テ無能力者ト云ヘハ民法上四種ニ分タルモ後見ニ付スヘキモノハ二種トシ後見開始ノ塲合ヲ未成年者及ヒ禁治產者ニ限ルモノトシ民法第百條ノ規定ヲナス所以テリトス

從來我邦ニ於テモ未丁年ノ戶主ニ對シテハ必ス後見人ヲ付スヘキモノトシ丁年以上ノ者ニアリテハ瘋癲白痴者ニ限リテハ後見人ヲ付シ其他ノ者ニ付テハ慣習上未タ一定セサルモノ

ノ如クナリシモ民法上ニ於テ漸ク之ヲ一定スルニ至レリ蓋シ無能力者トスルハ吾人享有ノ權利ヲ行使スルノ能力ヲ奪フモノ乃チ所謂行爲能力ナキモノトスルモノナレハ人ノ權利ノ消長ニ關係スル極メテ重大ナリト謂ハサルヘカラス從テ全ク之ヲ不文慣習ニノミ一任スヘキニアラサルナリ殊ニ後見人ノ職務權限ノ如キ從來全ク曖昧模糊タリシモノ民法ノ規定ニヨリ漸ク明瞭トナルニ至リタルハ吾人ノ須ク賛同スヘキ所ナリトス而シテ之ニ關スル規定ハ實體法タル民法ノ支配スル所ナリトス今其主モナル規定ノ二三ヲ摘記センニ後見人ハ一名ノ無能力者ニ對シ一人タルコトヲ要シ(民法第九百六條)後見人ハ故ナク任務ヲ辭スルコトヲ得サルヘク(民法第九百七條)又或ル情態ニ在ル者ハ後見人トナルコトヲ得サルヘキ(全法第九百八條)カ如シ

本法本節ハ唯後見ノ屆出ニ付テノ方式條件等ヲ規定スルニ過キサルナリ

第百十四條 後見ノ開始アリタルトキハ後見人ハ就職ノ日ヨリ十日内ニ左ノ諸件ヲ具シテ之ヲ屆出ツルコトヲ要ス

一 後見人ノ氏名、出生ノ年月日、職業、本籍地及ヒ住所

二 被後見人ノ氏名、出生ノ年月日、職業及ヒ本籍地

三 被後見人カ家族ナルトキハ戸主ノ氏名、職業及ヒ本籍地

四　後見開始ノ原因及ヒ年月日

五　後見人就職ノ年月日

後見ノ開始スルハ前段説明スルカ如ク民法第九百條ニ規定スル二個ノ塲合ヲ云フモノニシテ此塲合ニ於テハ後見人タルモノハ就職ノ日ヨリ十日內ニ左記ノ條件ヲ具備シテ屆出サルヘカラサルモノトス其條件トハ乃チ左ノ如シ

一　後見人ノ氏名云々

二　被后見人ノ氏名云々

以上ノ二要件ハ緣組又ハ婚姻ノ屆出ニ當事者ノ氏名等ヲ明示スルト同シク何人カ后見人タリ何人カ後見ヲ受クヘキモノタルコトヲ明示スルニ在リトス其出生カ年月日ヲ記載スルハ後見人カ未成年者ニアラサルナキヤ被后見人カ成年者ニアラサルナキヤヲ明ニセンカ爲メナリトス若シ被后見人カ成年者ナル塲合ニ於テハ後見ノ必要ヲ見ザルベク若シ后見人ノ未成年者ナルトキハ後見ノ無效ヲ惹起スヘキヲ以テ之ヲ記スルノ要アルハ深ク論辨スルヲ俟タスシテ明白ナリトス

三　被后見人カ家族ナルトキ云々

後見ヲ受クヘキ者カ家族ナル塲合ニハ其家ノ戶主ノ氏名等ヲ記載スヘシト云フニ過キサル

モ斯ニ一言スヘキハ民法ノ規定ニヨレハ禁治産者ハ元トヨリ論ナキモ未成年者ニシテ親權ヲ行フヘキ者ナキトキハ後見開始スルモノナルコト既ニ前述ノ如クニシテ必スシモ其被后見人カ一家ノ戸主タル場合ニノミニ限ルニアラス從來ノ慣例ニ於テハ未丁年ノ戸主ニハ後見人ヲ付スヘキハ明カナルモ家族ニ對シテ決シテ後見人ヲ付スルコトナク戸主ノ後見人ヲシテ並セテ後見ノ職務ヲ行ハシメタルモノナレトモ民法ノ規定前述ノ如クナル以上ハ一家ノ家族ナリトモ後見人ヲ付スルノ必要アルトキ（例之ハ親權ヲ行フヘキ父又ハ母トモニナクシテ兄カ戸主トナリ其家族タル弟カ未成年ナル場合ノ如キ乃チ是ナリ）或ハ又一家ノ家族ニシテ禁治産ノ宣告ヲ受ケタル者ノ如キ亦此場合ニ該當スルモノトス之ヲ要スルニ後見人ヲ付スル啻ニ戸主ニノミ限ルニ在ラストノ民法ノ規定ヲ知ラハ此條件ノ必要ナルヲ了解シ得ルニ庶幾ラン以上說明スル所ニヨレハ一家ニ數人ノ未成年者アルトキハ亦數人ノ后見人アルコトアルヘシト雖モ一人ノ被后見人ニ對シテハ二人以上ノ後見人ヲ付スルコトヲ得サルモノナルコト前述スルカ如シ（民法第九百六條）是レ蓋シ數人ノ後見人アルトキハ諺ニ所謂船頭多クシテ船山ニ上ルト一般各後見人間ニ意見ノ衝突ヲ來タシ互ニ軋轢スルヲ免レズ爲メニ被后見人ノ利益ヲ損傷スルノ虞アルニ至リ法律カ後見制度ヲ設ケタルノ目的ニ背馳スルニ至ルヘキヲ以テナリ

四　後見開始ノ原因及ヒ年月日

後見開始ノ原因トハ前述スル如ク親權ヲ行フ者ナキカ又ハ禁治產ノ宣告ヲ受ケタルトキ若クハ母カ財產ノ管理ヲ辭シタルトキノ如キヲ云ヒ其年月日トハ禁治產宣告ノ年月日又ハ親權ヲ行フ者ノ死シタル年月日ノ如キヲ云フ而シテ此條件ヲ必要トスル所以ノモノハ後見タル任務發生ノ初期ヲ明ナラシムルニ在ルモノトス

五　後見人就職ノ年月日

後見開始スレハ直ニ后見人ハ就職スヘキニアラス彼ノ選定后見人ノ如キハ選定后初メテ後見人タルヘキモノナルカ故ニ後見開始ノ日ト就職ノ日トハ多少ノ間隔ナキニアラサルナリ殊ニ況ヤ后見人ハ民法ノ規定ニヨレハ就職ノ際ニ當リ被后見人ノ財產ノ調査、目錄ノ編製等ヲナスヘキモノナレハ（民法第九百十七條第九百十八條參照）必スヤ後見開始ノ日ト就職ノ日トハ同一ナル能ハサルニヨリ此第五ノ條件ヲ記載スヘシトセルナリ且又後見人就職ノ年月日ヲ明ニスルハ後見人タル權利義務ノ發生期ヲ明ニスルモノナルカ故ニ殊ニ必要アリト謂ハサルヲ得サルナリ

第百十五條　後見人ノ更迭アリタルトキハ後任ノ後見人ハ其就職ノ日ヨリ十日內ニ前條ニ揭ケタル諸件及ヒ前任者ノ氏名ヲ具シテ之ヲ屆出ツ

ルコトヲ要ス

後見人ニ更迭アリタルトキトハ例之ハ後見人カ其任務ヲ辭シタルカ又ハ後見人タルヿヲ罷免セラレタルトキニ當リ後任者ノ撰定アリタル塲合ヲ云フ（後見ハ一ノ公務トシテ故ナク任務ヲ辭スルコトヲ許サヽルモノ換言スレハ後見ハ一ノ義務的負擔トスル所ノモノナレドモ法律ハ或ル塲合ニ於テハ之ヲ辭スルコトヲ許セリ乃チ軍人軍屬トシテ現役ニ服スルトキノ如キ是ナリ是等後見人カ任務ヲ辭シ得ルノ塲合ハ民法第九百七條ニ列擧スル所ニシテ所謂宥免ノ原因ナルモノ是ナリ又後見ノ除斥乃チ初メヨリ後見人ヲ得サルノ原因幷ニ後見人ノ罷免乃チ一旦任務ニ就キタル後見人ヲ免黜スルノ原因ニ付テハ民法第九百八條ニ規定スル所ナリ故ニ後見人ノ宥免及ヒ罷免アリタルトキハ勢ヒ後見人更迭ヲ見ルヘキモノトス）此ノ如ク後見人ニ交代アリタルトキハ新ニ後見人トナリタル者ハ前條ニ揭クル諸多ノ條件ト前任後見人ノ氏名トヲ具シ自己カ就職ノ日ヨリ起算シテ十日以内ニ屆出ツルコトヲ要スルモノトス

第百十六條 後見人カ遺言ヲ以テ指定セラレタル者ナルトキハ屆書ニ其指定ニ關スル遺言ノ謄本ヲ添フルコトヲ要ス

後見人カ親族會ニ於テ選任セラレタル者ナルトキハ屆書ニ其選任ニ關

スル證明書ヲ添フルコトヲ要ス
後見人ニハ法定後見人、指定後見人及ヒ選定後見人ノ三種ノ區別アリ所謂法定後見人トハ法律ノ定ムル所ニヨリ當然後見人タルモノヲ云ヒ乃チ民法第九百二條及ヒ第九百三條ニ規定スル所ノ者是ナリ所謂指定後見人トハ最後ニ親權ヲ行フ者カ遺言ヲ以テ指定シタル者ヲ云ヒ何人ヲ指定スルモ指定者ノ隨意ナリトス（民法第九百一條）所謂選定後見人トハ法定指定ノ兩後見人トモニ之ナキ塲合ニ親族會ニ於テ選任スル者ヲ云フ（仝第九百四條）此ノ如ク後見人ニ三種ノ區別アルカ故ニ本條第一項ニ於テハ遺言ニヨリテ指定セラレタル後見人ハ後見届書ニ其指定ニ關スル遺言ノ謄本ヲ添フヘキコトヲ命シ以テ果シテ遺言者ノ指定シタルモノナルヤ否ヲ證明セシムルモノトス
第二項モ亦第一項ト同一ノ精神ヨリシテ選定後見人ナルトキハ其後見届書ニ親族會ニ於ケル選任ニ關スル證明書ヲ添フヘキコトヲ命シタルモノナリ

第百十七條 後見人ノ任務カ終了シタルトキハ後見人ハ十日内ニ左ノ諸件ヲ具シテ之ヲ届出ツルコトヲ要ス
一 被後見人ノ氏名、出生ノ年月日、職業及ヒ本籍地
二 就職ノ年月日

三　任務終了ノ原因及ヒ年月日

後見人ノ任務カ其死亡ニ因リテ終了シタルトキハ前項ノ屆出ハ後見監督人ヨリ之ヲ爲スコトヲ要ス

後見ノ終了ニ付テハ學理上之ヲ分チテ絶對的ノ方法ニヨルト關係的ノ方法ニヨルトニ區別セリ其所謂絶對的ノ方法ニヨルトハ後見人及ヒ被後見人ニ對シ同時ニ終了スルヲ云ヒ例之ハ被後見人カ成年ニ達スルカ又ハ被後見人カ死亡シタルトキノ如キヲ云フ所謂關係的ノ方法ニヨルトハ被後見人ニ關係シテ終ルニアラスシテ唯後見人ニノミ關係シテ終了スルヲ云ヒ例之ハ後見人ノ死亡、後見ノ宥免及ヒ後見人テシテ事實上又ハ法律上後見ノ職務ヲ行フ能ハサラシムルニ至ル種々ノ事件（後見人カ禁治産ノ宣告ヲ受ケタルカ如キ又ハ公權ヲ剝奪セラレタルトキノ如キ）ノ如キ是ナリ以上何レノ塲合タルヲ問ハス後見終了スルトキハ計算ヲ爲スヘキモノニシテ此義務ハ凡テノ後見人ノ必ス遵守セサルヘカラサルモノトス其他尙後見終了ニ付テハ民法上ニ規定スル所アリト雖モ要スルニ後見ノ終了ハ後見人タルノ義務ヲ免ルヽコトヽナルハ勿論被后見人ニ在リテモ亦權利上ニ變更ヲ及ホスヘキモノナルカ故ニ後見終了ノ屆出ハ忽諸ニ付スペキニアラサルナリ是則チ本條ニ於テ後見終了シタルトキハ其後見人ヲシテ其旨ヲ屆出ツルコトヲ要スヘキモノトシ之カ條件ヲ定メタル所以ナリ而シテ本條ノ屆出期間ハ後見終了ノ日ヨリ起算シテ十日以內ニ爲スヘキモノトス又其屆書ニ具備スルヲ要スルノ條件ハ乃チ左ノ如シ

一　被后見人ノ氏名、出生ノ年月日、職業及ヒ本籍地

此條件ハ乃チ何人ニ對スル後見ノ終了シタルヤヲ明ニセシムルノ要アルニ依ル其出生ノ年月日ヲ記スルハ被后見人カ成年ニ達シタルカ爲メニ後見ノ終了シタルカ如キ塲合ニハ尤モ切要ナルモノニシテ果シテ後見ヲ付スルノ要ナキ年令ニ達シタルヤ否ヲ調査スルノ利益アルニヨル其氏名職業本籍地等ヲ記スルハ人違ナカラザラシメンカ爲メナリ

二　就職ノ年月日

此條件ハ乃チ後見ノ任務ニ就キタル年月日ヲ明ニセシメ次號ニ於ケル終了ノ年月日ト相待ツテ後見ノ繼續シタル時期ヲ明カナラシムルニ在リトス

三　任務終了ノ原因及ヒ年月日

任務終了ノ原因トハ前段說明セル所ノ塲合ヲ云フモノニシテ例之バ被后見人カ成年ニ達シタルカ又ハ後見人カ禁治產ノ宣告ヲ受ケタルカ如キコトヲ云ヒ其成年トナリタル年月日又ハ禁治產宣告ノ年月日ヲ記載スルカ如キヲ云フ

第二項ハ後見人カ死亡シタルニヨリ後見ノ終了スル塲合ニハ乃チ事實上後見人ヨリシテ屆

出ヲナスヲ得サルモノナルニヨリ後見終了ノ届出ハ后見監督人ヨリシテ之ヲ爲スベキモノト命シタルナリ

斯ニ後見監督人ニ付テ一言センニ後見監督人トハ其名ノ如ク後見ノ事務ヲ監督スヘキ權限ヲ有スル者ニシテ後見人トハ全ク別人ナリトス而シテ後見人ヲ指定スルコトヲ得ル者カ遺言ヲ以テ後見監督人ヲ指定スルコトアリ（民法第九百十條）又ハ指定シタル後見監督人ナキトキハ親族會ヨリ選定スヘキモノナリ（仝第九百十一條第九百十二條）故ニ民法ノ規定ニヨレバ後見人アレバ必ス後見監督人ナカラサルベカラサルナリ是レ蓋シ後見人ナル者時ニ或ハ被后見人ノ利益ヲ計ラサルコトアルヘク十分之ニ信用ヲ置ク能ハサルカ如キコトナシトセサルヲ以テ之カ監査役トシテ法律カ制定シタルニ外ナラザルナリ而シテ其職務權限ニ付テハ民法第九百十五條ニ（一）後見人ノ事務ヲ監督スルコト（二）後見人ノ缺タル塲合ニ於テ遲滯ナク其後任者ノ任務ニ就クコトヲ促シ若シ後任者ナキトキハ親族會ヲ招集シテ其選任ヲ爲サシムルコト（三）急迫ノ事情アル塲合ニ於テ必要ナル處分ヲ爲スコト（四）後見人又ハ其代表スル者ト被後見人トノ利益相反スル行爲ニ付キ被後見人ヲ代表スルコトトセリ因是觀之後見監督人ハ主トシテ後見人ノ事務ノ監査役タルベキモ亦併テ被後見人ノ利益保護ノ爲メニ設ケラレタルモノナルコトヲ知ルベシ

第百十八條　後見ニ關スル屆出ハ被後見人ノ本籍地又ハ所在地ノ戸籍吏ニ之ヲ爲スコトヲ要ス

本條ハ後見ノ屆出ヲ爲スベキ土地ヲ定メタルモノニシテ被後見人ノ本籍地又ハ所在地ノ戸籍吏ニ屆出ツヘキモノトセリ後見ハ元來無能力者ニ付スルモノナルカ故ニ無能力者ノ本籍地又ハ所在地ニ屆出ツルハ尤モ適當ナルヘシト信ス而シテ之ヲ屆出ツヘキ者ハ前數條ニ規定スル如ク後見人ナリト知ルヘシ

本節ヲ終ルニ臨ミ例ニ依リ後見ニ關スル從前ノ成規ト慣例トノ二三ヲ摘示シ以テ參考ノ資ニ供セン

明治六年一月二十二日第二十八號布告華士族相續法第二項ニ幼少ニテ家督爲致候節ハ親戚又ハ他人ニテモ相當ノ者相撰後見可爲致事トアリ

同七年十月十九日太政官ノ指令ニ後見人規則追テ被仰出候品モ可有之候ヘトモ差向キノ所全籍異籍ニ限ラス親戚或ハ他人ノ內ヨリ親族會議ノ上幼者ノ身分家產ニ於テ有益ノ人物相撰委任致スヘシトアリ

同十年八月九日太政官指令ニ幼少ニテ家督相續シ祖父又ハ父隱居現存シ其子ヲ補佐後見スルトモ別ニ後見人ノ名稱ヲ附スルニ及ハス若シ父放蕩ナルトキ又ハ母ヲ以テ後見トナスト

キハ親族協議ノ上タルヘシ且後見人撰擇ニ當リ養實或ハ父母双方ノ親族間ニ紛議ヲ生スルトキハ裁判處分ヲ請ケサスヘシ但後見人規則確定マテ假ニ指令ストアリ

同八年三月二十七日內務省指令ニ後見人ハ士民ノ別ナク之ヲ附シ不苦トアリ

同十七年五月二十一日全省指令ニ後見人ハ丁年未滿及ヒ瘋癲白痴ノ者ニ之ヲ附スト雖モ疾病者婦女子ノ爲ニ後見人ヲ置クハ地方ノ慣習ニ依ルヘシト

同二十二年四月四日司法省指令ニ後見人選定ニ當リ親族及ヒ他人之ニ應セサルトキハ戶長ヲシテ適宜後見人ヲ撰定セシムト

同二十八年十二月三日大審院ノ判決ニ曰後見人ノ外ニ其監督者ヲ定ムルニ非スシテ同一ノ職務權限ヲ有スル數多ノ後見人ヲ設クルコトハ慣習上之ヲ認メスト同二十九年三月十九日同院ノ判決ニ後見監督人ノ設置ハ現行法ノ規定セサル處ナレトモ親族協議ノ上ハ之ヲ設置スルヲ得ヘシ故ニ其協議アリタル場合ニ尙之レカ設置ヲ否認セル判決ハ不法ナリト

明治十六年七月廿日太政官指令ニ後見人ニ於テ幼者ノ不動產賣買讓渡質書入等ヲ爲ストキハ公證願書ニ親族連署ヲ要スルコトヲ爲スト

同二十六年十二月十六日大審院ノ判決ニ人ハ丁年ニ達スルトキハ當然能力者トナリ從ヲ自ラ有効ノ權利行爲ヲ爲シ得ヘキコトハ普通ノ法則ナルヲ以テ幼者ノ爲メニ設ケタル後見ハ

其幼者丁年ニ達スルトキハ當然除去セラルルモノナリトストアリ

第十節　隱居

隱居トハ戸主タルノ地位ヲ退隱スルヲ云ヒ戸主權喪失ノ一原因ナリトス抑モ我國ニ於ケル隱居ナルモノハ古クヨリ行ハレ來リタルモノナレドモ苟モ人ハ此世ニ生息スル以上ハ死ニ至ルマテハ須ラク人タルノ任務ヲ盡クスヘキハ當然ニシテ老衰其他ノ事由ヨリシテ隱居スルカ如キハ人タルノ本分ヲ全フスルモノト謂フベカラズ殊ニ樂隱居ナド、稱シ安居逸樂ヲ之レ事トシ不生産的ノ人民ヲ增加セシムルカ如キハ一國ノ生産力ヲ減殺スルニ於テモ亦間接ノ弊アルモノト謂ハサルヘカラズ故ニ隱居制ノ利害得失ノ上ヨリシテ之ヲ見ルトキハ法律上之ヲ存スルハ何等ノ必要ナキニ似タレドモ因襲ノ久シキ一朝俄ニ之ヲ全廢スルハ亦害ナシトセサルヲ以テ民法ニ於テモ亦之ヲ存續セシムルコト、セルナリ唯從前ニ在リテハ明治三年閏十月十七日ノ布告ニヨリ華士族トモニ年五十歳ヨリ隱居願ノ儀可爲勝手事トアリ但癈疾事故ニ罹リ候輩ハ此限ニ在ラストシ別段他ニ何等ノ制限等モ之レナカリシヲ以テ或ハ兵役ヲ免レシメンカ爲メ隱居シ或ハ負債ノ辨償ヲ免レンカ爲メニ隱居スルカ如キ弊害ノ生スルニ至レリ故ニ新民法ニ於テハ隱居ヲ爲スニ付テ嚴密ナル制限ヲ設クルコト、ナレリ乃チ民法第七百五十二條以下ノ規定ヲ參照セバ自ラ明ナルヘシ之ヲ要スルニ隱居ハ戸主權喪失ノ一原因ニシテ一方ニ戶主タル地位ヲ退ク者アレバ他ノ一方ニハ其地位ヲ繼承スル家督相續ノ開始スルアリテ權利ノ移動變更ヲ來タスヘキ重大ナル一事項ニ屬スルモノナリ而シテ民法第七百五十七條ニハ隱居ハ隱居者及ヒ家督相續人ヨリ之ヲ戶籍吏ニ屆出ツルニ因リテ効力ヲ生ストシ屆出ヲ以テ成立ノ一條件トシタリ故ヲ以テ本法ハ斯ニ其屆出ニ關スル方式條件等ヲ規定スルコト、ナレリ唯斯ニ一言ノ注意ヲ爲スヘキハ從前ニ在リテハ隱居ハ願出テ許可ヲ要スルモノトシタルニ民法ハ之ヲ屆出ニ改メタルニ在リ蓋シ從前ニ於テハ戶主ハ公法的ノ資格トシテ公權公務ハ凡テ戶主ニ屬シ戶主ハ隱居ニヨリ公權ヲ喪失シ公務ヲ免ルモノトシタルモノナルカ故ニ願出ノ上許可ヲ受クルヲ要シタルモノナラン然レトモ隱居ハ前述スルカ如ク私法上ニ於ケル身分ノ變更ニ過キサルヲ以テ民法ハ之ヲ屆出ツルノミニテ可ナリトシタルモノトス勿論民法ニ於テモ或ル塲合ニ於ケル隱居ニハ裁判所ノ許可ヲ要スルコトナキニアラサルモ一般屆出ノミニテ効力ヲ生スルモノト知ルヘキナリ

第百十九條　隱居ノ屆書ニハ左ノ諸件ヲ記載スルコトヲ要ス

一　隱居者ノ氏名、族稱、出生ノ年月日、職業及ヒ本籍地

二　家督相續人ノ名、出生ノ年月日、職業及ヒ家督相續人ト隱居者トノ續柄

二　隱居ノ原因

本條ハ隱居ノ屆書ニ記載スルコトヲ要スル條件ヲ定メタルモノニシテ乃チ左ノ如クナリトス

一　隱居者ノ氏名、族稱、出生ノ年月日、職業及ビ本籍地

此條件ノ記載ヲ要スルハ乃チ何人カ隱居スル者ナルヤヲ明ニセシムルニ在リ殊ニ出生ノ年月日ヲ記載スルハ隱居者カ果シテ隱居ヲ爲シ得ベキ年齡乃チ滿六十年ニ達セルモノナルヤ否ヲ知ルニ極メテ切要ナリトス且又六十年未滿ノ者ニ在リテハ裁判所ノ許可ナケレハ隱居ヲ爲シ得サルモノナルカ故ニ何レニスルモ出生ノ年月ハ記載スルノ要アリト謂ハサルヲ得サルナリ其氏名職業本籍地等ヲ記スルハ人違ヒナカラザラシメンカ爲メナリトス

二　家督相續人ノ名、出生ノ年月日、職業及ヒ家督相續人ト隱居者トノ續柄

隱居ヲ爲スニハ家督相續人ナカラサルヘカラス乃チ隱居者ニ代リテ戶主ノ地位ヲ繼承スル者アルヲ要スルモノナレバ何人カ家督相續ヲナスヘキ者ナルカ又其者ト隱居者トノ親族上ノ關係ハ如何ナルヤヲ明示スヘキモノトセルナリ

三　隱居ノ原因

隱居ノ原因トハ何故ニ隱居スルモノナルカヲ明ニスルノ謂ニシテ例之バ戶主殊ニ女戶主カ

婚姻ニ因リテ他家ニ入ラントスルカ爲メ隱居スルモノナルコト又ハ疾病ノ爲メ本家相續ノ爲メ其他家政ヲ執ルコト能ハサルカ爲メ隱居スルモノナルコトヲ記載スルカ如シ民法第七百五十三條乃至第七百五十五條ヲ參照スヘシ

第百二十條 裁判所ノ許可ヲ得テ隱居ヲ爲ス場合ニ於テハ屆出人ハ屆書ニ裁判ノ謄本ヲ添フルコトヲ要ス

民法ノ規定ニ依ルトキハ戶主カ疾病、本家ノ相續又ハ再興其他已ムコトヲ得サル事由ニヨリテ爾后家政ヲ執ルコト能ハサルニ至リタルトキハ裁判所ノ許可ヲ得テ隱居ヲ爲スコトヲ得(第七百五十三條)又戶主カ婚姻ニ因リテ他家ニ入ラントスルトキハ同シク裁判所ノ許可ヲ得テ隱居ヲナスコトヲ得(第七百五十四條第一項)故ニ是等ノ場合ニ於ケル隱居ノ屆出ニハ其許可ヲ得タルコトヲ證明スルニアラサレハ果シテ其隱居ハ法律上許サレタルモノナルヤ否ヲ知ルニ由ナシ是レ本條ノ規定アル所以ナリトス

第百二十一條 隱居ノ屆出人ハ屆書ニ家督相續人ノ承認ノ證書ヲ添ヘ又ハ承認ヲ爲シタル者ヲシテ屆書ニ其旨ヲ附記シ之ニ署名、捺印セシムルコトヲ要ス

前項ノ規定ハ民法第七百五十五條第二項ノ規定ニ依リ夫ノ同意ヲ要ス

ル場合ノ届出ニ之ヲ準用ス

隱居ノ届出ハ隱居者及ヒ家督相續人ヨリ之ヲ爲スヘキコトハ民法第七百五十七條ノ規定スル所ニシテ且隱居ヲ爲スニハ完全ノ能力ヲ有スル家督相續人カ相續ノ單純承認ヲ爲スコトノ一條件ヲ要スルモノナレバ（民法第七百五十二條第二號）其届出ニハ家督相續人ノ承認ノ證書ヲ添フルカ又ハ其届出ニ承認ヲ爲シタル者ヲシテ（家督相續人ノ承認云々ト云フハ若シ法定ノ推定家督相續人アラサルトキハ豫メ家督相續人タルヘキ者ヲ定メ其承認ヲ得ルコトヲ要スルハ民法第七百五十三條但書ニ規定スル所ナリ故ヲ以テ此塲合ニ該當スルモノハ其定メタル家督相續人ノ承認ノ旨ヲ届書ニ附記セシメサルヘカラス）届書ニ承認ノ旨ヲ附記シ署名捺印セシムルニアラサレバ隱居ノ條件ヲ具備セルモノナルヤ否ヲ知ル能ハサルヲ以テ本條第一項ノ規定ヲナシタルモノトス

第二項ハ女戸主カ隱居ヲナスニハ夫ノ同意ヲ得ルコトヲ要スルモノナレバ（民法第七百五十五條第二項）前項ニ準シテ女戸主隱居ノ届書ニハ其夫ノ同意ノ書面ヲ添フルカ又ハ届書ニ其夫ヲシテ同意ノ旨ヲ附記セシメ署名捺印セシムルコトヲ要スルモノトシタルナリ要スルニ前項ト同一ノ理由ニ基クモノトス

女戸主隱居ノ塲合ニ於テノミ法律ハ配偶者ノ同意ヲ得ルコトヲ要ストシ其他ノ者ノ隱居ニ

舊民法財産取得編第百四十六

ハ此條件ヲ要セズトシタルハ舊民法ノ規定ト異ナルノ一點ナリトス（三百六條參照）是レ蓋シ戸主タル女ニシテ配偶者ノ承諾ヲ要セズ隨意ニ隱居ヲ爲スコトヲ得トスルトキハ夫婦ノ倫序ニ悖リ且ハ妻ハ其夫ニ從順ナルヘキノ義務ニモ背クコトヽナルヘキニ依リ原則ニ對シ一ノ特別條件ヲ加ヘタルモノナリ然レトモ此場合ニ於テ夫ハ故ナクシテ其同意ヲ拒ムコトヲ得サルハ民法第七百五十五條第二項但書ノ規定ニヨリテ之ヲ知ルヘシ

第百二十二條 隱居ノ取消ノ裁判カ確定シタルトキハ其訴ヲ提起シタル者ハ裁判確定ノ日ヨリ一ケ月內ニ裁判ノ謄本ヲ提出シテ登記ノ取消ヲ申請スルコトヲ要ス

第百六條第二項ノ規定ハ前項ノ場合ニ之ヲ準用ス

隱居ノ取消ヲ爲シ得ヘキコハ民法第七百五十八條乃至第七百六十條ニ規定スル所ニシテ其原因ハ法律ノ定ムルカ如ク隱居ノ條件ニ違反シタル場合又ハ隱居者若シクハ家督相續人カ詐欺又ハ强迫ニ因リテ隱居ノ屆出ヲナシタルトキ等ニ在リトス其如何ナル原因ニ基ク取消ノ場合ナリトモ其取消ノ裁判カ確定シタルトキハ既ニ屆出テタル隱居ヲ取消スニアラサレハ事實ト相反スルノ身分ヲ登記簿ノ上ニ存セシムルコトヽナルヲ以テ本條第一項ハ乃チ其

取消ノ申請ヲ爲スヘキコトヲ命シタリ而シテ此申請ヲ爲スヘキ者ハ其訴ヲ提起シタルモノ(乃チ場合ニヨリ異ナルモ隱居者、家督相續人、隱居者ノ親族ハ隱居取消ノ訴ヲ提起スルコトヲ得ヘキモノタリ)ニシテ其申請ノ期間ハ裁判確定ノ日ヨリ起算シ一个月内ニ於テ爲スヘク又其裁判ノ謄本ヲ添ユルコトヲ要スルモノトス

第二項ハ隱居ノ取消ハ檢事ヨリモ亦之ヲ請求スルコトヲ得ヘキモノナレハ(民法第七百五十八條第一項)其請求ニヨリテ裁判上隱居ノ取消トナリタルトキハ檢事ハ乃チ隱居登記ノ取消ヲ請求スヘキモノトセルナリ前示第百六條第二項ノ規定ヲ準用ストアルモノ乃チ之ナリ

隱居ニ關スル從前ノ慣例二三ヲ左ニ摘示シ以テ參考ノ資ニ供セン

明治六年六月十九日太政官指令ニ隱居ノ事故解ケタル上ハ再家督ヲ爲シ又ハ他家ノ相續人トナルヲ得ス

同年十月七日太政官指令ニ他家ノ養子ト爲リ戸主ニ立タル后實家ノ血統相續人ナキトキハ養家ノ相續人ヲ定メタル上實家ヘ復歸相續人トナリ不苦ト

同七年五月八日太政官指令ニ分家ノ戸主ヲ以テ本家ヲ相續シ分家ハ他家ヨリ相續スルヲ得ト

同年十一月四日太政官指令ニ年齡五十歲ニ至ラサルモ多病等ニヨリ隱居スルハ不苦トアリ同十七年五月三十一日內務省指令ニ隱居及ヒ家督屆出ノ日ハ戶籍ニ登記シ屆出ノ日ヨリ效力ヲ生シ實行ノ日ニ遡ラストアリ

第十一節　失踪

失踪トハ死生不明ナル人ニ對シ一定ノ期間ヲ經過スルトキハ法律上之ヲ死亡者ト看做スノ制度ニシテ我民法ニ於テハ從來ノ住所又ハ居所ヲ去リタル者ノ生死カ七年間分明ナラサルトキハ失踪ノ宣告ヲ爲スコトヲ得ルモノトシ(民法第三十條)此宣告アルマテハ失踪者ハ尙ホ生存セルモノト看做シ財產管理人ヲ置キテ其利益ヲ保護セシム然レトモ一旦失踪ノ宣告アリタル後ハ不在者ヲ死亡シタル者ト看做シ利害關係人(例之バ相續人、妻又ハ債權者等)ノ利益ヲ保全セシムルモノナリ而シテ失踪宣告ノ后其者ノ生存セルコトノ反證アルトキハ失踪ノ宣告ヲ取消スコトヲ得ヘキモノトセリ(民法第三十二條)此ノ如ク失踪ニ付キテハ利害ノ關係重大ナルモノアルノミナラズ人ノ身分上ニ及ホス影響少カラサルヲ以テ本法ハ之カ屆出ノ方式條件等ヲ規定スルニ至レリ尙失踪ニ付テ其詳細ヲ知ラント欲セバ民法第二十五條以下ノ規定ヲ參照スヘシ

第百二十三條　失踪ノ宣告アリタルトキハ其宣告ヲ請求シタル者ハ裁判

確定ノ日ヨリ十日内ニ左ノ諸件ヲ具シ裁判ノ謄本ヲ添ヘテ之ヲ届出ツルコトヲ要ス

一　失踪者ノ氏名、出生ノ年月日、職業及ヒ本籍地

二　失踪ノ宣告アリタル年月日

三　失踪者カ家族ナルトキハ戸主ノ氏名、族稱及ヒ戸主ト失踪者トノ續柄

失踪宣告ノ請求ヲ爲シ得ヘキモノハ前段説明シタル所ノ利害關係人ナリトス（民法第三十條第一項）故ニ之カ請求者タル利害關係人ハ裁判確定ノ日ヨリ起算シテ十日内ニ其裁判ノ謄本ヲ添ヘテ届出ツルコトヲ要ストシタルナリ其届出ニ具備スルコトヲ要スル條件ハ乃チ左ノ如シ

一　失踪者ノ氏名、出生ノ年月日、職業及ヒ本籍地

此條件ハ乃チ失踪者ノ何人ナルカヲ明示セシムルニ在リテ其出生ノ年月日其他ヲ記載スルハ先ニモ云ヘル如ク人違ヒナキコトヲ證スル所以ナリトス

二　失踪ノ宣告アリタル年月日

此條件ハ乃チ失踪ノ裁判アリタル日ヲ記載スルノ謂ヒナリ

三　失踪者カ家族ナルトキハ戸主ノ氏名族稱及ヒ戸主ト失踪者トノ續柄

此條件ハ乃チ失踪者ハ何人ノ家ニ屬スル者ナルヤ否其戸主トノ親族上ノ關係ハ如何ナルヤヲ明示スルモノニシテ尚第百九條第三號第百十四條第三號ト同一ナル理由ニ基クモノトス

第百二十四條　失踪ノ宣告ノ取消アリタルトキハ其取消ヲ請求シタル者ハ裁判確定ノ日ヨリ一ケ月内ニ裁判ノ謄本ヲ提出シテ登記ノ取消ヲ申請スルコトヲ要ス

失踪ノ宣告アリタル後反對ノ證據ノ擧リタル塲合例之バ失踪者カ尚生存セル時若クハ失踪者カ死亡シタリト看做サレタル日ト異ナリタル日ニ死亡シタルコトノ證明アルトキ例之バ戰地ニ臨ミタル者カ戰爭ノ止ミタル后三年間經過シタルニヨリ其日ヲ以テ死亡シタルモノト看做シタルニ其以后ノ日時ニ於テ死亡シタルコトノ確證ヲ得タルトキ又ハ沈沒シタル船舶ニ乘込ミタル者カ其沈沒后三年間分明ナラサルヲ以テ其期間滿了ノ日ヲ以テ死亡シタル者ト看做シタルニ却テ其以前ニ於テ既ニ死亡シタルコトノ反證アリタルトキノ如キニ當リテハ裁判所ハ尚ホ生存セル本人若クハ其利害關係人ノ請求ニヨリ失踪ノ宣告ヲ取消スヘキモノナリ（民法第三十二條）此ノ如キ塲合ニ於テハ一旦屆出テタル失踪ノ取消ヲナスヘキハ當然ナリ何トナレバ死亡セリト看做サレタル者カ尚生存セルトキ又ハ死亡セリト看做サレ

タルト異ナリタル日ニ於テ死亡シタルトキハ權利ノ得喪移轉ノ上ニ於テ差ヲ生スヘク從テ相續其他ノ權利ニ影響スヘケレバナリ本條ハ乃チ取消ノ申請ニ付テノ方式ヲ定メタルモノニシテ第九十二條第百六條第百二十二條等ト同シク裁判ノ謄本ヲ添ヘ裁判確定ノ日ヨリ起算シテ一ヶ月内ニ爲スヘキモノトセルナリ

本節ヲ終ルニ臨ミ失踪ニ關スル從前ノ慣例ヲ摘示センニ失踪者アリタルトキハ戶主又ハ親族等ヨリシテ之レカ屆出ヲナスベク又全戶失踪シタル塲合ノ如キトキハ其土地若クハ家屋ノ所有主又ハ管理者ヨリ屆出ツヘキモノトセルカ如シ且其屆出ニ付テモ別段期間ノ設ケナキモノヽ如クナリシ

明治六年五月二十八日第百七十七號布告ニ曰脫藉及ヒ行衞知レサル家出后三十六ヶ月ヲ踰ヘ永尋中ノモノハ戶籍表總計人員ノ外ニ記載シ又當人年齡八十歲以上ニ相成候得ハ除籍シ何レモ每年大藏省ヘ可屆出事ト

又明治七年十月二十七日千葉縣ヨリ內務省ヘノ伺ニ航海又ハ漁業出船中難風ニ逢ヒ漂流シテ踪跡ヲ失ヒ生死不分明ノ者ハ何年間ヲ經テ除籍致シ可然哉トアリシニ其指令ニ本人年齡八十歲以上ニ相成候ハヽ除籍可致トアリ

又失踪逃亡跡遺留財產處分方ニ付テハ明治十一年一月二十六日司法省丁第四十一號大審院

諸裁判所ヘノ達ニハ太政官ノ指令トシテ失踪逃亡者ノ遺財ハ家族ニテ保管シ家族ナキトキハ親族親族ナキトキハ區戸長役塲ニテ保管セシメ其區戸長ニ保管スル財産中負債償却處分ノ儀ハ其書入質公證ノ有無ニ拘ハラス都テ裁判上ノ處分ニ任シ區戸長ハ之ヲ保存スルニ止ルヘシトアリ又遺財ノ官設ニ付テハ追テ法律制定マテハ官設ノ處分ヲナサス本人歸來セハ遺財ヲ返付スヘシトアリ

又明治十七年一月七日內務省番外達ニハ失踪逃亡死亡及ヒ絶家ノ財産ヲ戸長ニテ保管スルトキハ目錄ヲ作リ郡區長ニ差出候樣可致此旨相達候事トアリ

第十二節　死亡

人ハ出生ニヨリテ私權ヲ享有シ死亡ニヨリテ万事休ス矣乃チ出生ハ人生ノ初期ニシテ死亡ハ人生ノ終期ナリ人生其終始ヲ詳ニスルハ私法上最モ切要ナリト謂ハサル可カラス殊ニ彼ノ身分上ノ關係ニ至リテハ婚姻及ヒ緣組ハ死亡ニ因リテ解除シ又家督相續ハ戸主ノ死亡ニヨリ開始シ遺産相續ハ家族ノ死亡ニ因リテ開始スル等重要ナル權利關係ヲ惹起スヘキモノナルカ故ニ死亡ハ之ヲ屆出テ人ノ死去シタルコトト死者ノ別人タラサルコトヲ確證セシムルノ要アリトス是レ本法カ本節ニ之レカ屆出ニ關スル方式條件等ヲ規定シタル所以ナリ

第百二十五條　死亡者アリタルトキハ屆出義務者カ其死亡ヲ知リタル日

ヨリ五日內ニ左ノ諸件ヲ具シ醫師ノ診斷書若クハ檢案書又ハ警察官ノ檢視調書ノ謄本ヲ添ヘテ之ヲ屆出ツルコトヲ要ス

一　死亡者ノ氏名、出生ノ年月日、男女ノ別及ヒ本籍地

二　死亡ノ年月日時及ヒ塲所

三　死亡者カ家族ナルトキハ戶主ノ氏名、族稱及ヒ戶主ト死亡者トノ續柄

前項ノ屆出期間ハ衞生ノ爲メ特別ノ必要アルトキハ命令ヲ以テ之ヲ短縮スルコトヲ得

本條ハ死亡ノ屆出ニ關スル條件ヲ定メタルモノトス

死亡ノ屆出ヲナスヘキ者ハ死亡ノ事實ヲ知リタル戶主、同居者其他ノ者乃チ次條ニ定ムル所ノ者ヲシテ死亡ヲ知リタル日ヨリ起算シテ五日內ニ爲スヘク又其屆出ニハ醫師ノ診斷書若クハ檢案書又ハ警察官ノ檢視調書ノ謄本ヲ添ヘサルヘカラサルナリ斯ニ所謂診斷書トハ生前醫師ノ治療ヲ受ケ居リタル者カ死亡シタルトキ作ルヘキ書類ニシテ即チ病死ノ塲合ニ於ケル死亡ノ原因ヲ記載セルモノヲ云ヒ檢案書トハ死亡後ニ醫師カ其死躰ニヨリテ作ルヘキ書類ヲ云ヒ彼ノ水死燒死、自殺、縊死等ノ塲合ニ於ケル死者ノ摸樣致命ノ原因等ヲ記載

セルモノヲ云ヒ警察官ノ檢視調書ト云フハ例之ハ謀故殺若クハ毆打致死等ノ犯罪事件アリタルトキ司法警察官トシテ犯所ニ臨ミ臨檢調書ヲ作リタルカ如キ又ハ變死人アリタル塲合ニ於ケル調書ノ類ヲ云フ而シテ何故ニ是等ノ書面ヲ添フルコトヲ要スルヤト云ヘハ乃チ其人ノ眞實ニ死去セシカ又其死去ハ果シテ犯罪ノ結果ニ出テサルヤ否ヲ檢知センカ爲メナリ今本條規定スル所ノ死亡屆出ニ具備スルコトヲ要スル條件ヲ列叙スレハ乃チ左ノ如シ

一　死亡者ノ氏名、出生ノ年月日、男女ノ別及ヒ本籍地

此條件ハ乃チ何人ノ死亡シタルモノナルヤヲ明ニセシムルニ在リ死去セシ者ノ人違ヒナキコトヲ證明スルニ在リ

二　死亡ノ年月日時及ヒ塲所

此條件ヲ要スル所以ノモノハ死去ノ時日ヲ詳ニスルハ死者ヲシテ他人ノ相續ヲ受クヘキ能力ヲ失ハシメ又遺子ノ嫡出スルコト及ヒ遺產ノ相續其他ノ事ニ關シ極メテ重要ナル結果ヲ惹起スヘキモノナルニ由ル又死亡ノ塲所トハ自宅ニ於テ死亡シタルヤ又ハ病院等ニテ死亡シタルヤヲ記スルヲ云フ

三　死亡者カ家族ナルトキハ戶主ノ氏名、族稱、及ヒ戶主ト死亡者トノ續柄

此條件ハ第八十五條第三號第九十五條第三號第百二條第三號ト同一ノ必要アルニ由ルモノ

ニシテ殊ニ家族ノ死亡ニ因リテ遺産相續ノ開始スルモノナルヲ以テ其戸主トノ親族上ノ關係ヲ記シ且ツ其死者ノ屬スル家ノ何レナルカヲ明示セシムル所以ナリ

前項ノ如ク死亡ノ届出期間ハ通常五日トスレトモ此期間ハ短縮スルコトアルヘキ旨ヲ定メタルモノニシテ例ヘバ虎列刺病其他ノ傳染病流行ノ時期ニ當リ患者死亡ノ届出期間ヲ短縮スルカ如キ其一例ナリトス

第百二十六條 左ニ掲ケタル者ハ其順序ニ從ヒ死亡ノ届出ヲ爲ス義務ヲ負フ

第一 戸主

第二 同居者

第三 家主、地主又ハ土地若クハ家屋ノ管理人

同順位ノ届出義務者數人アルトキハ其中ノ一人ヨリ届出ヲ爲スヲ以テ足ル

死亡ノ届出ハ前條ニ定ムルカ如ク届出義務者ヨリ之ヲ爲スヘシトスルカ故ニ本條ニ於テ何人カ死亡届出ノ義務ヲ負フモノナルヤヲ定メタルモノトス

第一 戸主 戸主トハ死亡者ノ屬スル家ノ戸主ヲ云フ例ヘバ甲家ノ子死亡シタルトキハ

甲家ノ戸主ヲ以テ届出義務者トスルカ如シ

第二　同居者　　同居者トハ死亡者ト同一ノ家ニ在ル者ヲ云ヒ例之ヘハ甲家ノ戸主死亡シタルトキハ其家ニ同住セル乙若クハ丙ヨリ届出ルカ如シ

第三　家主、地主又ハ土地若クハ家屋ノ管理人　　家主トハ死亡者ノ住居スル家屋ノ地主ヲ云ヒ地主トハ死亡者ノ住家所在地ノ所有主ヲ云ヒ土地若クハ家屋ノ管理人トハ從來普通ニ唱ヘ來リタル貸地又ハ貸家ノ差配人ヲ云フ

何故ニ以上ニ列記スル所ノ者ヲ以テ届出義務者トスルカト云フニ先ニモ云フ如ク死亡ノ届出ハ人ノ死亡セシコトヽ其別人ナラサルコトヲ明ニセシムルモノナルヲ以テ是等ノ人々ハ其人ノ死亡ヲ實見スルカ若クハ其死亡ノ事實ヲ直接又ハ間接ニ聞知シ得ルハ勿論之ヲ聞知スルニ便宜ナル地位ニ在ルモノナルヲ以テノ故ナリ

本條第二項ノ規定ハ第七十一條第四項ト同一ニシテ同順位ニ在ル届出義務者ノ一人ヨリシテ届出ヲナスヲ以テ足レリトスルニ外ナラス其理由ノ如キ亦同條下ノ註釋ヲ參照スヘシ

第百二十七條　死亡ノ届出ハ死亡地又ハ死亡者ノ本籍地若クハ寄留地ノ戸籍吏ニ之ヲ爲スコトヲ要ス

本條ハ死亡ノ届出ヲ爲スヘキ土地ノ規定ニシテ死亡地又ハ死亡者ノ本籍地若クハ寄留地ノ

戸籍吏ニ爲スヘキコトヲ命シタルニ過キズ

第百二十八條 第七十條及ヒ第七十四條ノ規定ハ死亡ノ屆出ニ之ヲ準用ス

本條ハ滊車又ハ航海日誌ヲ具ヘサル船舶中ニ於テ死亡シタルトキハ其到着地ヲ以テ死亡地ト看做シ(第七十條)病院監獄又ハ公立養育院ノ如キ公設所ニ於テ死亡アリタル塲合ニ於テハ其病院監獄又ハ公設所ノ長ヨリ又ハ其管理人ヨリ死亡ノ屆出ヲナスコトヲ要スルコトヲ定メタルモノナリ尚第七十條第七十四條ノ註釋ヲ參照スヘシ

第百二十九條 死刑ノ執行アリタルトキハ監獄ノ長ハ遲滯ナク第百二十五條ニ揭ケタル諸件ヲ具シ監獄所在地ノ戸籍吏ニ死亡ノ報告ヲ爲スコトヲ要ス

前項ノ規定ハ在監中死亡シタル者アリテ死體ノ引取人ナキ塲合ニ之ヲ準用ス此塲合ニ於テハ報告書ニ醫師ノ診斷書又ハ檢案書ヲ添フルコトヲ要ス

第一項ニ於テハ監獄ニテ死刑ノ執行ヲ爲シタルトキハ監獄ノ長ヨリ前第百二十五條ニ揭ケタル條件ヲ具シテ監獄所在地ノ戸籍吏ニ死亡ノ報告ヲ爲スヘキコトヲ命シタルモノナリ而

シテ此場合ニ醫師ノ診斷書又ハ檢案書ヲ添ユルヲ要セサルハ死亡ノ原因ハ乃チ刑ノ執行ニ在ルヲ以テナリ

又監獄内ニ於テ刑ノ執行ニアラスシテ病死又ハ變死シタル者アリテ其引取人ナキ場合ニ於テハ第一項ト同シク監獄ノ長ヨリ監獄所在地ノ戸籍吏ニ之カ報告ヲ爲スヘキモノトス唯此場合ニハ醫師ノ診斷書又ハ檢案書ヲ添ユルコトヲ要シタリ是則チ刑ノ執行ニアラサルカ故ニ其死亡ノ原因等ヲ檢知セシムルノ必要アルヲ以テナリ

第百三十條　航海中ニ死亡者アリタルトキハ艦長又ハ船長ハ二十四時内ニ乘船者中ヨリ選ミタル證人ノ前ニ於テ第百二十五條ニ掲ケタル諸件ヲ航海日誌ニ記載シ證人ト共ニ署名、捺印シ且證人ノ出生ノ年月日、職業及ヒ本籍地ヲ記載スルコトヲ要ス

前項ノ手續ヲ爲シタル後艦船カ日本ノ港ニ着シタルトキハ艦長又ハ船長ハ二十四時内ニ死亡ニ關スル航海日誌ノ謄本ヲ其地ノ戸籍吏ニ送付スルコトヲ要ス

艦船カ外國ノ港ニ着シタルトキハ艦長又ハ船長ハ遲滯ナク死亡ニ關スル航海日誌ノ謄本ヲ其國ニ駐在スル日本ノ公使又ハ領事ニ送付シ公使

又ハ領事ハ三个月內ニ之ヲ外務大臣ニ發送シ外務大臣ハ十日內ニ之ヲ死亡者ノ本籍地ノ戸籍吏ニ發送スルコトヲ要ス

本條ハ出生ニ關シ第七十八條ニ規定スル所ト同シク航海中ニ死亡者アリタルトキノ方式ニカカルモノトス

第一項ハ艦長又ハ船長カ取ルヘキ手續ヲ定メタルモノニシテ乃テ死亡者アリタルトキハ二十四時間ニ乘船者中ヨリ選ミタル二人ノ證人ノ面前ニ於テ前第百二十五條ニ記載セル所ノ諸件ヲ航海日誌ニ記載シ證人ト共ニ署名捺印セシムヘキモノトシ併テ其證人ノ出生ノ年月日職業及ヒ本籍地ヲ記載スヘシト命シタルモノトス其理由ハ第七十八條第一項ト同樣ナリトス

第二項ハ前項ノ手續ヲ爲シタル后ニ其軍艦若クハ商船カ日本ノ港ニ着シタルトキ艦長又ハ船長ノ爲スヘキ手續ヲ定メタルモノニシテ乃チ着港后二十四時間內ニ前記航海日誌ノ謄本ヲ其地ノ戸籍吏ニ送付スヘシトセルナリ

第三項ハ前項ト異ニシテ外國ノ港ニ着シタルトキノ規定ニカヽル乃チ前記航海日誌ノ謄本ハ其國ニ駐在スル日本ノ公使又ハ領事ニ送付シ公使又ハ領事ヨリ之ヲ日本々國ヘ送致スヘキモノトシタルナリ

第百三十一條　艦船ノ難破ニ因リテ乘組員及ヒ乘客ノ全部又ハ一部カ死亡シタルトキハ其難破ノ取調ヲ爲シタル官廳又ハ公署ハ死亡者ノ本籍地ノ戸籍吏ニ死亡ノ報告ヲ爲スコトヲ要ス

本條ハ軍艦滊船又ハ其他ノ船舶カ航海中暴風雨等ノ難ニ逢遇シ船舶ノ沈沒又ハ破損等ノ爲メ其乘組員又ハ乘客ノ全部又ハ幾部分カ死亡シタルトキハ其難破ニ付キ取調ヘタル官廳又ハ公署ヨリ死亡者ノ本籍地ヲ戸籍吏ニ之カ報告ヲ爲スヘキコトヲ定メタルナリ斯ニ官廳ト云フハ海軍省又ハ遞信省ノ如キヲ云ヒ公署トハ町村役塲又ハ島役塲ノ如キヲ云フ故ニ例之ハ一艘ノ商船瀨戸内海ニ於テ暴風ニ逢ヒ暗礁ニ乘リ上ケ風波ノ爲メ乘客ノ若干ハ海中ニ卷キ去ラレタルカ如キニ當リ遞信省カ之カ取調ヲ爲シタルトキハ同省ヨリシテ本條ノ手續ヲ爲スヘク又一商船颶風ノ爲メ乘客全員悉ク死亡シ船躰小笠原島ニ漂着シタリトセンカ小笠原島役塲ハ之カ取調ヲナシタルトキハ亦本條ノ手續ヲ履行セラルヘカラサルカ如シ

第百三十二條　死亡者ノ本籍分明ナラス且其何人タルコトヲ認識スルコト能ハサルトキハ警察官ハ檢視調書ヲ作リ遲滯ナク之ヲ其地ノ戸籍吏ニ報告スルコトヲ要ス

死亡者ノ本籍分明ナルニ至リ又ハ其何人タルコトヲ認識スルコトヲ得

ルニ至リタルトキハ警察官ハ遅滞ナク前ニ報告ヲ受ケタル戸籍吏ニ之ヲ報告スルコトヲ要ス

第百二十六條第一項第一號及ヒ第二號ニ掲ケタル死亡届出義務者カ前項ノ事實ヲ知リタルトキハ十日内ニ死亡ノ届出ヲ爲スコトヲ要ス此場合ニ於テハ醫師ノ診斷書又ハ撿案書ニ代ヘ警察官ノ檢視調書ノ謄本ヲ添フルコトヲ得

死亡者ノ本籍分明ナラス且其何人タルコトヲ認識スルコト能ハサルハ概シテ行旅死亡人又ハ漂着ノ溺死人等ニ多ク其例ヲ見ル所ナリ故ニ是等ノ塲合ニ於ケル手續ヲ本條第一項ニ規定シタリ乃チ斯ル塲合ニ於テハ警察官ハ檢視調書ヲ作リ遅滞ナク其地ノ戸籍吏ニ報告スヘキモノトス尚明治十五年九月三十日第四十九號布告行旅死亡人取扱規則(後出)ヲ參照スヘシ

前項ノ手續ヲ爲シタル后ニ至リテ死者ノ本籍分明トナリ又ハ何人ナルカヲ知リ得タル塲合ヲ第二項ニ於テ規定シタリ乃チ前キニ報告セル戸籍吏ニ更ニ其旨ヲ報告スヘキモノトス

第三項ハ届出義務者タル死亡者ノ屬スル家ノ戸主及ヒ其死亡者ト同居セル者カ前項ノ事實乃チ例之ハ溺死又ハ縊死等ノ事實ヲ知リタル塲合ノ手續ヲ定メタルモノニシテ其義務者ハ

事實ヲ知リタル日ヨリ十日內ニ屆出ツヘク且其屆書ニハ醫師ノ診斷書又ハ撿案書ニ代ユルニ警察官ノ檢視調査ヲ以テスルコトヲ得ヘキモノトセリナリ

本節ヲ終ルニ臨ミ例ニ從ヒ從前ノ成例中其二三ヲ左ニ摘示セン

明治四年四月四日布告ニ人生始終ヲ詳ニスルハ切要ノ事務ニ候故ニ自今人民天然ヲ以テ終リ候者又ハ非命ニ死シ候者等埋葬ノ處ニ於テ其時々其由ヲ記錄シ名前書員數共每歲十一月中其管轄廳又ハ支配所ヘ差出サセ十二月中辨官ヘ可差出候事右之通管內社寺ヘ可觸達事トアリ

又同布告戶籍法則ノ內ニ「編製ハ爾后六ヶ年目ヲ以テ改ムヘシト雖モ其間ノ出生死去出入等ハ必其時々戶長ニ屆ケ戶長之ヲ其廳ニ屆出テ(中畧)人員ノ增減等本書ヘ加除スヘシトアリ

明治十九年九月二十八日內務省令第十九號第二條ニハ死者アリタルトキハ埋葬以前ニ屆出ツヘシトシ同第五條ニハ其屆出ハ戶主ヨリシテ之ヲ爲スヘク若シ戶主未定又ハ不在ナルトキハ親族二人以上又ハ其事ニ關係アル者ヨリ本籍地戶長ニ屆出ツヘク但本籍地外ニ在ルトキハ現在地戶長ニ屆出テ且同時ニ本籍地戶長ヘ屆書ヲ發送スヘシトセリ

同十五年九月三十日第四十九號布告行旅死亡人取扱規則第一條ニ曰凡ソ引取人ナキ行旅死

亡人アルトキハ所在戸長ハ之ヲ最寄墓地ヘ假埋葬スヘシ其倒死變死等ニ係ル者ハ警察官ノ檢視ヲ受クヘシト

同二十四年六月二十五日宮内省乙第一號有位者一般ヘノ達ニ曰、自今改姓名貫屬換(中畧)ハ其都度本人ヨリ死亡ハ相續人又ハ親屬ヨリ直ニ當省爵位局ヘ屆出ツヘシト

第十三節　家督相續

家督相續ハ我國固有ノ相續制ノ一種ニシテ家名ト共ニ財產ヲ繼承スル者ヲ云ヒ所謂戸主權ヲ繼承スルモノ是ナリ我國從前ニ在リテハ一般ノ相續法ナルモノヽ制定ナク唯僅ニ明治六年第二十八號華士族相續法ナルモノアルノミ其后華族ニ付テハ明治十七年七月宮内省達華族令ノ公布ニ依リ襲族ノ法規ヲ設ケラレタルモ平民ニ付テハ何等ノ規定ナシ然レトモ前示第二十八號ノ布告ハ族制ノ上ヨリシテ區別ヲナシタルニ過キスシテ實際上ニ於テハ平民ノ相續モ亦同法ニヨリテ支配セラレタルモノヽ如クナリシ其他尙慣習等ノ存スルモノナキニアラサリシカ元トヨリ不完全タルヲ免レサルモノニシテ民法ノ制定ニヨリ初メテ一般ニ適用セラルヘキ相續法規ノ存在スルニ至レリ而シテ民法ノ規定スル所ニヨレバ相續ヲ分チテ家督相續ト遺產相續ノ二種トシ遺產相續ハ家族ノ死亡ニ因リテ開始スルモノヲ云ヒ(民法第九百九十二條)家督相續ハ(一)戸主ノ死亡、隱居又ハ國籍喪失、(二)戸主カ婚姻又ハ養

子縁組ノ取消ニ因リテ其家ヲ去リタルトキ(三)女戸主ノ入夫婚姻又ハ入夫ノ離婚ニ因リテ開始スルモノトセリ是等ノ原因ニヨリテ家督相族ヲ爲シタル者ハ先代ノ地位ヲ繼承シテ戸主トナリ前戸主ノ有セシ權利義務ハ勿論系譜祭具及ヒ所有權ヲ承繼スルハ其特權ナリトスル所ナリ(民法第九百八十六條第九百八十七條)

家督相續人ヲ分チテ三種トス曰推定家督相族人曰指定家督相續人曰撰定家督相續人是ナリ所謂推定家督相續人トハ法律ノ定ムル所ニヨリ當然家督相續ヲ爲スヘキ地位ニ在ル卑屬親ヲ云ヒ其第一順位ニ在ル者ヲ名ケテ法定ノ推定家督相續人トハ云フナリ例之バ長次ノ二男子アルトキハ何レモ推定ノ家督相續人ナルモ甲ハ乃チ直ニ被相續人ヲ相續シ得ヘキモノナルカ故ニ法定ノ推定家督相續人ナリ若シ甲者死亡スルトキハ乙ハ乃チ法定ノ推定家督相人トナルヘキナリ故ニ法定ノ推定家督相續人ハ推定家督相續人ノ中ニ屬スルモ推定家督相續人ハ悉皆法定ノ推定家督相續人ナリト云ヒ得ベカラス換言スレバ法定ノ推定家督相續人ハ必ス一人ナラサルベカラサルナリ而シテ此相續人ハ法律ノ定メタル塲合ノ外ハ被相續者ノタメニ隨意ニ廢止變更セラル丶コトナキモノトス所謂指定家督相續人トハ法定ノ推定家督相續人ナキトキ被相續人ノ指定シタル所ノモノヲ云ヒ被相續人ハ何人ヲ指定スルモ隨意ナリトス而シテ此指定家督相續人ハ被相續人ニ法定ノ推定家督相續人アルニ至ルトキハ其

効力ヲ失フヘキモノトスルヲ以テ（民法第九百七十九條第一項）例之ハ甲ナル者子ナキヲ以テ丙ヲ以テ家督相續人ト指定シタルニ后ニ至リ乙ナル嫡子ヲ擧ケタルトキハ丙ハ家督相續ヲ爲スヲ得サルカ如シ所謂選定家督相續人トハ法定又ハ指定ノ家督相續人ナキ場合ニ於テ選定セラレタル者ヲ云ヒ其選定ニ付テハ法律上一定ノ順序ト一定ノ制限トノ存スルモノナリトス民法第九百八十二條ノ規定ニヨレハ選定家督相續人タルヘキモノノ順序ハ第一配偶者但家女ナルトキ第二兄弟第三姉妹第四第一號ニ該當セサル配偶者第五兄弟姉妹ノ直系卑屬ニシテ又其選定ノ範圍モ亦此ニ列擧スルモノニ限ルモノトス

家督相續人タル者ニハ以上説明スル所ノ三種アルモ推定家督相續人ノ相續ノ順位ハ亦法律ノ定ムル所ニシテ民法第九百七十條ハ之レカ規定ヲ設ケタリ乃チ親等ノ異ナリタル者ノ間ニ在リテハ其近キ者ヲ先ニシ親等ノ同シキ者ノ間ニ在リテハ男ヲ先ニシ親等ノ同シキ男又ハ女ノ間ニ在リテハ嫡出子ヲ先ニシ同親等ノ嫡出子、庶子及ヒ私生子ノ間ニ在リテハ嫡出子及ヒ庶子ハ女ト雖モ私生子ヨリ先ニシ以上ノ事項ニ付キ相同シキ者ノ間ニ在リテハ年長者ヲ先ニスヘキモノナリ故ニ例之ハ嫡出子ハ庶子及ヒ私生子ニ先チ家督相續ヲ爲スヘク嫡出ノ男女ニ付テハ男子ヲ先ニシ嫡出ノ女子ト庶子タル男子アルトキハ女子ヲ先ニシ嫡出ノ男子二名アルトキハ長男ヲ先ニスルカ如シ尚相續ノ順位ニ付テハ仝第九百七十一條乃至第

九百七十四條ヲ參照スヘシ
又民法上法定ノ推定家督相續人ニ付テ或ル原由アル場合ニハ其廢除ヲ裁判所ニ請求スルヲ得ヘキモノナリ從前普通ニ唱ヘタル廢嫡ナルモノ乃チ之ニ該當ス民法第九百七十五條ニ廢除ノ原因ヲ揭ケ四個トシ尙其他ニ正當ノ事由アルトキ被相續人ハ親族會ノ同意ヲ得テ其廢除ヲ請求スルヲ得ベシトセリ而シテ又被相續人ハ遺言ヲ以テモ廢除ノ意思ヲ表示スルコトヲ得ヘキモノトス(仝第九百七十六條)又廢除ノ原因止ミタルトキハ之レカ取消ヲ請求シ得ヘキナリ(仝第九百七十七條)尙詳細ハ民法ノ規定ニ參照スヘシ
以上畧述スル所ニヨリ概ネ家督相續ノ何タルコトヲ知ルニ足ラン本節ニ於テハ人ノ身分ニ變動ヲ來タシ從テ權利上ノ關係ニ異動ヲ惹起スヘキ此家督相續ノ屆出ニ關スル方式條件等ヲ規定シタルモノトス

第百三十三條 家督相續ニ因リテ戶主ト爲リタル者ハ其事實ヲ知リタル日ヨリ一个月內ニ左ノ諸件ヲ具シ之ヲ被相續人ノ本籍地ノ戶籍吏ニ屆出ツルコトヲ要ス
一 家督相續ノ原因及ヒ戶主ト爲リタル年月日
二 前戶主ノ名及ヒ前戶主ト家督相續人トノ續柄

家督相續人カ外國ニ在ル場合ニ於テハ前項ノ屆出ハ三个月內ニ屆書ヲ發送スルヲ以テ足ル

家督相續ハ前段說明セル原因ノ一アル場合ニ於テ開始シ之ト同時ニ家督相續人ハ戶主トナルヘキモノナレバ其戶主トナリタル者ヨリシテ之レカ屆出ヲ爲サシムルハ尤モ至當ナリトス而シテ其屆出期間ハ其事實ヲ知リタル日ヨリ一ケ月內ニ於テ爲スヘク又其屆出地ハ被相續人ノ本籍地ノ戶籍吏ニ爲スヘキモノトス故ニ例之バ死亡若クハ隱居シタル戶主乃チ先代カ東京市麴町區內ニ本籍ヲ有スルトキハ麴町區役所ヘ屆出ツヘキモノトス而シテ其屆出ヲ爲スヘキ條件ハ乃チ左ノ如シ

一　家督相續ノ原因及ヒ戶主ト爲リタル年月日

家督相續ノ原因トハ乃チ前段ニ列示シタル民法第九百六十四條ニ所謂死亡ニ因ル相續ナルカ又ハ隱居ニヨル相續ナルカ又ハ入夫ノ離婚ニ因ル相續ナルカヲ云ヒ戶主トナリタル年月日トハ相續人カ先代ノ地位ヲ繼承シタルノ年月日ヲ云ヒ通常相續開始ノ年月日ト同一ナルモノトス

二　前戶主ノ名及ヒ前戶主ト家督相續人トノ續柄

此條件ハ乃チ先代戶主ハ誰ナルヤ又新戶主ト先代トノ親屬上ノ關係ハ如何ナルヤヲ明示ス

ベキコトヲ定メタルナリ

家督相續ノ屆出ハ家督相續人ヨリ前項ノ如ク一个月内ニ爲スヘキモノトスルモ數千里外ノ外國ニ在ルカ如キ塲合ニ於テハ到底此短日月間ニ爲シ能ハザルノ事情アリトス故ニ第二項ニ之カ例外トシテ屆出期間ノ延長ヲ規定シタルモノナリ乃チ此ノ如キ塲合ニ於テハ家督相續人ハ其事實ヲ知リタル日ヨリ三个月内ニ屆書ヲ被相續人ノ本籍地ノ戸籍吏ニ向ケ發達スヘキモノトセルナリ

第百三十四條　家督相續囘復ノ裁判カ確定シタルトキハ相續權ヲ囘復シタル者ハ裁判確定ノ日ヨリ一个月内ニ前條ニ掲ケタル諸件ヲ具シ裁判ノ謄本ヲ添ヘテ之ヲ屆出テ且前ニ爲シタル家督相續ノ登記ノ取消ヲ申請スルコトヲ要ス

家督相續ヲ爲スヘキ者及ヒ其順位ニ付テハ既ニ前段說明スルカ如ク民法第九百六十八條乃至第九百七十四條ニ規定スル所ナリト雖モ家督相續ニ付テハ往々爭ヒノ生スルヿアルヲ免レス從テ裁判上相續權回復ノ請求ヲ爲ス者アルハ吾人ノ日常見聞スル所ナリトス而シテ相續權ノ回復ヲ爲シ得ルノ塲合ハ民法ノ規定スル所一ナラスト雖モ要スルニ家督相續ノ順位ニ依ラスシテ爲シタル者アルトキナリトス今其一例ヲ擧クレハ男子アルトキニ女子相續シ

タルトキノ如キ又長男アルトキニ次男相續シタルトキノ如シ而シテ此相續權回復ノ訴訟ニシテ若シ原告ノ勝訴トナリタルトキニハ敗訴者カ先キニ爲シタル相續ノ屆出ハ之ヲ取消スニアラザレバ被相續人ノ家督相續者ハ二人アルノ奇觀ヲ呈スルコトナルヘシ故ニ其裁判確定シタルトキハ勝訴者タル相續權回復者ヲシテ本條ノ屆出ヲ爲サシメサルヘカラサルナリ其屆出期間ハ確定裁判ノ日ヨリ一个月內ニ前條ニ揭クル諸件ヲ具シ且其裁判ノ謄本ヲ添ユルコトヲ要スルモノトス因ニ云フ明治十七年山口縣ヨリ家督相續ニ關シ裁判處分ヲ受ケ控訴スル者戶籍屆出方ノ件ヲ內務省ヘ伺出タルニ同省ハ同年三月二十一日控訴期限內ハ勿論控訴ヲ爲シタルトキハ其終審ノ判決アルマテハ始審直者ノ屆書ノミニヨリ戶籍ヲ更正スヘカラサルモノトスト指令セリ本條ノ規定ハ全ク此指令ト其趣旨ヲ一ニスルモノニシテ相續權回復者カ屆出ヲ爲スニハ其裁判ノ確定シタルコトヲ要スルモノナリ

第百三十五條

家督相續人カ胎兒ナルトキハ其母ハ相續ノ開始アリタルコトヲ知リタル日ヨリ一个月內ニ左ノ諸件ヲ具シ醫師ノ診斷書ヲ添ヘテ家督相續ノ屆出ヲ爲スコトヲ要ス

一　相續開始ノ年月日

二　家督相續人ノ胎兒ナルコト

三　前戸主ノ名及ヒ前戸主ト家督相續人トノ續柄

第百三十三條第二項ノ規定ハ前項ノ屆出ニ之ヲ準用ス

胎兒ハ家督相續ニ付テハ既ニ生レタルモノト看做スヘキ者ナレバ（民法第九百六十八條第一項）家督相續人カ胎兒ナルトキ例令バ一家ノ戸主死亡シ一人ノ卑屬親モ存在セサルニ偶其妻カ懷胎中ナルトキハ其胎兒ハ家督相續人トナルカ如シ故ニ此ノ如キ塲合ニ在リテハ家督相續人ヨリ之カ屆出ヲ爲シ能ハサルモノナルヲ以テ其母ヨリシテ屆出ヲ爲スヘキモノトシ本條ヲ以テ其屆出ニ關スル條件ヲ定メタリ而シテ本條第一項ニ云フ醫師ノ診斷書トハ懷胎ノ證明ヲ爲サシムルニ在ルナリ又本條ノ屆出期間ハ第百三十三條ト同シク相續開始ノ事實ヲ知リタル日ヨリ起算シ一个月内ナリトス

一、相續開始ノ年月日

此條件ハ家督相續ノ開始シタル時期ヲ明ニスルモノニシテ乃チ民法第九百六十四條ニ規定セル事實ノ發生シタル時日ヲ記載スヘキモノトス

二　家督相續人ノ胎兒ナルコト

此條件ハ乃チ胎兒カ前代ヲ繼承スルヲ明ニスルモノニシテ他ニ家督相續人ナキコトヲ示スモノトス

三　前戸主ノ名及ヒ前戸主ト家督相續人トノ續柄

此條件ハ前戸主ノ誰タルコトヽ其者ト胎兒トハ如何ナル親族上ノ關係アルヤヲ明ニスルモノニシテ第百三十三條第二號ト同樣ナリ

第二項ハ胎兒ノ家督相續屆出ヲ爲スヘキ母カ外國ニ在ルトキハ三个月内ニ前項ノ屆書ヲ被相續人ノ本籍地ノ戸籍吏ニ發送スルヲ以テ足レリトスルコトヲ明ニシタルモノナリ

第百三十六條　胎兒ヲ家督相續人トシテ屆出テタル場合ニ於テ其胎兒カ死體ニテ生レタルトキハ母ハ出産ノ日ヨリ一个月内ニ醫師又ハ出産ニ立會ヒタル産婆ノ檢案書ヲ提出シテ家督相續ノ登記ノ取消ヲ申請スルコトヲ要ス

母カ登記取消ノ申請ヲ爲ササルトキハ家督相續人ハ其事實ヲ知リタル日ヨリ一个月内ニ登記ノ取消ヲ申請スルコトヲ要ス

前條ノ規定ニヨリテ胎兒ノ家督相續屆出ヲ爲シタル塲合ニ於テ後ニ至リ其胎兒カ死産シタルトキハ先キニ爲シタル登記ヲ取消ササルヘカラス何トナレハ胎兒ハ既ニ生レタルモノト看做シ相續權ヲ得セシムルモノナレハ死躰ニテ生レタル塲合ニハ法律上出生ト云フコトヲ得サルハ前數々説明スル所ニヨリ明ニシテ既ニ出生ト云フヲ得スンハ是レ人格ヲ有セサル

モノナレハ家督相續ノ享受ヲナスコト能ハサルヲ以テ之ヲ取消スノ必要アレバナリ（民法第九百六十八條第二項）本條第一項ハ乃チ此場合ニ於ケル登記取消ノ手續其他ノ條件ヲ定メタルモノトス乃チ母ハ出産ノ日ヨリ一个月内ニ醫師又ハ産婆ノ檢案書ヲ提出シテ登記ノ取消ヲ申請スヘキモノナリ其檢案書ヲ提出セシムル所以ノモノハ胎兒カ死躰ニテ分娩シタルノ事實ヲ證明セシムルニ在ルナリ

第二項ハ母カ取消ノ申請ヲ爲ササルトキハ何人ヨリ爲スヘキカヲ定メタルモノニシテ此場合ニハ胎兒以外ノ家督相續人ヨリ爲スヘキモノトセルナリ故ニ第二位ニ在ル家督相續人ハ本條ノ規定ニ從ヒ取消ノ申請ヲ爲ササルヘカラサルナリ一例ヲ以テ之ヲ示サバ嫡出タルヘキ胎兒ノ死産シタルトキハ庶子カ相續權ヲ得ルモノナルヲ以テ此者ヨリシテ屆出ツルカ如シ尚其詳細ハ前述シタル相續ノ順位ニ參考セバ之ヲ知ルヲ得ン

第十四節　推定家督相續人ノ廢除

推定家督相續人ノ廢除トハ從前廢嫡ト稱セルモノニ該當セルコトハ既ニ前述シタル所ニシテ民法ノ規定ニヨルトキハ其原因ヲ分チテ（一）被相續人ニ對シテ虐待ヲ爲シ又ハ之ニ重大ナル侮辱ヲ加ヘタルコト（二）疾病其他身躰又ハ精神ノ狀況ニ因リ家政ヲ執ルニ堪ヘサルヘキコト（三）家名ニ汚辱ヲ及ホスヘキ罪ニ因リテ刑ニ處セラレタルコト（四）浪費者トシテ準

禁治産ノ宣告ヲ受ケ改悛ノ望ナキコトトシ尚此他正當ノ事由アルトキハ被相續人ハ親族會ノ同意ヲ得テ其廢除ヲ請求スルコトヲ得トセリ而シテ此廢除ハ被相續人ヨリ裁判所ニ請求スヘキモノナルコトハ既ニ前述シタル所ナリトス本節ニ於テハ裁判所カ廢除ヲ許シタル塲合ノ屆出ニ關スル方式條件等ヲ定メタルモノナリ

第百三十七條 推定家督相續人廢除ノ裁判カ確定シタルトキハ被相續人ハ裁判確定ノ日ヨリ十日內ニ左ノ諸件ヲ具シ裁判ノ謄本ヲ添ヘテ之ヲ屆出ツルコトヲ要ス

一 廢除セラレタル者ノ名、出生ノ年月日及ヒ職業

二 廢除ノ原因

三 廢除ノ裁判カ確定シタル年月日

本條第一項ハ推定家督相續人廢除ノ屆出ノ手續條件等ヲ定メタルモノニシテ之カ屆出ヲナスヘキ者ハ被相續人乃チ廢除ノ請求者ニシテ其裁判ノ確定シタル日ヨリ起算シ十日內ニ爲スヘキモノトス而シテ其屆出ニハ裁判ノ謄本ヲ添ヘ且左ノ如キ條件ノ具備スルヲ必要トス

一 廢除セラレタル者ノ名、出生ノ年月日及ヒ職業

此條件ハ乃チ何人カ廢除セラレタルカヲ明ニスルニ在リ

二　廢除ノ原因

廢除ノ原因トハ前段列示スル所ノモノ乃チ民法第九百七十五條ニ掲クル所ノ原因中其何レニヨルモノナルカヲ明ニセシムルニ在リ

三　廢除ノ裁判カ確定シタル年月日

此條件ハ乃チ推定家督相續人カ其相續權ヲ剝奪セラレタルコトノ確定トナリタル時日ヲ知ルノ必要アルニ依ル

第百三十八條　被相續人カ遺言ヲ以テ推定家督相續人ヲ廢除スル意思ヲ表示シタル場合ニ於テ廢除ノ裁判カ確定シタルトキハ前條ノ屆出ハ遺言執行者ヨリ之ヲ爲スコトヲ要ス

前項ノ場合ニ於テハ屆書ニ被相續人ノ死亡ノ年月日ヲ記載スルコトヲ要ス

本條ハ遺言執行者カ推定家督相續人廢除ノ屆出ヲナスヘキ場合ノ規定ヲ示スモノニシテ乃チ被相續人カ遺言ヲ以テ推定家督相續人廢除ノ意思ヲ表示シタルトキ（民法第九百七十六條）ニ在リテハ遺言執行者ハ其遺言ノ効力ノ生シタル後裁判所ニ廢除ノ請求ヲ爲スヘキモノナリ故ニ遺言執行者ハ乃チ裁判上廢除ノ請求者ナルヲ以テ其請求ノ容レラレタル場合ニ

於テハ前條ノ規定ニ從ヒ請求者タル遺言執行者ヨリ之カ屆出ヲナサシムルハ尤モ至當ナリトス
遺言ヲ以テ廢除ノ意思ヲ表示シタルニヨリ廢除セラレタルトキハ其効力ハ被相續人ノ死亡ノ時ニ依リテ生スルモノトスルヲ以テ(民法第九百七十六條)本條第二項ニ規定スルカ如ク被相續人死亡ノ年月日ヲ記載スルコトヲ要スル所以ナリ

第百三十九條 推定家督相續人廢除ノ取消ノ裁判カ確定シタルトキハ其取消ヲ請求シタル者ハ裁判確定ノ日ヨリ一ケ月內ニ裁判ノ謄本ヲ提出シテ登記ノ取消ヲ申請スルコトヲ要ス

推定家督相續人廢除ノ原因止ミタルトキハ被相續人又ハ推定家督相續人ハ廢除ノ取消ヲ裁判所ニ請求スルコトヲ得ルニヨリ(民法第九百七十七條)之レニ基キ若シ廢除ノ取消ノ裁判アリタルトキハ先キニ爲シタル登記ノ取消ヲ爲スノ必要アリトス其故ハ他ナシ廢除セラレタル推定家督相續人カ相續權ヲ囘復スルノ效果ヲ生スレハナリ本條ハ乃チ此塲合ニ於ケル登記取消ノ手續等ヲ定メタルモノニシテ裁判確定ノ日ヨリ一ケ月內ニ之ヲ爲スヘク又裁判ノ謄本ヲ提出スヘキモノトス而シテ之カ取消ノ申請ヲ爲スヘキ者ハ廢除ノ取消ヲ裁判所ヘ請求シタル者ナリトス依テ知ル本條ノ屆出ヲ爲スヘキ者ハ推定家督相續人ナルコトアリ或

ハ被相續人ナルコトアルヲ

第十五節　家督相續人ノ指定

家督相續人ノ指定ノ何タルコト及ヒ被相續人ニ此指定ノ權アルコトハ既ニ前述シタル所ナリトス而シテ此家督相續人ノ指定ハ死亡又ハ隱居ニヨル家督相續ノ塲合ニノミ適用セラルヘキモノニシテ戶主カ婚姻又ハ養子緣組ノ取消ニヨリテ其家ヲ去リタル時又ハ女戶主ノ入夫ノ離婚及ヒ國籍喪失ノ塲合ニハ適用セサルモノトス其故ハ別ニ說明ヲ與ヘサルモ明白ナルコトニ屬スルモ一言之ヲ謂ヘハ婚姻又ハ緣組ノ取消若クハ入夫離婚ノ塲合ニハ最早他人トナリテ其家ニ關係ナク從テ其家ノ相續人ヲ定ムルコトモ容喙スルノ權利ナキモノトナレハナリ又國籍喪失シタルモノハ外國人トナリタルモノナレハナリ又此指定ハ遺言ヲ以テモ爲スコトヲ得ヘク又之ヲ取消シ得ヘキコトハ均シク民法ノ規定スル所ニシテ本節ニ於テハ唯是等ノ塲合ニ於ケル屆出ノ方式條件等ヲ規定スルニ過キサルナリ

第百四十條　家督相續人指定ノ屆書ニハ左ノ諸件ヲ記載スルコトヲ要ス

一　指定家督相續人タルヘキ者ノ氏名、族稱、出生ノ年月日、職業及ヒ本籍地

二　法定ノ推定家督相續人ナキコト

本條ハ家督相續人指定ノ屆出ニ具備スルヲ要スル條件ヲ定メタルモノニシテ乃チ左ノ如シ

一　指定家督相續人タルヘキ者ノ氏名、族稱云々

此條件ハ乃チ何人ヲ指定シテ家督相續人トシタルヤ否ヲ明ニスルニ在リ

二、法定ノ推定家督相續人ナキコト

法定ノ推定家督相續人ナキモノニアラサレハ家督相續人ノ指定ヲ爲シ得サルモノナルカ故ニ此條件ハ畢竟スルニ指定ヲ爲シ得ルノ至當ナル塲合ナルコトヲ知ラシムルノ必要アルニ由ル

第百四十一條　民法第九百八十一條ノ規定ニ依リテ家督相續人指定ノ屆出ヲ爲ストキハ屆書ニ前條ニ揭ケタル諸件及ヒ被相續人ノ死亡ノ年月日ヲ記載シ且之ニ其指定ニ關スル遺言ノ謄本ヲ添フルコトヲ要ス

家督相續人ノ指定及ヒ其取消ハ遺言ヲ以テモ爲シ得ヘキモノナルコトハ民法第九百八十一條ニ規定スル所ニシテ其塲合ニ於テハ遺言執行者ヨリ遺言カ效力ヲ生シタル後戶籍吏ニ屆出ツヘキコトヽセリ本條ハ乃チ此屆出ニ關スル方式ヲ定メタルモノナリ而シテ本條ノ屆出ニハ前條ニ揭クル諸件ヲ具スルハ勿論尙ホ被相續人死亡ノ年月日ヲ記載セシム其要ハ遺言カ效力ヲ生シタルノ時期ヲ知ルト且遺言ニヨル指定ハ被相續人ノ死亡ノ時ニ遡リテ其效力

ヲ生ストノ規定アルニ由ル又其遺言ノ謄本ヲ添フルコトヲ要スルハ則チ被相續人ノ意思ヲ明ニシ指定セラレタル者ノ屆出ニ明示スル所ノ者ト別人ナラサルコト等ヲ明ナラシムルノ目的ニ出ツルモノトス

第百四十二條　家督相續人指定ノ取消ノ屆書ニハ左ノ諸件ヲ記載スルコトヲ要ス

一　指定家督相續人ノ氏名、族稱、出生ノ年月日、職業及ヒ本籍地

二　指定ノ年月日

家督相續人ノ指定ハ之ヲ取消スコトヲ得ヘキハ民法第九百七十九條第二項ノ規定スル所ナルニヨリ一旦指定シタル家督相續人ヲ取消シタルトキニハ本條ニ從テ之カ屆出ヲ爲サヽルヘカラサルナリ而シテ本條カ定ムル所ノ條件ハ乃チ左ノ如クナリトス

一　指定家督相續人ノ氏名、族稱、出生ノ年月日、職業及ヒ本籍地

此條件ハ指定ヲ取消サレタル相續人ノ何人ナルカヲ明ニセシムルモノニシテ先キノ指定屆ニ於ケル第一ノ條件ト同一ナルヲ要ス

二　指定ノ年月日

此條件ノ記載アルヲ要スルハ家督相續人トナリタルハ何時ニ在リシカヲ知ラシムルニ在ル

ナリ

第百四十三條 家督相續人指定ノ取消ノ屆出ヲ爲ス者ハ同時ニ家督相續人指定ノ登記ノ取消ヲ申請スルコトヲ要ス

家督相續人指定ノ取消ハ指定其モノノ取消ニ過キス詳言スレハ指定ナル自己ノ行爲ノ取消ヲ爲スモノニシテ指定登記ノ取消ニアラス從テ指定其モノノミヲ取消シ之カ屆出ヲナシタレハトテ先キニ屆出タル指定ノ登記ハ取消サルヘキニアラス依然トシテ登記簿上ニ存在スルコトトナルヘシ然リト雖モ元來此登記アル所以ノモノハ指定ノ屆出ニ基キ爲シタルモノナルニ今其基本ニ於テ消滅シタルニモ係ラス其結果タル登記ノ存在スルハ名實相適ハサルコトトナルヲ以テノ故ニ指定ノ取消ヲ屆出ツルト同時ニ先キニ屆出テタル指定ノ登記ノ取消ヲモナサシムヘキモノト定メタルモノナリ而シテ本條指定ノ取消ノ屆出ヲ爲ス者トハ被相續人ナルコトアリ又遺言執行者ナルコトアリトス

第百四十四條 民法第九百八十一條ノ規定ニ依リテ指定ノ取消ノ屆出ヲ爲ス場合ニ於テハ前二條ノ指定ニ依ル外屆書ニ被相續人ノ死亡ノ年月日ヲ記載シ且之ニ指定ノ取消ニ關スル遺言ノ謄本ヲ添フルコトヲ要ス

家督相續人指定ノ取消ハ亦遺言ヲ以テモ之ヲ爲スコトヲ得ヘキモノニシテ（民法第九百八

十一條）此場合ニハ遺言ヲ以テ指定ヲ爲シタルト同シク遺言執行者ヨリ遺言ヵ效力ヲ生シタル后之ヲ戶籍吏ニ屆出ツヘキモノトセリ本條ハ乃チ此場合ニ於ケル取消ノ屆出ニ關スル條件ヲ定メタルモノニシテ其條件ノ必要ナル理由ハ前第百四十一條ト同一ノ精神ニ出テタルモノトス故ニ之ヲ贅セス須ク同條下ノ注釋ヲ參照スヘシ

第百四十五條 家督相續人ノ指定カ其効力ヲ失ヒタルトキハ指定ヲ爲シタル者ハ其事實ヲ知リタル日ヨリ一ヶ月内ニ其効力ヲ失ヒタル事由ノ證明書ヲ提出シテ登記ノ取消ヲ申請フルコトヲ要ス

家督相續人ノ指定カ其效力ヲ失フトハ乃チ民法第九百七十九條第一項末段ニ規定スル如ク法定ノ推定家督相續人アルニ至リタルトキヲ云フモノニシテ此場合ニ在リテハ指定ノ效力ハ自然消滅ニ歸スヘキヲ以テ先キニ屆出テタル登記ノ取消ヲナスノ必要アリ是レ猶指定ノ取消ヲナシタルトキハ指定登記ノ取消ヲナスヲ要スルカ如シ故ニ本條ハ之カ規定ヲ設ケタルモノトス而シテ斯ニ効力ヲ失ヒタル事由ノ證明書トハ例之ハ家督相續人ヲ指定シタル后子ヲ擧ケタルカ如キトキニ其子ノ出生ニ付テノ出生屆若クハ出生登記簿ノ謄本ヲ以テ之ヲ證明スルカ如キヲ云フ

例ニ依リ斯ニ相續ニ關スル從前ノ成規及ヒ慣例ノ二三ヲ摘示シ以テ參考ニ資スル所アラン

トス
明治六年一月二十二日第二十八號布告華士族相續法第一項ニ曰家督相續ハ必ス總領ノ男子タルヘシ若シ亡沒或ハ癈篤疾等不得止ノ事故アレハ其事實ヲ詳ニシ次男三男又ハ女子ヘ養子相續願出ツヘシ次男三男女子無之者ハ血統ノ者ヲ以テ相續願出ツヘシ若シ故ナク順序ヲ越ヘテ相續致ス者ハ相當ノ咎可申付事トアリ同第三項ニ曰當主隱居致シ實子又ハ養子家督相續致候上其相續人多病或ハ不埒ノ儀有之歟又ハ病死致シ最前ノ隱居壯健ニテ再相續願出候節ハ聞屆不苦事但再相續人ト可稱事ト
同第六項ニ曰當主死去跡嗣子無之婦女子ノミニテ已ヲ得サル事情アリ養子難致者ハ婦女子ノ相續差許從前ノ給祿可支給事ト
明治七年一月十四日太政官指令ニ男子ヲ擱キ長女ハ婿養子ヲ爲シ家督ヲ讓ルハ法律ニテ固ヨリ許スヘカラサルコトナレトモ不得已事情アリテ親戚二人以上連署願出レハ聞屆不若トアリ
同年六月二十五日太政官ノ指令ニ六年第二十八號布告華士族相續法各人民一般ニ遵奉スヘシ家督相續スル者ハ嫡男タルヘシ嫡男ナキトキハ嫡孫嫡孫ナキトキハ嫡出ノ二三男及ヒ女子若シ之レナキトキハ嫡出ノ二三孫其二三孫モナキトキハ庶子孫ト順序可相立但亡沒癈篤

疾等不得已事故アリテ順序ニ從ハサルトキハ其事實ヲ詳ニシ親族連印ニテ願出ツヘシト

同二十三年八月三十日司法省指令ニ長女ヲ措キ二女ニ婿養子ヲ迎ヘ嗣子ト爲ストキハ其長女ハ廢嫡ノ手續ヲ爲スヘキモノトスト

同十六年二月二十三日內務省指令ニ長男ニシテ廢嫡スヘキ事由ナケレハ長女ヲ以テ相續セシムルヲ得ズトアリ

同年四月二日同省指令ニ次男ニテ嗣子タル者ヲ廢スルハ廢嫡スヘキ事由ナケレハ之ヲ爲スヲ得ズトアリ

同十六年十二月十四日同省指令ニ放蕩等ノ事由ヲ以テ父母親戚協議ニテ廢嫡スルニハ本人ノ承諾ヲ要セス

同十七年三月十三日ノ同省指令ハ終身懲役又ハ無期徒刑ニ處セラレタル長男ト雖モ廢嫡ノ手續ヲ爲サヽル以上ハ相續權ヲ失ハスト

同十九年十月二十四日大審院判決ニ曰一家ノ長男タル資格ヲ有スル者ニ對シテハ容易ニ其資格ヲ變更スルコトヲ得サルモノトス

第十六節　入籍、離籍及復籍拒絕

入籍トハ廣義ニ之ヲ解釋スルトキハ甲家ノ籍ニ屬スル者カ乙家ノ籍ニ移轉スルヲ云フカ故

ニ婚姻又ハ緣組ニ因リテ嫁シ若クハ養子カ實家ヨリ婚家又ハ養家ニ轉籍スルモ亦一ノ入籍ト云ヒ得ヘキモ斯ニ所謂入籍トハ婚姻又ハ緣組ニ因ルニアラスシテ其他ノ事由ニヨリ他家ノ籍ニ入ル場合ヲ云フ故ニ學理上之ヲ云ヘハ狹義ノ入籍ト稱スヘキモノナリ
離籍トハ俗ニ所謂勘當ト云フヘキモノニ該當スルモノニシテ自家ノ籍ニ屬スル者ヲ戶主自ラ之ヲ脫籍セシムルヲ云ヒ復籍トハ婚姻又ハ緣組ニヨリ一旦他家ニ入リタル者カ離婚又ハ離緣ニヨリ實家ニ復歸スルヲ云フ而シテ斯ニ所謂入籍乃チ狹義ノ入籍ハ如何ナル場合ニ適用セラルヘキ者ナルヤト云フニ民法第七百卅五條第一項第七百三十七條第七百三十八條ノ規定スルモノ即チ是レナリ詳細ハ第百四十六條ノ說明ニ讓ル又離籍ニ付テノ場合ハ民法第七百四十九條第三項第七百五十條第二項ニシテ復籍拒絕ノ場合ヲ規定スルモノハ民法第七百四十一條第二項第七百五十條第二項之レナリ是等ノ入籍離籍及ヒ復籍拒絕ハ身分ノ異同ニ關シ又戶主權ノ行使ニ關係アルモノニシテ其權利地位ニ變更消長ヲ來タスヘキモノナルヲ以テ之ヲ登記簿ニ登記スルノ必要アルヤ元ヨリ論ヲ俟タサル所ナリトス是レ本節ニ於テ是等ノ屆出ニ付テノ方式條件等ヲ規定スル所以ナリ

第百四十六條　民法第七百三十五條第一項若クハ第七百三十七條ノ規定ニ依リ他家ノ家族ト爲ラント欲スル者又ハ民法第七百三十八條ノ規定

ハ自家ノ家族ト爲サント欲スル者ハ
ニ依リ自己ノ親族ヲ婚家、養家又ハ自家ノ家族ト爲サント欲スル者ハ左ノ諸件ヲ具シテ入籍ノ届出ヲ爲スコトヲ要ス

一　入籍スヘキ家ノ戸主ノ氏名、出生ノ年月日、職業及ヒ本籍地
二　入籍スヘキ家ノ戸主又ハ家族ト入籍スヘキ者トノ親族關係
三　入籍スヘキ者カ廢家シテ他家ニ入ルトキハ其旨
四　入籍スヘキ者カ家族ナルトキハ其去ルヘキ家ノ戸主ノ氏名、出生ノ年月日、職業、本籍地及ヒ其戸主ト入籍スヘキ者トノ續柄

本條ハ入籍ノ届出ニ具備スルコトヲ要スルノ條件ヲ定メタルモノトス民法第七百三十五條第一項ニ家族ノ庶子及ヒ私生子ハ戸主ノ同意アルニアラサレハ其家ニ入ルヿヲ得ストアリ同第七百三十七條ニハ戸主ノ親族ニシテ他家ニ在ル者ハ戸主ノ同意ヲ得テ其家族トナルコトヲ得トアリ因是觀之是等ノ者ニ在リテハ其入ラントスル家ノ戸主ノ同意タニ之ヲ得ハ其家族トナルヲ得ヘキモノタリ例之ハ甲家ノ家族タル乙男カ庶子ヲ甲家ニ入レントスルニハ甲ノ同意ヲ要スヘク又丙家ノ家族タル丁女カ己ノ私生子ヲ丙家ニ入レントスルトキハ丙ノ同意ヲ得ルヲ要スルカ如キ又戸主甲ナル者ノ甥戊ナル者カ甲家ニ入ラントセハ甲ノ同意ヲ得ルヲ要スルカ如シ何故ニ民法ハ此ノ如キ場合ニ同意ヲ要スヘキモノ

ナリトスルヤニ付テ一言說明ヲ與ヘンニ家族カ婚姻ニ因リテ子女ヲ擧クルハ人倫ノ常ニシテ戶主タル者之ヲ自家ノ家族ト爲スコトヲ拒ムノ權ナシト雖モ婚姻以外ニ於テ庶子又ハ私生子ヲ擧クルハ倫理ニ悖レルモノナリ故ニ戶主タルモノ之ヲ自家ノ家族トシテ扶養敎育スルノ義務ナシ(民法第七百四十七條參照)是レ同意ヲ要スルノ所以ナリトス又民法第七百三十八條ニハ婚姻又ハ緣組ニヨリテ他家ニ入リタル者カ自己ノ親族ヲ婚家又ハ養家ノ家族トナサント欲スルトキ又ハ離婚又ハ離緣ニヨリ實家ニ復歸シタル者カ自己ノ直系卑屬ヲ自家ニ入ラシメントスルトキハ民法第七百三十七條ノ規定ニヨルノ外配偶者又ハ養親ノ同意ヲ得ルヲ要ストセリ故ニ是等ノ者ニ在リテハ戶主ノ同意ト配偶者又ハ養親ノ同意タニ之ヲ得バ其家族ト爲スヲ得ヘキモノタリ例之ハ嫁カ攜帶子ヲ婚家ニ入ルヽカ如ク又離婚セラレタル者カ婚家ニ於テ生シタル子ヲ實家ニ引取ルカ如キハ其戶主ノ同意ヲ得ルノ外夫又ハ前夫ノ同意ヲ得ルヲ要スルガ如シ其理由トスル所ハ前示ノ理由アルノ外或ハ家內ノ安寧ヲ破ラサラシムヘク或ハ人ノ家族ヲ猥リニ己レノ家ニ入レシムルガ如キ弊害ヲ防止スルニ至ルモノトス

本條ハ是等ノ場合ニ於ケル入籍屆出ノ條件ヲ定メタルモノトス

一　入籍スヘキ家ノ戶主ノ氏名出生ノ年月日云々

入籍スヘキ家トハ例之ハ民法第七百三十五條第一項ノ塲合ナレハ同意ヲナシタル戶主ノ家第七百三十八條ノ塲合ナレハ婚家又ハ養家ヲ云ヒ如何ナル家ニシテ何人カ其戶主ナルヤヲ明ニスルモノニシテ即チ自己ヲ入籍セシメント欲スル者カ服從スヘキ戶主ヲ明示スルヲ目的トス

二 入籍スヘキ家ノ戶主又ハ家族ト入籍スヘキ者云々

入籍スヘキ者カ入籍スル家ニ於ケル戶主又ハ家族トハ如何ナル親族上ノ關係アルカヲ明示スルヲ云フ例之ハ戶主甲ノ子乙カ自己ノ庶子丙ヲ甲家ニ入レントスルトキニハ丙ハ甲ノ孫乙ノ子ナリト記載スルカ如シ

三 入籍スヘキ者カ廢家シテ他家ニ入ルトキハ云々

新タニ一家ヲ立テタル者ハ其家ヲ廢シテ他家ニ入ルコトヲ得ヘキモノナルコトハ民法第七百六十二條第一項ノ規定スル所ナリトス乃チ本項ハ此塲合ニ於ケル入籍屆出ニハ此條件ノ記載ヲ要スルモノトセリ例之ハ一家ヲ創立シタル私生子カ母ノ家ニ入ルトキノ如シ

四 入籍スヘキ者カ家族ナルトキ云々

家族ニシテ他家ニ入ルモノナルトキハ從來屬シタル家ノ戶主ノ氏名其他ト又其入籍者ト其戶主トハ親族上如何ナル關係アリタル者ナルカヲ明示スルヲ云フ例之ハ民法第七百三十七

條第一項ノ入籍ノ場合ノ如シ

第百四十七條 民法第七百三十五條第一項、第七百三十七條及ヒ第七百三十八條ノ規定ニ依リ戸主、配偶者、養親、親權ヲ行フ者又ハ後見人ノ同意ヲ要スル場合ニ於テハ届出人ハ届書ニ同意ノ證書ヲ添ヘ又ハ同意ヲ爲シタル者ヲシテ届書ニ同意ノ旨ヲ附記シ之ニ署名、捺印セシムルコトヲ要ス

他家ニ入ルニハ戸主、配偶者、養親、親權ヲ行フ者又ハ後見人ノ同意ヲ得サルヘカラサルハ前條ノ說明ニヨリ明ナレハ是等同意ヲ要スル場合ニ在リテハ本條ノ規定ニヨリ方式ヲ履行スルコトヲ要スル旨ヲ定メタルニ過キス其理由ノ如キハ第八十七條第三百條等ト同一ナルヲ以テ之ヲ贅セス

第百四十八條 戸主カ其家族ヲ離籍セント欲スルトキハ左ノ諸件ヲ具シテ之ヲ届出ツルコトヲ要ス

一 離籍セラルヘキ者ノ氏名、出生ノ年月日及ヒ職業
二 離籍ノ原因及ヒ其原因發生ノ年月日
三 離籍セラルヘキ者ト共ニ家ヲ去ルヘキ者アルトキハ其名、出生

ノ年月日、職業及ヒ其者ト離籍セラルヘキ者トノ續柄
本條ハ離籍ノ屆出ニ具備スルコトヲ要スル條件ヲ規定シタルモノトス乃チ
一　離籍セラルヘキ者ノ氏名云々
此條件ハ乃チ何人ヲ離籍スルカヲ明示セシムルニ在リ
二　離籍ノ原因及其原因發生ノ年月日
離籍ノ原因トハ例之ハ民法第七百四十九條第三項ノ戶主カ家族ニ對シ其指定シタル場所ニ轉スヘキ旨ノ催告ヲナシタルニ尙之レニ應セサルノ類又ハ仝法第七百五十條ニ規定セル家族カ戶主ノ同意ヲ得スシテ婚姻又ハ養子緣組ヲ爲シタルトキノ如キヲ云ヒ其原因發生ノ年月日トハ例之ハ同意ヲ得スシテ婚姻ヲナシタル年月日ノ如キヲ云フ
三　離籍セラルヘキ者ト共ニ家ヲ去ルモノアルトキハ云々
離籍セラルヘキ者ト共ニ家ヲ去ルヘキ者トハ例之ハ子ハ父ノ家ニ入ルヲ本則トスルヲ以テ其父ニシテ離籍セラルヽニ於テハ子ハ共ニ其家ヲ去ラサルヘカラス（民法第七百五十條第三項）又夫ニシテ離籍セラルレハ妻ハ夫ノ家ニ入ルヘキモノナレハ共ニ其家ヲ去ラサルヲ得サルカ如シ（民法第七百四十五條）又其者ト離籍セラルヘキ者トノ續柄トハ前例ノ父子夫婦ノ關係アル旨ヲ記載スルカ如シ

第百四十九條　離籍ニ因リテ一家ヲ創立シタル者ハ其事實ヲ知リタル日ヨリ十日內ニ左ノ諸件ヲ具シテ其旨ヲ届出ツルコトヲ要ス

一　離籍ヲ爲シタル戶主ノ氏名、出生ノ年月日、職業及ヒ本籍地

二　離籍ヲ爲シタル戶主ト届出人トノ續柄

三　離籍ノ原因及年月日

四　届出人ノ家ニ入ルヘキ者アルトキハ其名、出生ノ年月日、職業及ヒ其者ト届出人トノ續柄

離籍セラレタル者ハ一家ヲ創立ストハ民法第七百四十二條ニ規定スル所ナリ而シテ離籍ハ元ト戶主任意ノ處分ニ過キサルハ勿論家族カ戶主指定ノ塲所ニ轉スヘキ旨ノ催告ニ應セサル塲合ニハ（民法第七百四十九條）別ニ法律上離籍ニ付テノ期限ナク何時ニテモ之ヲ爲シ得ヘク又家族カ戶主ノ同意ヲ得スシテ婚姻又ハ緣組ヲ爲シタルトキハ戶主ハ其日ヨリ一年內ニ其者ヲ離籍スルヲ得ヘク其期間內ニ在リテハ何時ニテモ亦可ナリトス從テ是等ノ塲合ニ在リテハ離籍セラレタル者ハ其何時ニ於テ離籍セラレタルカヲ知リタル后ニアラサレハ一家ヲ創立シタルノ届出ヲナスニ由ナシ是レ本條第一項ニ於テ離籍ノ事實ヲ知リタル日ヨリ十日內ニ届出ツヘシト定メタル所以ナリ今左ニ其届出ニ具備セサルヘカラサル要件ヲ示サ

ン
一　離籍ヲ爲シタル戸主云々
之レ何人カ離籍ヲ爲シタルモノナルヤヲ知ラシムルニ在リ
二　離籍ヲ爲シタル戸主ト届出人ノ續柄
之レ離籍者被離籍者ハ親族上如何ナル關係ヲ有スルモノナルヤヲ明ニセンカ爲メナリトス
三　離籍ノ原因、及ヒ年月日
是レ前條第二號ト同シ故ニ之ヲ贅セス
四　届出人ノ家ニ入ルヘキ者アルトキハ云々
親子夫妻ハ同住同行ヲ以テ常トスヘキハ前々說明スル所ノ如クナレハ今親カ離籍セラレタルトキハ其子ハ親ニ從ヒ親ノ家ニ入ルヘク夫カ離籍セラレタルトキハ妻ハ夫ノ家ニ入ルモノトスルヲ以テ本號ハ其塲合ニ適用スヘキ條件ト知ルヘシ
要之本條ノ條件ハ第百四十六條第百四十八條ト同一ナルヲ以テ深ク說明ヲ加ヘス唯一言スヘキハ前條ハ戸主カ家族ヲ離籍セント欲スルトキニ當リ其戸主ヨリ届出ツルコトヲ規定シタルモノナレトモ本條ハ離籍セラレタル本人カ籍離セラレタルカ爲メ一家ヲ創立シタルトキ自ラ一家創立ノ旨ヲ届出ツヘキコトヲ規定シタルモノト知ルヘシ

第百五十條　戸主カ其家族タリシ者ノ復籍ヲ拒マント欲スルトキハ左ノ諸件ヲ具シテ之ヲ届出ツルコトヲ要ス
一　復籍ヲ拒マルヘキ者ノ氏名、出生ノ年月日、職業及ヒ本籍地
二　復籍ヲ拒マルヘキ者カ家族ナルトキハ戸主ノ氏名、出生ノ年月日、職業及ヒ本籍地
三　復籍拒絶ノ原因及ヒ其原因發生ノ年月日
婚姻又ハ養子縁組ニ因テ他家ニ入リタル者カ更ニ婚姻又ハ養子縁組ニ因リテ他家ニ入ラント欲スルニハ（再婚又ハ再縁）婚家又ハ養家及ヒ實家ノ戸主ノ同意ヲ得ルヲ要スヘキモノナルカ故ニ若シ同意ヲ得スシテ再婚又ハ再縁ヲナシタルトキハ同意ヲ爲サヾル戸主ハ其復籍ヲ拒ムコトヲ得ヘク（民法第七百四十一條）又家族カ婚姻又ハ養子縁組ヲナサントスルトキハ其戸主ノ同意ヲ得ルヲ要スヘキモノナルカ故ニ若シ同意ヲ得スシテ無斷婚姻又ハ養子縁組ヲ爲シタルトキモ亦戸主ハ復籍ヲ拒ムコトヲ得ヘシ（民法第七百五十條第二項）蓋シ受クルコトヲ要スル同意ヲ受ケサルノ制裁トシテ此ノ規定アルモノトス本條ハ此塲合ニ於ケル届出ニ具備スルコトヲ要スル條件ヲ定メタルモノトス舊戸籍法制ノ下ニ在リテハ斯ル直接ノ再婚再縁ヲ許サヾルコトハ第八十五條ノ註解ニ於テ述ヘタル所ナルヲ以テ同條ヲ參照ス

ヘシ

本條示ス所ノ條件左ノ如シ

一　復籍ヲ拒マルヘキ者ノ氏名云々

此條件ハ何人ニ對シテ復籍拒絶ヲナスカヲ明ニセシムルニ在リ

二　復籍ヲ拒マルヘキ者カ家族ナルトキ云々

此條件ハ復籍ヲ拒マルヘキ者カ他人ノ家族ナルトキハ何人ノ戸主權ニ服從シタルモノナルヤヲ明示セシムルニ在リ假令ハ甲家ノ家族タリシ乙カ甲ノ同意ヲ得スシテ丙家ノ婿養子トナリタルカタメ甲カ復籍ヲ拒ミ其屆出ヲナスニハ丙ノ氏名等ヲ記載スルカ如シ

三　復籍拒絶ノ原因云々

復籍拒絶ノ原因トハ前述スル民法第七百四十一條ノ場合ニヨルカ又ハ第七百五十條第二項ノ場合ニヨルカヲ明ニスルヲ云ヒ其他ハ前第百四十八條第二號ト同一ナルヲ以テ參照スヘシ

第百五十一條　復籍拒絶又ハ復籍スヘキ家ノ廢絶ニ因リテ復籍ヲ爲スコト能ハサル者カ一家ヲ創立シタルトキハ其事實ヲ知リタル日ヨリ十日內ニ左ノ諸件ヲ具シテ其旨ヲ屆出ツルコトヲ要ス

一 復籍ヲ拒ミタル戸主又ハ廢絶シタル家ノ最終ノ戸主ノ氏名、出生ノ年月日、職業及ヒ本籍地

二 復籍拒絶又ハ復籍スヘキ家ノ廢絶ノ原因及ヒ年月日

三 届出人ノ家ニ入ルヘキ者アルトキハ其名、出生ノ年月日、職業及ヒ其者ト届出人トノ續柄

本條ハ第百四十九條ノ規定スル離籍ニヨリテ一家ヲ創立スル者カ届出ヲナス場合ト同シク復籍ヲ拒マレタル者カ離婚又ハ離縁ニヨリ婚家又タハ養家ヲ去リタルトキハ一家ヲ創立シ(民法第七百四十二條)又離縁又ハ離婚ニ因リテ實家ニ復歸スヘキ者カ實家ノ廢家トナリ若クハ絶家トナリタル場合ニ在リテハ事實上復歸スルノ家ナキモノナレハ一家ヲ創立スルノ外ナキモノトス(民法第七百四十條)乃チ本條ハ是等ノ場合ニ於ケル一家創立ノ届出ニ具備スルコトヲ要スヘキ條件ヲ定メタルモノトス其條件乃チ左ノ如シ

一 復籍ヲ拒ミタルタル戸主又ハ廢絶シタル家ノ最終ノ戸主ノ氏名云ヒ

復籍ヲ拒ミタル戸主トハ復籍拒絶ノ權能ヲ行使シタル者ヲ云ヒ廢絶シタル家ノ最終ノ戸主トハ廢家トナリ若クハ絶家トナリタル當時ニ於ケル戸主ヲ云フモノトス而シテ此條件ハ次ノ條件ト共ニ何故ニ一家ヲ創立スルニ至リタルヤヲ明ニセシムルニ在リ

二　復籍拒絶又ハ復籍スヘキ家ノ廢絶ノ原因

復籍拒絶ノ原因ハ前既ニ説明スルカ如シ廢絶ノ原因トハ例之バ本家ノ相續又ハ再興ヲ爲スカ爲メニ廢家シタルモノナルカ又ハ他家ニ入ルカ爲メニ廢家シタルモノナルカ（民法第七百六十二條）又ハ家督相續人ナキ家ニシテ戶主ヲ失ヒタルカ故ニ絶家シタルモノナルカ（民法第七百六十四條）ヲ明示スルヲ云フ

三　屆出人ノ家ニ入ルヘキ者アルトキハ云々

此條件ハ第百四十九條ノ規定ノ下ニ於テ詳説シタルモノト同一ナルヲ以テ爰ニ説明ヲ省畧ス而シテ屆出人トハ本條ノ屆出ヲナス所ノ一家創立者ヲ云ヒ其家ニ入ルヘキ者トハ例之ハ妻子ノ如キヲ云フ

本節ヲ終ルニ臨ミ例ニ依リ從來ノ伺指令ヲ抄錄シ參考ノ資ニ供セン

明治八年十二月廿五日內務省指令ニ曰ク男子ニ於テ私生子ヲ認メタル上ハ男子ノ籍ヘ入ルヘキモノナレ𪜈双方情願ナレハ女子ノ籍ニ入ルモ不苦トアリ

明治廿二年一月卅一日大審院判例ニ私生兒ハ當然生母ノ戶籍ニ屬ストアリ

明治七年八月十八日太政官指令ニ曰ク戶主他ヘ養子ト相成候儀難聞屆儀ニハ候ヘ共不得已事情有之者ハ跡相續人取設候上ハ差許不苦但養子牽連候家族ノ內妻ノ入籍ハ勿論願ニ依リ

テハ其子ノ入籍可差許其他ノ家族寄留同居ハ可爲勝手候ヘ共附籍ノ名目ハ不相成事

仝九年五月廿五日指令ニ曰ク士民ヲ問ハス夫婦ノ間ニ一男ヲ擧ケ事故アリ妻ヲ離縁シ後夫死ス長男戶主ニ立テ再ヒ生母ヲ呼迎ヘ家籍ニ編入センコトヲ願フ者ハ之ヲ許ストアリ

明治十七年二月二十二日內務省指令ニ曰ク絕家再興セシ次男ノ家ヘ實父母入籍ヲ聞屆クトアリ

仝年三月二十二日指令ニ曰ク養育ノ爲メニ父生前離別シタル實母ヲ入籍不苦トアリ

仝年四月廿三日指令ニ曰ク本家ノ家族ヲ分家ノ籍ニ編入シ實家ノ家族ヲ養家ノ家族ニ編入スルハ親戚ノ協議ニ任ストアリ

仝年七月十八日指令ニ曰ク夫死後入籍ノ手續ヲ怠リシ妻ヲ實母トシテ入籍スルヲ許ストアリ

明治二十年九月二十七日指令ニ曰ク養家ヨリ分家シタル者其實家ノ祖父母父母ヲ入籍スルハ養家即チ本家ト協議上ハ差支ナシ

明治二十年四月一日司法省指令ニ曰ク他家ノ養子女離縁ノ際生家既ニ絕ユルモノハ一家新立不苦トアリ

明治六年六月二十日指令ニ曰ク寡婦ノ再緣ハ一應生家ヘ復歸ノ上之ヲ爲スヘシトアリ又明

治二十四年三月十一日指令ニ曰ク家族養子ノ義ハ公認スヘキ限リニアラストアリ因是觀之舊法度ノ下ニ於テハ復籍拒絶ナルモノヲ生スルノ塲合ナキモノヽ如シ

第十七節　廢家及ヒ絶家

我國ノ如キ家族制度ヲ遵奉スルノ國ニ在リテハ一國ノ本ハ一家ニ在リノ主義ヨリシテ家ナルモノニ重キヲ置クモノナルカ故ニ一家ノ興廢滅絶ハ國政上ニ影響スル所尠シトセス從テ廢家及ビ絶家ニ付キ法律ハ嚴正ニ之レカ規定ヲ設クルノ必要アリトス所謂廢家トハ一家ノ家名ヲ廢止スルノ謂ニシテ人ノ意思ニヨルノ滅絶ヲ云ヒ絶家トハ一家家名ノ斷絶ノ謂ニシテ人ノ意思ニヨラス自ラ事實上絶止スルニ至ルヲ云フ民法第七百六十二條乃至第七百六十四條ハ廢絶家ニ付テ規定チテシタリ因是觀之新タニ家ヲ立テタル者例之ハ父母ノ知レサルカ爲メ一家ヲ創立シタル者分家ヲナシテ一家ヲ創立シタル者又ハ離籍セラレ一家ヲ創立シタル者ノ如キ復籍拒絶ニ因リヲ一家ヲ創立シタル者ノ如キハ其家ヲ廢シテ他家ニ入ルヿヲ得ヘキモ家督相續ニヨリテ戸主トナリタルモノハ原則上廢家スルヿヲ得ス唯本家ノ相續再興其他正當ノ事由アリテ裁判所ノ許可ヲ得テ廢家スルヲ得ルノミ又一家ニシテ其戸主ヲ失ヒ家督相續人ノ其家名ヲ繼承スル者ナキトキハ乃チ絶家シタルモノトシ其家族ハ各一家ヲ創立スヘキモノトセリ本節ハ是等ノ塲合ニ於ケル屆出ノ方式條件等ヲ規定シタルモノトス

第百五十二條　廢家ヲ爲サント欲スル者ハ左ノ諸件ヲ具シ家督相續ニ因リテ戶主ト爲リタル者ニ非サルコトノ證明書又ハ廢家ノ許可ニ關スル裁判ノ謄本ヲ添ヘテ之ヲ屆出ツルコトヲ要ス

一　廢家シタル者カ入ルヘキ家ノ戶主ノ氏名、出生ノ年月日、職業及ヒ本籍地

二　廢家シタル者ニ隨ヒテ他家ニ入ル者ノ名、出生ノ年月日及ヒ職業

本條ハ廢家ノ屆出ニ具備スルコトヲ要スル條件ヲ定メタルモノトス其家督相續ニ因リテ戶主トナリタル者ニ非サルコトノ證明書ヲ要スル所以ノ者ハ乃チ前述ノ如ク原則上新ニ一家ヲ立テタル者ニアラサレハ廢家スルヲ得サルモノナルカ故ニ之ヲ證明セシムルノ必要アレハナリ又廢家ノ許可ニ關スル裁判ノ謄本ヲ添フルハ乃チ家督相續ニヨリテ戶主トナリタル者カ廢家スル塲合ニ要スルモノニシテ前述ノ如ク此塲合ニ裁判所ノ許可ヲ得ルニアラサレハ爲シ能ハサルモノナルカ故ニ之ヲ證明セシムルノ必要アレハナリ倘ホ屆出ニ要スル條件乃チ左ノ如シ

一　廢家シタル者カ入ルヘキ家ノ戶主ノ氏名云々

廢家ノ塲合ニハ必スヤ他ニ入ルヘキノ家ナカラサルヘカラス故ニ廢家シタル者ハ如何ナル戸主ノ下ニ入籍スヘキヤヲ知ランカ爲メ本號ノ條件ノ必要トスヘキヤ勿論ナリトス

二　廢家シタル者ニ隨ヒテ他家ニ入ル者云々

民法第七百六十三條ノ規定ノ適用ヲナスニ當リ生スヘキ事柄ニシテ廢家シタル者ニ從ヒテ他家ニ入ルモノトハ假ヘハ廢家シタル者ノ子又ハ妻其他ノ家族ヲ云フ詳細ハ第百四十九條第四號ノ説明ヲ參照シテ知ルコトヲ得ベシ

第百五十三條　絶家ノ家族ニシテ一家ヲ創立シタル者ハ其事實ヲ知リタル日ヨリ十日內ニ左ノ諸件ヲ具シテ絶家及ヒ一家創立ノ届出ヲ爲スコトヲ要ス

一　絶家ノ最終ノ戸主ノ氏名、出生ノ年月日、職業及ヒ本籍地

二　絶家ノ原因及ヒ年月日

三　一家ヲ創立シタル者ニ隨ヒテ其家ニ入ル者ノ名、出生ノ年月日及ヒ職業

絶家トハ自ラ絶止スルモノニシテ人ノ意思ニ基キ生スルモノニアラサルコト及ヒ絶家トナリタル家ニ家族アルトキハ其家族ハ各一家ヲ創立スヘキコトハ前述スルカ如シ本條ハ乃チ

此塲合ニ於ケル一家創立及ヒ絶家ノ屆出ニ具備スルコトヲ要スル條件ヲ規定シタルモノニシテ第一項ニ所謂其事實ヲ知リタルトキハ乃チ絶家トナリタルノ事實ヲ云フ者ト知ルヘシ注意ノ爲メ斯ニ一言スヘキハ本條ノ規定ニヨレハ絶家ノ屆出ハ單獨ニ爲スコトヲ許サスシテ必ス一家ノ創立ノ屆出ト共ニ爲スコトヲ要スルモノトス其理由ハ絶家スルノ時ニ家族アルヤキハ其者ハ必ス一家ヲ創立スルモノナレハナリ例之ハ甲ナル者一ノ家督相續人ナリ唯僅ニ甥ノ乙ナルモノヲ家族トシ一戸ヲ經營シ來タリタルニ此者死亡スルトキハ家督ヲ繼承スルモノナキカ故ニ甲家ハ絶家トナル此塲合ニ於テ乙ナル家族ハ一家ヲ創立スルモノナルヲ以テ此者ヨリ絶家及ヒ新家創立ノ屆出ヲ爲サシムルカ如シ今其屆出ニ要スル條件ヲ掲クレハ

一　絶家ノ最終ノ戸主ノ氏名云々

絶家トナリタル當時ニ於ケル戸主ノ氏名等ヲ記載スルノ謂ニシテ前例ニ於テ之ヲ云ヘハ甲ノ氏名等ヲ記載スルモノトス其故ハ何人ノ代ニ於テ絶家トナリタルヤヲ知ランカ爲メナリ

二　絶家ノ原因云々

乃チ單身戸主カ死亡シテ家督相續人ナキカ爲メ絶家スルトカ又單身戸主カ失踪シテ跡相續人ナキカ爲メ絶家スルトカノ類ヲ云フ（第百八十三條參照）又年月日ト云フハ絶家原因ノ生

シタル年月日ヲ指ス乃チ死亡ノ場合ナレハ死亡ノ年月日ヲ記スルモノト知ルヘシ
三　一家ヲ創立シタル者ニ隨ヒテ云々
一家ヲ創立スル家族カ妻子ヲ有スルカ如キ場合ニ適用セラルヽモノニシテ詳細ハ第百四十九條第四號ノ說明ヲ參照スヘシ
例ニ依リ訓令指令ノ重モナル二三ヲ摘記シテ參考ノ資ニ供セン
明治十年八月第六十號達　男女ノ戶主其家名ヲ廢シ他ヘ入夫緣付或ハ養子女トナリ又ハ實家ヘ復藉等願出候ハヽ地方廳限リ聞屆不苦此旨相達候事トアリ
明治八年十一月五日內務省指令ニ曰ク赤貧等ニシテ不得已トキハ家名ヲ廢シ他ノ養子女ト爲ルコト不苦トアリ
一家生活ノ都合アリテ一家ヲ廢シ尊族ヲ携帶シ他家ノ聟養子トナルコトヲ許ス（明治十七年四月一日）
明治十六年四月四日內務省指令ニ曰ク一家戶主家名ヲ廢シ他家ヘ養子又ハ實家ヘ復籍セントスル時ハ妻子甥姪及從弟ノ子孫ハ勿論從弟又ハ再從弟ト雖モ家族中ノモノナレハ携帶スルコトヲ得
明治廿八年九月二十五日司法省ノ回答ニヨレハ養家廢戶主實家ヘ復籍ノ儀失踪逃亡中ノ尊

族親携帯シテ實家ヘ復歸スルコトヲ得トアリ
明治十七年第二十號布告ニヨレハ單身戸主死亡又ハ除籍（除籍トハ失踪者八十才ニ至ルモ尚行方不明ノ爲メ除籍スルヲ云フ）ノ日ヨリ滿六ケ月以内ニ跡相續人ヲ定メサルモノハ絶家トス
單身戸主死亡跡ハ遺留財産ノ有無ニ拘ラス十七年第二十號布告ニ依ルモノトノ明治十七年六月十七日ノ指令アリ

第十八節　分家及廢絶家再興

分家トハ一ノ家ヨリ岐レテ一家ヲ創立スルノ謂ニシテ其間ニ本分ノ關係アリ從テ同一ノ家名ヲ稱スヘキモノヲ云フ尤モ本家ヨリ財産ノ分與ヲ受クルト否トニ關係ナク家屋ヲ別ニ搆造スルト否トニ關係ナキモノトス廢絶家ノ再興トハ文字上明ナルカ如ク一旦廢家若クハ絶家トナリタル家名ヲ復舊スルノ謂ニシテ同シク前ノ家ト同一ノ家名ヲ稱スヘキモノナリ而シテ民法第七百四十三條ニ規定スルカ如ク家族ハ戸主ノ同意ヲ得ルトキハ分家ヲ爲シ又ハ廢家シタル本家分家同家其他親族ノ家ヲ再興スルコトヲ得ベク（但未成年者ハ親權ヲ行フ父若クハ母又ハ后見人ノ同意ヲ得ルコトヲ要ス）家族制ノ主義ヨリシテ之ヲ見レバ分家及廢絶家ノ再興ヲ爲シ祖先ノ祭祀ヲ永遠ニ營マシムルハ一個ノ美俗トシテ寧ロ奬勵スヘキモ

ノナルガ故ニ敢テ廢絶家ノ場合ノ如キ嚴正ナル制限ヲ置クノ要ナキニ似タリ是レ蓋シ民法上唯戸主其他ノ者ノ同意ヲ得ルノミヲ以テ足レリトスル所以ナラン乎

本節ハ分家及廢絶家再興ノ屆出ニ關スル方式條件等ヲ規定シタルモノナリ

第百五十四條 分家ヲ爲サント欲スル者ハ左ノ諸件ヲ具シテ之ヲ屆出ツルコトヲ要ス

一 分家ノ戸主ト爲ルヘキ者ノ氏名、出生ノ年月日、職業及ヒ本籍地

二 本家ノ戸主ノ氏名、職業、本籍地及ヒ其戸主ト分家ノ戸主ト爲ルヘキ者トノ續柄

三 分家ノ家族ト爲ルヘキ者アルトキハ其名、出生ノ年月日及ヒ職業

四 分家ノ戸主及ヒ家族ト爲ルヘキ者ノ父母ノ氏名、職業及ヒ本籍地

本條ハ分家ノ屆出ニ具備スルコトヲ要スル條件ヲ定メタルモノトス

一 分家ノ戸主ト爲ルベキ者ノ氏名云々

此要件ハ何人カ分家ヲ爲スカヲ明カナラシムルニ在リ

二　本家ノ戸主ノ氏名云々

此條件ハ別ニ說明セサルモ明ナルヘシト雖モ是本分家ノ關係ト分家ヲ爲ス者ト分家ヲ爲サシメタル戸主トノ親族上ノ關係ヲ明カナラシムルノ必要アルヨリ此條件ノ記載ヲ要スルモノトス

三　分家ノ家族ト爲ルヘキ者アルトキハ其名云々

分家ノ家族トナルベキ者トハ乃チ分家ノ戸主トナルヘキ者ノ妻子ノ如キヲ云フ即チ分家ノ籍ニ入ルベキ者ヲ明ナラシムルニ在リ

四　分家ノ戸主及ヒ家族ト爲ルベキ者ノ父母ノ氏名云々

此條件ハ分家ノ戸主及家族ノ血統ヲ明カナラシムルニ在リ

第百五十五條　廢絕家ヲ再興セント欲スル者ハ左ノ諸件ヲ具シテ之ヲ届出ツルコトヲ要ス

一　廢絕家ノ最終ノ戸主ノ氏名、職業及ヒ本籍地

二　廢絕ノ原因及ヒ年月日

三　廢絕シタル家ト再興ヲ爲ス者ノ家トノ續柄

四　再興ヲ爲ス者ノ戸主ノ氏名、出生ノ年月日、職業及ヒ本籍地

五　再興ヲ爲ス者ニ隨ヒテ其家ニ入ルヘキ者ノ名、出生ノ年月日及
ヒ職業
本條ハ廢絶家再興ノ屆出ニ具備スルコトヲ要スル條件ヲ定メタルモノトス
一　廢絶家ノ最終ノ戸主ノ氏名云々
此條件ハ第百五十三條ノ第一條件ト同一ニシテ廢絶家トナリタル當時ノ戸主乃チ再興者ヨリ云ヘバ先代ノ誰タルコトヲ明ナラシムルニ在リ
二　廢絶ノ原因及ヒ年月日
民法第七百六十二條第一項ナルヤ若クハ第二項ナルヤ又同第百六十四條ノ塲合ナルヤヲ明カナラシムルモノニシテ是レ亦第百五十一條第二條件ト同一ナリ故ニ之ヲ省略ス
三　廢絶シタル家ト再興ヲ爲ス云々
此條件ハ例之バ廢絶家シタル家ト再興ヲ爲ス者ノ家トハ本分家ノ間又ハ親族ノ家ナルヲ明ニスルノ類ヲ云ヒ如何ナル續柄ノ家ヲ再興スルモノナルカヲ明カナラシムルニ在リ
四　再興ヲ爲ス者ノ戸主云々
五　再興ヲ爲ス者ニ隨ヒテ其家ニ入ルヘキ者ノ名云々
此條件ハ前條第一第三ノ條件ト大差ナシ故ニ其註釋ヲ參照セバ自ラ明カナラン

第百五十六條　分家又ハ廢絶家再興ノ屆出人ハ屆書ニ戶主ノ同意ノ證書ヲ添ヘ又ハ戶主ヲシテ屆書ニ同意ノ旨ヲ附記シ之ニ署名、捺印セシムルコトヲ要ス
前項ノ規定ハ民法第七百四十三條但書ノ規定ニ依リ親權ヲ行フ者又ハ後見人ノ同意ヲ要スル場合ニ之ヲ準用ス
分家又ハ廢絶家ノ再興ニハ戶主ノ同意ヲ要シ未成年者ナルトキハ親權ヲ行フ父又ハ母若クハ後見人ノ同意ヲ要スルコト（民法第七百四十三條）既ニ前述シタル所ニシテ本條ハ是等ノ者ノ同意ヲ得タルコトヲ證明セシムル爲メニ屆出ニ付テノ方式ヲ定メタルモノトス其理由ニ至リテハ第八十七條第九十八條ト同一ナルヲ以テ重テ之ヲ贅セス
例ニ從ヒ分家及ヒ廢絶家再興ニ關スル從前ノ成例二三ヲ左ニ摘示シ以テ參考ニ資スル所アラントス
明治七年七月第七十三號布告ニ曰ヽ自今華士族分家ノ者ハ平民籍ニ編入候條此旨布告候事
但分祿ノ義ハ不相成其宗家祿高ノ中適宜給與候儀ハ勝手タルヘキ事
明治八年五月二日大政官指令ニ曰ヽ士民幼稚ノ子弟ニ分家分籍ヲ願出ル者ハ人生幾年ヲ經過セサレハ獨立一戶ヲ張ルコトヲ許サス等ノ制限モ無之上ハ後見人ヲ立テ願出ルトキハ幼稚

ト雖モ事ニ害ナキ分ニ限リ聽許ス

明治八年十二月十八日大政官指令、曰、血屬ノ續キナキモ本末家ノ緣義アルモノハ本末家トス同姓モ亦同シ

明治十六年五月十二日內務省指令ニ曰、戶主ニ於テ分家ヲ承諾セサルトキハ裁判ヲ受クベシ

明治十七年二月四日內務省指令ニ曰、生家ノ絕家ヲ措キ他ノ絕家ヲ再興スルコトハ之ヲ許サス

明治二十年七月四日司法省指令ニ曰、子女ヲ携帶シ分家セシトキハ其子女ハ該分家ノ長子女トナルニ依リ其後出生ノ子女ハ二男又ハ二女ト稱スヘシ

明治二十年六月司法省指令ニ曰、絕家ニ遺留財產アリ親戚ナキヲ以テ村長保管中絕家ノ近隣ノ者生前ノ舊誼ヲ以テ己レノ親戚者ヲモテ該家ヲ再興シ財產ヲ相續セシメントスルトキハ生前ノ近隣ノ者二名以上連署アルトキハ再興許可スルコトヲ得

明治二十九年四月二十一日司法省指令ニ曰、女子ノ分家ハ出願ヲ要セス廢家再興ハ家名相續ト同樣出願セシムベシ

前項廢家再興ノ塲合他ヨリ入家シタル母ナルトキハ一旦生家ヘ復歸セシムルヲ要ス

第十九節　國籍ノ得喪

國籍乃チ國民籍ハ國民タルノ分限ヲ有スル者ナルコトヲ表示スルモノニシテ所謂國民タルノ分限トハ一國ノ人民トシテ其國家ニ對スル所ノ關係ヲ云ヒ公法上ノ一資格ナリトス而シテ此國籍ハ民法上ニ於クル身分トハ密着ノ關係アルモノニシテ國籍ナキモノニ家アルノ理ナク從テ國籍ヲ失ヒタル者ニ戶籍ヲ有スル者アルナシ此ノ如ク國籍ト一家ノ戶籍トハ密着ノ關係アルモノナルカ故ニ國籍得喪ノ原因ニ付テハ法律ノ規定ヲ待ッテ初メテ之ヲ知ルコトヲ得ヘキモノナリ我政府ハ第十二議會ニ國籍法案ヲ提出シタルモ不幸ニシテ兩院ノ議決ヲ經ル能ハサリシカ通常國籍取得ノ原因トスル所ハ日本國內ニ於テ生レタル日本人ノ子ハ生レナカラニシテ日本ノ國籍ヲ取得スルモ外國人ニシテ日本ノ國籍ヲ得ルハ日本人ノ妻トナリタルトキ、日本人ノ入夫トナリタルトキ、日本人タル父又ハ母ニヨリ認知セラレタルトキ、日本人ノ養子トナリタルトキ又ハ日本ニ歸化シタルトキ(國籍法案第五條)等ナリトス又日本ノ國籍ヲ喪失スルハ日本ノ女カ外國人ト婚姻ヲ爲シタルトキ(同法案第十八條)自己ノ志望ニヨリ外國ノ國籍ヲ取得シタルトキ(同法案第二十條)日本ノ國籍ヲ失ヒタル者ノ妻及ヒ子カ其者ノ國籍ヲ取得シタルトキ(同法案第二十一條)日本人タル子カ認知ニヨリ外國ノ國籍ヲ取得シタルトキ(同法案第二十三條)等ニ在リトス國籍法案ノ規定スル所大略此ノ如クナリシモ該法案ハ法律トナラサリシヲ以テ之ヲ適用スルノ限ニアラス從テ國籍ノ得喪ニ付テ本法ニ從ヒ屆出ヲ要スルカ如キハ殆ント稀ナルヘキモ明治六年三月十四日第百三號布告ニヨリ外國人ト婚姻シタル塲合ノ如キ乃チ該布告第三項ニハ日本人ニ嫁シタル外國ノ女ハ日本ノ國法ニ從ヒ日本人タルノ分限ヲ得ベシトアリ同第六項ニ外國人日本人ノ婿養子トナリタル者ハ日本人タルノ分限ヲ得ベシトアリ又同第二項ハ外國人ニ嫁シタル日本ノ女ハ日本人タルノ分限ヲ失フヘシトアルカ如キハ勿論本法ノ規定ニヨリ屆出ヲ爲スヘキモノタルコト敢テ疑ナシ而シテ本節ニ於テハ是等國籍得喪ニ關スル屆出ノ方式條件等ヲ規定シタルモノトス

第百五十七條 外國人カ婚姻又ハ養子緣組ニ因リテ日本ノ國籍ヲ取得スヘキトキハ婚姻又ハ緣組ノ屆出人ハ屆書ニ國籍取得者ノ原國籍ヲ記載スルコトヲ要ス

入夫婚姻又ハ養子緣組ノ場合ニ於テハ前項ノ規定ニ依ル外屆書ニ內務大臣ノ許可書ノ謄本ヲ添フルコトヲ要ス

本條ハ外國人カ婚姻又ハ養子緣組ニヨリ日本ノ國籍ヲ取得スヘキ塲合ノ屆出ニ關スル二方式ヲ定メタルモノトス

前示明治六年第百三號布號ニモ日本人ニ嫁シタル外國ノ女ハ日本人タルノ分限ヲ得ベシト

アリ又外國人日本人ノ婿養子トナリタル者ハ日本人タルノ分限ヲ得ベシトアリ國籍法案第五條第一第二及第四ヲ見ルモ外國人ハ婚姻又ハ縁組ニヨリテ日本ノ國籍ヲ取得スヘキモノトセリ故ニ是等ノ場合ニ於テハ婚姻又ハ縁組ノ屆出ヲ爲ス者ハ其婚姻又ハ縁組ノ屆書乃チ本法ノ規定ニヨリ爲スヘキ屆書ニ國籍取得者乃チ外國人ノ原國籍ヲ記載スヘキコトヲ要スト定メタリ例之バ佛國人カ日本人ニ嫁シタルトキハ佛國人タルコトヲ屆書ニ記載スルカ如シ

第二項ハ前項ノ方式ノ外尙入夫婚姻又ハ養子縁組ノ場合ニハ内務大臣ノ許可書ノ謄本ヲ添フベキコトヲ定メタルニ過キズ而シテ如何ナル場合ニ内務大臣ノ許可ヲ受クヘキモノナルカニ付テハ國籍法ノ發布ナキヲ以テ其詳細ヲ知ルニ由ナキモ現今ノ法則ニヨレハ前示第百三號布告第五項ニ日本ノ女外國人ヲ婿養子ト爲スモノモ亦政府ノ免許ヲ受クヘシトアルニ該當スルモノナルベシ

第百五十八條 外國人カ認知ニ因リテ日本ノ國籍ヲ取得スヘキトキハ認知者ハ認知ノ屆書ニ子ノ原國籍ヲ記載スルコトヲ要ス

子ノ母カ外國人ナルトキハ認知者ハ屆書ニ母ノ國籍ヲ記載スルコトヲ要ス

本條ハ外國人カ認知ニヨリ日本ノ國籍ヲ取得スル場合ノ屆出ノ方式ヲ定メタルモノトス乃チ國籍法案第六條ニ該當スル場合ナリトス

國籍法案第五條第三號ニハ日本人タル父又ハ母ニヨリ認知セラレタル外國人ハ日本ノ國籍ヲ取得スト定メ同法案第六條ハ之カ條件ヲ定メ(一)本國法ニヨリ未成年者タルコト(二)外國人ノ妻ニアラサルコト(三)父母ノ中先ツ認知ヲ爲シタル者カ日本人ナルコト(四)父母カ同時ニ認知ヲナシタルトキハ父カ日本人ナルコノ四條件ヲ具備スルコトヲ要スヘキモノトセリ本條ハ此條件ヲ具備シタル場合ニ於ケル認知ノ屆出ニハ本法ノ規定ニヨリ爲スヘキ認知ノ屆書ニ子ノ原國籍ヲ記載スヘキモノトシ子ノ母カ外國人ナルトキハ其母ノ國籍ヲモ屆書ニ記載スヘシト定メタルモノトス是レ何レノ國人ヲ認知シタルモノナルヤ又其者ハ何レノ國人ノ子ナルヤヲ明ニセシムルニ在リ例之バ日本人ト佛國婦人トノ間ニ設ケタル子カ一旦佛國ノ國民籍ヲ取得シタル後ニ至リ父ヨリ認知シテ日本人タルノ分限ヲ得タルモノナルトキハ父ヨリ爲ス屆書ニハ其子ノ原國籍タル佛國ナルコトヲ記載シ併セテ母ノ佛國人ナルコトヲ記載スルカ如シ

第百五十九條　歸化ヲ爲シタル者ハ歸化ノ許可ヲ受ケタル日ヨリ十日内ニ左ノ諸件ヲ具シ内務大臣ノ許可書ノ謄本ヲ添ヘテ之ヲ屆出ツルコト

ヲ要ス

一　歸化人ノ氏名、出生ノ年月日、職業、住所及ヒ原國籍

二　父母ノ氏名、出生ノ年月日、職業及ヒ國籍

三　歸化人ト共ニ日本ノ國籍ヲ取得シタル者アルトキハ其名、出生ノ年月日、職業及ヒ其者ト歸化人トノ續柄

四　許可ノ年月日

歸化人ノ妻又ハ子カ歸化人ト共ニ日本ノ國籍ヲ取得セサルトキハ屆書ニ其事由ヲ記載スルコトヲ要ス

本條ハ歸化ニヨリ日本ノ國籍ヲ取得スル場合ノ屆出ニ具備スルコトヲ要スル條件ヲ定メタルモノトス而シテ其屆出ハ歸化ノ許可ヲ得タル日ヨリ十日內ニ之ヲ爲スヘキモノニシテ且歸化ニヨリテ日本人タルノ分限ヲ取得センニハ內務大臣ノ許可ヲ受クルヲ要スルモノナルカ故ニ其許可書ノ謄本ヲ添フルモノトス是即歸化ノ條件ヲ具ヘタルモノナルコトヲ證明セシムルニ在リ而シテ歸化ヲ爲シ得ヘキ塲合ハ國籍法案第七條乃至第十一條ニ定ムル所ナレトモ該法案ノ法律トナラサル今日ニ於テハ之ヲ適用スルヲ得ス去レハ今日ニ於テハ未タ歸化ニヨリテ日本人タルノ分限ヲ取得スルコトナキヲ以テ本條ハ之レカ適用ヲ事實ノ上ニ現

ハ以前何國人ナリシカヲ明ニセシムル者ナリ

一　歸化人ノ氏名、云々

此條件ハ何人カ歸化シタルモノナルカ又其者ハ以前何國人ナリシカヲ明ニセシムル者ナリ

二　父母ノ氏名云々

此條件ハ何人ノ血統ニ出ツルモノナルカヲ明ナラシムルニ在リ

三　歸化人ト共ニ日本ノ國籍ヲ取得シタルモノアルトキ其名云々

歸化人ト共ニ日本ノ國籍ヲ取得シタル者アルトキトハ國籍法案第十五條ニ規定スル日本ノ國籍ヲ取得スル者ノ子カ其本國法ニヨリ未成年者ナルトキハ父又ハ母ト共ニ日本ノ國籍ヲ取得ストアル場合ノ如ク歸化人ニ未成年ノ子アルカ如キトキ又ハ同第十三條ノ日本ノ國籍ヲ取得スル者ノ妻ハ夫ト共ニ日本ノ國籍ヲ取得スル場合ノ如キトキヲ云フ其他ハ別ニ説明ヲ要セス明カナルベシ

四　許可ノ年月日

許可ノ年月日ヲ記載スルハ尙第百十四條第五號第百十七條第三號第百三十七條第三號等ト同一ノ精神ニ基クモノニシテ何レノ時ヨリ日本人タルノ分限ヲ取得セシヤヲ明ナラシムル爲メナリ

第二項ハ前第三號ニ反對ナル場合乃チ國籍法案第十五條第二項ノ前項ノ規定ハ子ノ本國法ニ反對ノ規定アルトキハ之ヲ適用セストアル場合ノ如キ及第十三條第一項但書及ヒ第二項ノ如キ場合ヲ云フモノニシテ之ニ該當スルモノナルトキハ其事由ヲ記載スヘシト定メタルニ過キサルナリ

第百六十條 日本ノ國籍ヲ失フヘキ者ハ其國籍喪失前ニ左ノ諸件ヲ具シテ之ヲ屆出ツルコトヲ要ス

一 國籍喪失ノ原因
二 國籍喪失ノ期日ヲ知リ得ヘキトキハ其年月日
三 法定ノ推定家督相續人アルトキハ其名、出生ノ年月日、職業及ヒ其者ト屆出人トノ續柄
四 新ニ取得スヘキ國籍
五 屆出人ノ妻又ハ子カ共ニ國籍ヲ失フヘキトキハ其妻又ハ子ノ名出生ノ年月日及ヒ職業

本條ハ國籍ヲ喪失セントスル者ノ爲スヘキ屆出ニ具備スルコトヲ要スル條件ヲ定メタルモノニシテ乃チ國籍喪失前ニ其旨ヲ屆ケ出ツヘキモノトス何故ニ國籍喪失前ニ屆出ツルコト

ヲ要スルカト云フニ國籍ノ內國人ト外國人ナルトニ依リテハ公私百般ノ權利ノ享有行使ニ付テ種々ノ差別ヲ來スベキモノナルヲ以テ一日モ早ク之ヲ知ルコトヲ要スベキハ施政上欠クヘカラサルヲ以テナリ其日本ノ國籍ヲ喪失スヘキ塲合ニ付テハ國籍法ノ規定スベキ所ニシテ既ニ前述シタルカ如シ而シテ斯ニハ只此屆書ニ記載スヘキ條件ヲ定メタルモノニシテ乃チ左ノ如シ

一　國籍喪失ノ原因

此條件ハ如何ナル事由ニ依リテ日本人タルノ分限ヲ失フモノナルカヲ明ニセシムルモノニシテ例之ハ外國ヘ歸化セントスルカ如キ又ハ日本ノ女ニシテ外國人ノ妻トナラントスルカ如キノ類ヲ云フ

二　國籍喪失ノ期日ヲ知リ得ベキトキハ其年月日

此條件ハ國籍喪失ノ期日ヲ知リ得ヘキ塲合ニ於テノミ記載スヘキモノニシテ例之ハ外國人ノ妻トナルカ如キトキハ其婚姻ノ期日ヲ記載スルカ如シ

三　法定ノ推定家督相續人アルトキハ其名云々

民法第九百六十四條ハ國籍喪失ヲ以テ家督相續開始ノ一原因トスルヲ以テ法定ノ推定家督相續人ハ直ニ相續ヲ爲スヘキモノナルカ故ニ其氏名年齡、職業及ヒ其親族上ノ關係ヲ記載

スヘキモノトシ何人カ其家名ヲ繼承スルモノナルカヲ明ニセシムルノ必要アルヲ以テナリ

四　新ニ取得スヘキ國籍

此條件ハ讀ンテ字ノ如ク何レノ國籍ニ入ルモノナルカヲ明カニスルニ在リ

五　屆出人ノ妻又ハ子カ共ニ國籍ヲ失フトキハ其妻又ハ子ノ名云々

此條件ハ國籍法案第二十一條（日本ノ國籍ヲ失ヒタル者ノ妻及ヒ子カ其者ノ國籍ヲ取得シタルトキハ日本ノ國籍ヲ失フ）ノ規定ニ該當スル場合ニ要スルモノトス

第百六十一條　日本ノ國籍ヲ失ヒタル者カ國籍喪失前ニ前條ノ屆出ヲ爲スコト能ハサリシトキハ國籍喪失後十日內ニ之ヲ爲スコトヲ要ス

前項ノ規定ハ國籍喪失者カ日本ニ住所又ハ居所ヲ有セサルトキハ之ヲ適用セス

本條ハ國籍喪失後ニ爲スヘキ屆出ニ關スル規定ナリトス前條既ニ云ヘルカ如ク日本ノ國籍ヲ失ハントスルモノハ其喪失前ニ之カ屆出ヲ爲スヘキモノナルヲ原則トスルモ事實上之カ屆出ヲ爲スコト能ハスシテ國籍ヲ失ヒタルトキハ其失ヒタル時ヨリ起算シテ十日內ニ國籍喪失ノ屆出ヲナスヘキモノトス而シテ此屆出ハ前條ニ規定スル所ノ條件ヲ具備スヘキコトヲ要ス尤モ前條第二號ノ條件ハ未來ノコトニ屬スルモノナルヲ以テ既ニ國籍喪失ノ以後ニ

於クル本條ノ屆書ハ適用ヲ受クルコトナカルヘシ
第二項ノ規定ハ日本ニ住所ヲ有セス又居所ヲモ有セサル者ニ付テハ到底事實上十日内ニハ爲シ能ハサルモノナルヲ以テ之ヲ適用セサルトノ例外ヲ設ケタルモノトス本項ニ於クル一例ヲ示サバ外國ニ於テ外國人ニ嫁シタルトキノ如シ

第百六十二條 日本ノ國籍ヲ失フヘキ者カ滿十七年以上ノ男子ナルトキハ國籍喪失ノ屆出人ハ屆書ニ其者カ既ニ陸海軍ノ現役ニ服シタルコト又ハ之ニ服スル義務ナキコトノ證明書ヲ添フルコトヲ要ス
日本ノ國籍ヲ失フヘキ者カ官職ヲ帶フル者ナルトキハ國籍喪失ノ屆出人ハ屆書ニ所屬長官ノ許可書ノ謄本ヲ添フルコトヲ要ス

國籍法案第二十四條第一項ニ滿十七年以上ノ男子ハ前五條ノ規定ニ拘ハラス已ニ陸海軍ノ現役ニ服シタルトキ又ハ之ニ服スル義務ナキトキニ非ラサレハ日本ノ國籍ヲ失ハズトアリ例之ハ滿十七年以上ノ男子ハ如何ニ外國人タラント熱望シ外國ノ國籍ヲ取得スルモ兵役ノ免除若クハ現役終了ノ后ニアラスンバ日本人タルノ分限ヲ失フモノニアラス故ヲ以テ本條第一項ニ於テ國籍喪失者カ滿十七年以上ノ男子ナルトキハ國籍法規定ノ條件ヲ具備スルモノナルカ否ヤヲ證明スルノ必要アリトシテ之レカ證明書ヲ屆出ニ添付スヘキコトヲ定メ

タルナリ

同法案第二十四條第二項ニ現ニ文武ノ官職ヲ帶フル者ハ所屬長官ノ許可ヲ得ルニアラサレハ日本ノ國籍ヲ失ハストアリ故ニ本條第二項ヲ以テ此條件ヲ具備スルモノナルヤ否ヲ證明セシムルノ必要アリトシ之カ許可書ノ謄本ヲ屆出書ニ添付スヘキコトヲ定メタルナリ

第百六十三條 日本ノ國籍ヲ回復シタル者ハ國籍回復ノ許可ヲ得タル日ヨリ十日內ニ左ノ諸件ヲ具シ內務大臣ノ許可書ノ謄本ヲ添ヘテ之ヲ屆出ツルコトヲ要ス

一 日本ノ國籍ヲ失ヒタル原因及ヒ年月日

二 國籍回復前ニ有セシ國籍

三 國籍回復ノ許可ヲ得タル年月日

四 國籍回復者ト共ニ日本ノ國籍ヲ取得シ又ハ之ヲ回復シタル者アルトキハ其名、出生ノ年月日、職業及ヒ其者ト國籍回復者トノ續柄

國籍法案第二十六條ニヨルトキハ同法第二十條（自己ノ志望ニヨリ外國ノ國籍ヲ取得シタルモノハ日本ノ國籍ヲ失フ）第二十一條（日本ノ國籍ヲ失ヒタル者ノ妻及ヒ子ハ其者ノ國籍ヲ取得シタルトキハ日本ノ國籍ヲ失フ）ニヨリテ日本ノ國籍ヲ失ヒタルモノカ日本ニ住

所ヲ有スルトキハ內務大臣ノ許可ヲ得テ日本ノ國籍ヲ回復スルコトヲ得ヘキモノトセリ本條ハ乃チ此場合ニ於ケル回復届出ニ具備スルコトヲ要スル條件ヲ定メタルモノトス其届出期間ハ國籍回復ノ許可ヲ得タル日ヨリ十日內トシ內務大臣ノ許可書ノ謄本ヲ添フヘキモノトス

一　日本ノ國籍ヲ失ヒタル原因及年月日

此條件ハ國籍喪失ノ原因ノ何タルコト丶日本人タル分限ヲ失ヒタル時日ヲ明カニセシムルニ在リ

二　國籍回復前ニ有セシ國籍

此條件ハ即チ一旦取得シタル國籍ノ何レナルヤヲ明カニスルニ在リ

三　國籍回復ノ許可ヲ得タル年月日

此條件ハ再ヒ日本人タルノ分限ヲ得タルハ何レノ日ニアルヤヲ明ニスルニ在リ

四　國籍回復者ト共ニ云々

此條件ハ國籍回復者ノ妻及ヒ子ハ其者ト共ニ日本ノ國籍ヲ回復シ得ヘキコトハ國籍法案第二十七條ニ規定スル所ナルヲ以テ其場合ニ該當スル者ノ届出ニ具備スルコトヲ要スルモノトシタルニ過キス

第二十節　氏名及ヒ族稱ノ變更

明治五年八月二十四日第二百三十五號太政官布告ニ曰ク華族ヨリ平民ニ至ルマテ自今苗字名並ニ家號共改稱不相成候事但同苗同名等ニシテ無餘儀差支有之者ハ管轄廳へ改名可相願出事トアリ因是觀之一旦定マリタル姓氏ノ變更ハ爲シ能ハサルヲ以テ原則トスレトモ異姓ノ者本姓又ハ祖先ノ氏ニ復姓シ或ハ一家姓ヲ異ニスル者ガ復稱スルコトハ明治八年五月三十一日千葉縣ヘノ指令仝年十二月十八日高知縣ヘノ指令同二十四年神奈川縣ヘノ指令同年十二月十日ノ三瀦縣ヘノ内務省ノ指令等ニ徵スルモ明カナルコトニシテ今日ニ於テモ尙且之ヲ爲シ得ヘキモノタリ又名ニ付テハ明治五年五月第百四十九號布告ニ「從來通稱名乘兩樣相用來候輩自分一名タルヘキ事」トアリ一人一名ヲ原則トスルモノニシテ前示第二百三十五號布告ニモ同苗同名等ニシテ餘儀ナキ差支アル者ハ改名ヲ許スコトヽナリ其所謂餘儀ナキトハ「同苗同名ハ勿論僧尼ノ輩歸俗ノ際佛徒タル時ノ名稱ヲ廢シ普通一般ノ俗名ニ更稱候歟又ハ商家ノ輩慣習ニテ代々其家ノ戶主ト相成時ハ幼名ヲ廢シ世襲ノ名ヲ用ヒサレハ商業上差支有之趣出願ノ向ハ（中略）聞屆候儀ト可相心得事」（明治八年四月十四日茨城縣ノ伺ニ對スル內務省指令）トアルニ徵シ之ヲ知ルヘク又異氏同名同氏異名タリトモ其音訓相同シキ時ハ改名スルコトヲ得ヘク（明治八年六月二日敦賀縣伺ニ對スル內務省指令）今日ト雖モ

此ノ如キ場合ニ於テハ改名ヲ許可スヘキハ勿論ナルヘシト信ス又斯ニ族稱ト云フハ即チ華士族平民ノ稱號ヲ云ヒ彼ノ刑法上又ハ懲戒上ノ處分ノ爲メニ華族タルノ貴號ヲ削ラレ或ハ明治十年七月十日第七十三號布告ニ自今華士族分家ノ者ハ平民籍ニ編入候條此旨布告候事トアリ士族若クハ平民ニシテ新ニ華族ニ列セラレタルトキノ如キハ即チ族稱ノ變更トナルベシ本節ハ是等ノ場合ニ於ケル届出ニ關スル方式條件等ヲ規定シタルモノトス

因ニ云フ明治以前ニ於テハ四民ノ區別アルコトハ勿論其取扱上不平等ニシテ非常ノ懸隔アリタルモノニシテ士分ハ一種ノ特權アリタルモ平民ニ至リテハ何等ノ權利ナク殊ニ氏ヲ稱スルコトモ能ハザリシカ大政一新シテ四民平等ノ御趣意ニ基キ氏ニ付テモ明治三年九月十九日太政官布告ニヨリ自今平民苗氏被差許候事トナリ次テ明治八年二月二十三日第二十二號太政官布告ハ下ノ如キ規定ヲ爲シ平民ト雖モ必ラス苗字ヲ設クヘキコトヽナレリ乃チ其布告ニ曰ク平民苗字被差許候旨明治三年布告候處自今必ラス苗字相唱可申尤祖先以來苗字不分明ノ向ハ新ニ苗字ヲ設ケ候樣可致事ト

第百六十四條 氏ヲ復舊シ又ハ名ヲ改稱シタル者ハ十日内ニ左ノ諸件ヲ具シ管轄官廳ノ許可書ノ謄本ヲ添ヘテ之ヲ届出ツルコトヲ要ス

一 復舊又ハ改稱前ノ氏名

二　復舊シタル氏又ハ改稱シタル名
三　復舊又ハ改稱ノ原因及ヒ許可ノ年月日
本條ハ氏名ノ變更アリタル塲合ノ屆出ニ具備スルコトヲ要スル條件ヲ定メタルモノトス而シテ其屆出ニ期間ヲ付シタルコト又ハ許可書ノ謄本ヲ添フベキコトハ前數條ノ說明ニヨリ明カナルベシ
一　復舊又ハ改稱前ノ氏名
二　復舊シタル氏又ハ改稱シタル名
三　復舊又ハ改稱ノ原因及ヒ許可ノ年月日
第一第二ノ條件ハ別ニ說明セサルモ明ナルベシ
此條件ノ原因トハ前述シタル祖先ノ氏ニ復シタルトカ又ハ商業上ノ都合ニヨリ改名シタル等ノ事由ヲ明記スルテ云ヒ許可ノ年月日ヲ記スルハ氏名變更ノ時日ヲ確知セシムルニ在ルナリ

第百六十五條　新ニ華族ニ列セラレ又ハ華士族ノ稱ヲ失ヒタル者ハ十日內ニ左ノ諸件ヲ具シ辭令書又ハ管轄官廳ノ許可書ノ謄本ヲ添ヘテ之ヲ屆出ツルコトヲ要ス

一　新舊族稱
二　族稱變更ノ原因
三　族稱變更ノ辭令又ハ許可アリタル年月日
前項ノ届出ハ其族稱ニ變更アリタル者カ家族ナルトキハ戸主ヨリ之ヲ爲スコトヲ要ス
本條ハ族稱變更ノ届出ニ具備スルコトヲ要スル條件ヲ定メタルモノトス
本條第一項其他ノ條件ハ別ニ說明ヲ要セス明ナルヘシ其所謂辭令書トハ新ニ華族ニ列セラレタルトキニ賜リタルモノヲ云ヒ許可書トハ乃チ族稱變更ニ付テノ認可書ヲ云フモノトス
一　新舊族稱
此條件ハ即チ新ニ得タル族稱ト以前ノ族稱トヲ明カニスルニ在リ
二　族稱變更ノ原因
此條件ハ即チ如何ナル事由ニヨリテ族稱ニ變更ヲ來シタルヤヲ明ニスルモノニシテ例之バ新ニ華族ニ列セラレタル爲メナルカ又ハ貴號ヲ剝奪セラレタルニヨルモノナルカヲ詳ニセシムルニ在リ
三　族稱變更ノ辭令云々

此條件ハ即チ族稱變更ノ時日ヲ明ニセシムルニ在リ
第二項ハ族稱ニ變更ヲ來タシタル者カ家族ナルトキハ其屆出ヲ爲スヘキハ何人ナルカヲ定メタルモノトス例ヘハ新ニ華族ニ列セラレタル者カ一家ノ家族員ナルトキハ其家ノ戸主ヨリ之ヲ屆出ツルカ如シ

第百六十六條

前條ノ規定ハ分家、廢絶家再興、又ハ處刑ニ因リテ族稱ヲ失ヒタル者ニハ之ヲ適用セス但處刑ニ因リテ族稱ヲ失ヒタル場合ニ於テハ裁判所ハ其者ノ本籍地ノ戸籍吏ニ其旨ヲ報告スルコトヲ要ス

本條ハ前條族稱變更ノ屆出ハ分家廢絶家再興ノ爲メニ生シタル場合ニハ之ヲ爲スヲ要セサルコトヲ定メタルモノナリ何故ニ然ルヤト云ヘハ分家又ハ廢絶家再興ニハ前述ノ如ク各之レカ屆出ヲ爲スモノナレハ特ニ之カ變更ノ屆出ヲ爲スヘキモノニアラサルナリ
又處刑ニヨリ族稱ヲ失ヒタル場合ニ前條ニ從ヒ屆出ヲ爲スヲ要セサルハ乃チ但書ニ規定スル如ク裁判所ヨリ戸籍吏ニ報告スルニ因リテ自ラ知ルヘキヲ以テナリ殊ニ此場合ニ在リテハ刑ノ執行ニ過キサルモノナルカ故ニ裁判所ヨリシテ强制的ニ之ヲ執行スヘキハ當然ナルヲ以テナリ

參照

明治元年十二月八日布告ニ曰、以來松平ノ稱號被止本氏可稱之事
但本姓松平唱來候者ハ如舊可相心得事
明治八年二月十三日第二十二號布告ニ曰、平民苗字被差許候旨明治三年九月布告候處自今必苗字相唱可申尤モ祖先以來苗字不分明ノ向ハ新タニ苗字ヲ設ケ候樣可致此旨布告候事
明治八年十月八日內務省指令ニ曰、一人兩名ハ固ヨリ不相成尤藝業上ニ於テ別號ヲ稱用スル儀ハ差支無之候事
明治六年三月二十八日第百十八號布告曰、御歷代御諱幷御名ノ文字自今人民一般相名乘候儀不及憚事
但熟字ノ儘相用候儀ハ不相成候事
明治八年六月二日內務省指令ニ曰、同苗同名連稱ニテ實際商業上等ニ差支有之趣願出候ハ、篤ト其事由ヲ取糺シ相違ナキニ於テハ改名ハ聞屆不苦候ヘ共改苗ハ不相成儀ト可相心得事
明治十年二月五日內務省指令ニ曰、改名ノ儀ハ同姓名ハ勿論同姓異名異名同姓同名ノ者ト雖モ其音訓稱呼ヲ同フシ實際上差支候モノハ聞屆不苦候前指令ノ中右ニ抵觸ノ條ハ取

消候儀ト可相心得事

第二十一節　身分登記ノ變更

身分登記ノ變更トハ本章ノ規定ニヨリ一旦身分ノ登記ヲナシタルモ其登記シタル事項ニシテ誤謬ニ出テタルカ若クハ無ヲ有トシ有ヲ無トシテ屆出テタルカ爲メ登記シタル事項ニ錯誤アルカ如キ塲合ニ之ヲ更正スルヲ云フモノニシテ若シ之カ變更ヲ爲サヽルトキハ折角身分ノ正確ヲ得ンカ爲メノ登記モ事實ト反對ニ其身分ヲ表示スルコトヽナリ不都合ナルヘキヲ以テ之カ變更ヲ許スニ外ナラズ例之バ庶子出生ノ屆出ヲ誤リテ嫡出子出生ノ屆出ヲナシ後見監督人ヲ誤リテ後見人トシテ屆出ヲ爲シ登記ヲ受ケタルカ如キトキハ即チ本節ノ規定ニ從ヒ之レカ變更ヲ爲スヘキモノトス

第百六十七條　身分登記ノ變更ヲ請求セント欲スル者ハ原登記ヲ爲シタル戸籍役塲ノ所在地ヲ管轄スル區裁判所ノ許可ヲ得テ其申請ヲ爲スコトヲ要ス

身分登記ノ變更ハ事件重大ナルモノナレハ申請人一片ノ請求ノミニヨリ容易ニ之ヲ爲スヘキモノニアラサルナリ何トナレハ一旦登記シタル事項ハ何人ニ對シテモ告知セラレタルモノニシテ公正證書タルノ効アルモノナレハナリ故ヲ以テ本條ハ變更申請ヲ爲サントスル者

ハ先ツ裁判所ノ許可ヲ得サルヘカラスト規定シタル所以ナリ其裁判所トハ原登記ヲナシタルノ戸籍役場所在地ヲ管轄スル區裁判所ナリトス例之ハ東京市神田區役所ニ登記ヲ爲シタルトキハ東京區裁判所ナルカ如シ

第百六十八條　身分登記變更ノ申請ハ許可ノ裁判カ確定シタル日ヨリ一ケ月内ニ左ノ諸件ヲ具シ裁判ノ謄本ヲ添ヘテ原登記ヲ爲シタル戸籍吏ニ之ヲ爲スコトヲ要ス

一　原登記ノ件名及ヒ年月日

二　變更スヘキ事項

本條ハ身分登記ノ變更申請ヲ裁判所ニ於テ許可シタルトキ之カ變更申請ノ手續及ヒ條件ヲ定メタルモノニシテ原登記ヲ爲シタル戸籍吏ニ之ヲ爲スコトヲ要ストシタルハ初メニ届出ヲ爲シタル地ニ於ケル登記其モノヲ變更スルモノナルヲ以テ斯ク定メタルモノナリ而シテ其届出期間ハ許可ノ裁判カ確定シタル日ヨリ一个月内ナリトス

一　原登記ノ件名及ヒ年月日

原登記ノ件名トハ例之ハ出生死亡相續等其登記事件ノ表目ヲ云ヒ年月日トハ其登記ヲナシタル時日ヲ云フ

二　變更スヘキ事項

變更スヘキ事項トハ登記事項中何レノ部分ヲ變更スヘキカヲ明ニスルヲ云フ

第百六十九條　前條ノ規定ハ確定判決ニ依リテ身分登記ノ變更ヲ申請スル場合ニ之ヲ準用ス

前條ノ規定ハ裁判ノ結果ニヨリテ身分登記ニ變更ヲ來タスヘキ場合ヲ規定シタルニアラスシテ錯誤又ハ誤謬ニヨル場合ノ變更ニ關スルモノタリ而シテ彼ノ否認ノ訴ノ確定シタルニヨリ嫡出子出生ノ屆出ヲ變更スルカ如キ裁判ノ結果ニ基ク變更ノ申請モ亦本節ノ規定ニ從テ爲スヘキモノトシ本條ヲ設ケタルモノトス

第五章　戸籍簿

本章ハ戸籍ノ何ニタルコトヲ示シ其帳簿ノ作成保存ニ付テノ規則ヲ示シタルモノトス
牛馬ニハ牛籍馬籍ナルモノアリ船舶ニハ船籍ナルモノアリテ各其所屬ヲ明ラカナラシムルカ如ク吾人々類ニモ亦國籍ナルモノアリテ内國人外國人ト差別シ彼此ノ分界ヲ明ラカニシ各其所屬ノ主權ニ服從セシムルモノトス而シテ又此内國人ニハ戸籍ナルモノヲ附シ何ノ地何如ナル所ノ人ナルヤヲ明白ニシタルモノトス

第百七十條　戸籍ハ戸籍吏ノ管轄地内ニ本籍ヲ定メタル者ニ付キ之ヲ編製ス

日本ノ國籍ヲ有セサル者ハ本籍ヲ定ムルコトヲ得ス

本條ハ戸籍ノ定義ヲ示シタルモノナリ
戸籍トハ戸籍吏ノ管轄スル土地内ニ寄留者トシテ住居スルモノカ有スルモノニアラスシテ本住居人トシテ居住スル者カ有スル本籍乃チ本人別ヲ云フ尚進ンテ本人別ニ付テ詳説スレハ本人別トハ假人別乃チ寄留ノ如キモノト異ナリ其所屬ノ市町村ヲ以テ墳墓ノ地ト定メ一生ヲ終ルノ意思ヲ以テ一住家ヲ構ヘタル者カ其地ニ於テ有スル身分上ノ有様ヲ表彰スルヲ

云フ勿論我帝國憲法ハ第二十二條ニ於テ居住及移轉ノ自由ヲ認ムルカ故ニ一概ニ之ヲ斷定スルコトヲ得サルモ概シテ戶籍ナルモノハ其家鄕ニ在ルヲ常トスルコトヲ知リ得ヘシ果シテ然ラハ戶籍簿トハ本人別ヲ記載スル帳簿ヲ云フモノニシテ即チ換言スレハ人カ本籍人トシテ有スル身分上ノ事項ヲ記載スル公正記錄ヲ云フモノトス故ヲ以テ其居住地ニ本籍ヲ有セサルモノ例之ハ寄留者ノ如キハ戶籍ナルモノヲ其寄留地ニ於テ有スルコトナキモノトス本條第一項ハ此趣旨ヲ示シタルニ外ナラス

第二項ハ前段說明ノ理由ノ適用タルニ外ナラサルモノニシテ即チ日本國々民タルノ分限ヲ有セサルモノ所謂外國人ハ到底本籍ヲ定ムルコトヲ得サルモノナルカ故ニ外國人ノ爲メニハ非本籍身分登記簿ナルモノアルモ戶籍簿ナルモノ存在セサルコトヲ定メタルモノトス如斯戶籍ナルモノハ內國人ニシテ其住居地ニ本籍ヲ有スル者ノミニ付テ編製スルモノナルコトハ說明スルカ如シト雖モ其何故ニ之ヲ作成スヘキカニ付キテハ倘一言ヲ費サヽルヘカラス既ニ前キニモ云ヘルカ如ク戶籍ノ完不完ハ大ニ一國々政ノ施行ノ上ニ影響シ從テ國權ノ消長ニモ關係スヘキモノナルヲ以テ之レヲ編製シ彼是ノ識別ヲ爲シ戶數人口ノ精竅ヲ圖ラシメンカ爲メナリトス

第百七十一條　戶籍ハ地番號ノ順序ニ從ヒ之ヲ編綴シテ帳簿ト爲ス

戸籍吏ノ管轄地内ニ各別ニ地番號ヲ附シタル二個以上ノ區畫アル場合ニ於テハ其區畫ノ順序ハ戸籍吏之ヲ定ム

本條ハ戸籍編製ニ關スル方式ヲ定メタルモノナリ

戸籍ヲ記載スルノ方法ニ二主義アリ一ヲ屬族主義ト云ヒ他ヲ屬地主義ト云フ屬族主義トハ人ノ族籍ヲ基トシテ戸籍ヲ記載スルヲ云ヒ屬地主義トハ地ニ就テ之ヲ爲スモノナリ例之ハ士族ハ士族平民ハ平民ト區分シテ戸籍ヲ編成スルヲ屬族主義ト云フモノニシテ地所ノ番號ヲ追フテ順次本籍人ノ身分ニ付テ記載スルヲ屬地主義トス而シテ此二者ノ優劣適否ハ容易ニ斷言スルヲ得サルモ今其主モナル利害ノ點ニ付テ考察セソニ第一ノ主義ニヨルトキハ如何ニ精察ナル調査ヲ遂クルトスルモ民衆ノ多キ其間多少ノ遺漏ナキヲ保セス反之第二主義ニヨルトキハ地番ヲ追フテ戸々其本籍人ナルヤ將タ非本籍人ナルヤヲ調査シテ之ヲ記載スルヲ以テ之レカ憂ナカルヘキモ又一ノ不便アルヲ免レス乃チ檢索點撿スルニ當リ迅速ヲ得ザルコト之レナリ

明治四年四月太政官布告戸籍法第一則ニ曰ク戸籍舊習ノ複雜アル所以ハ族屬ヲ分ツテ之ヲ編製シ地ニ就テ之ヲ收サルヲ以テ遺漏ノコトアリト雖モ之ヲ撿査スルノ便ヲ得サルニ依レリ故ニ此度編製ノ法臣民一般其住居ノ地ニ就テ之ヲ收メ專ラ遺スナキヲ旨トス故ニ各地方

土地ノ便宜ニ隨ヒ豫メ區畫ヲ定メ毎區戸長並ニ副ヲ置キ長並ニ副ヲシテ其區内戸數人員生死出入等ヲ詳ニスル事ヲ掌ラシムヘシトアリ又其第七則ニ曰ク區内ノ順序ヲ明ニスルハ番號ヲ用ユヘシ故ニ毎區ニ官私ノ差別ナク臣民一般番號ヲ定メ其住所ヲ記スニ都テ何番屋敷ト記シ編製ノ順序モ其號數ヲ以テ定ムルヲ要ストアリ

本條ハ此規則ノ旨意ヲ採用シテ全ク屬地主義ニ依リテ編製スルコトヽセリ乃チ地番號ノ順ヲ追フテ一番二番ト記載シ組立ツルモノニシテ從前ノ法規ト異ナルコトナキモノトス

參照

明治五年正月四號府縣ヘノ達シニ曰ク番號ハ地所ニ就テ之ヲ數フ然レモ戸數點撿ノ爲メ戸毎ニ番號ヲ貼スルハ地方ノ便宜ニ任スヘキ事

第二項ハ一市町村内ニ字ノ數多アリテ地番號ノ異ルコトアル塲合ニ適用スヘキ事項ニシテ乃チ數字ノ分列スルアリテ其區畫ニ依リテ各自別々ノ地番ヲ附スルコトアラハ之レ一戸籍吏ノ管轄内ニ同番地ノモノ二以上アル道理ナレハ斯ル塲合ニ於テハ戸籍吏其順序ヲ定メ記載スヘキモノトス例之ハ甲村ニ住吉春日ナル二區畫アリテ各一ナル番號ノ地アルトキハ戸籍吏ハ戸籍ヲ編製スルニ方リ住吉ヲ先キニスルヤ春日ヲ先キニスルヤヲ定ムルノ權限ヲ有スルモノトス

第百七十二條 戸籍簿ハ正副二本ヲ設ク
戸籍簿ノ正本ハ之ヲ戸籍役塲ニ備ヘ其副本ハ監督區裁判所ヲ管轄スル地方裁判所之ヲ保存ス

本條ハ戸籍簿ノ冊數ヲ定メタルモノナリ
戸籍簿モ亦身分登記簿ト同シク正副二本ヲ作成スルモノニシテ其一本ナル正本ハ戸籍役塲ニ備付ケ置キ其他ノ一本ナル副本ハ其監督區裁判所ヲ管轄スル地方裁判所ニ送致シテ之ヲ保存セシム詳細ハ第十一條ノ說明ニ付テ知ルコトヲ得
參照ノ爲メ爰ニ明治十九年十月十六日內務省令第二十二號戸籍取扱手續ヲ抄錄セシニ其第二條ニ曰ク戸籍簿ハ副本ヲ造リ郡役所ニ納メ置クヘシ區長ニ於テ戸籍ヲ扱フトキハ之ヲ管轄廳ニ納メ置クヘシ
明治十九年十月十六日內務省訓令第廿一號ニ曰ク取扱手續第二條ニ依リ管轄廳又ハ郡役所ニ納ムル所ノ戸籍簿副本及ヒ諸屆ハ之ヲ保存スルニ止メ加除異動ヲ登記スルニ及ハス又寄留ニ關スル留書ハ管轄廳又ハ郡役所ニ送付スルニ及ハサル儀ト心得ヘシ

第百七十三條 家督相續、廢絕家其他ノ事由ニ因リ戸籍ノ全部ヲ抹消シタルモノハ之ヲ戸籍簿ヨリ除キ別ニ編綴シテ帳簿ト爲シ之ヲ戸籍役塲

ニ保存ス

前項ノ帳簿ヲ保存スヘキ期間ハ司法大臣之ヲ定ム

本條ハ除籍簿ニ付テノ規定ヲ爲シタルモノナリ

家督相續廢家絶家ノ爲メ戸籍全部ヲ抹消スルコトアルヘキハ既ニ身分登記ニ關スル諸事項ヲ説明シタルニ依リ明瞭シタル所ナリトス又此他ノ事由ニ依リ戸籍全部ヲ抹消スルコトアリ假令ハ全戸他管轄ニ移住シテ本籍ヲ定ムルカ如キ塲合之レナリ是等ノ塲合ニ於テ戸籍全部ヲ抹消シタルトキハ其抹消シタル部分ヲ戸籍簿ヨリ取除キ別ニ編成シテ一冊トナス之ヲ號シテ除籍簿ト云フ而シテ此除籍簿ハ戸籍役塲ニ保存シ置クヘキモノニシテ其保存期限ハ司法大臣ノ定ムルモノトス

参照

戸籍取扱手續第十三條ニ曰、全戸除籍スル者アルトキハ朱ニテ登記シ其戸籍ニ朱線ヲ畫シ便宜之ヲ除籍簿ニ移スヘシ

第百七十四條 第十二條乃至第十四條ノ規定ハ戸籍簿並ニ戸籍ノ謄本及ヒ抄本ニ之ヲ準用ス

戸籍簿モ亦他所ニ持出スコトヲ許サス又何人ト雖モ閲覽ヲ求ムルコトヲ得ヘク謄本抄本ノ

下付ヲ請求スルコトヲ得ヘク又滅失シタルトキハ司法大臣ノ命ヲ以テ再製補完等ヲナスヘキモノナルコトハ身分登記簿ニ於ケル規定ト同一ナルヲ以テ斯ニ本條ヲ設ケテ其旨趣ヲ明ニシタルモノトス詳細ハ第十二條乃至第十四條ノ說明ニ於テ自ラ知ルコトヲ得ヘシ

本章ノ說明ヲ終ルニ臨ミ斯ニ一言スヘキハ身分登記簿ハ之ヲ作成スルニ當リ監督區裁判所ノ檢查ヲ受ケ其手續甚タ嚴重ナルモ反之此戶籍簿ニハ第九條ノ如キ規定ナキヲ以テ之ヲ作成スルニ當リテモ亦斯ル手續ヲ要セサルモノナルニ似タリ其然ル所以ノモノハ恐ラク此戶籍簿ナルモノハ戶籍用紙ナルモノ一定セラレ其用紙ニ記載スヘキモノナルヘキコト丶又其記載スヘキ事項大凡身分ノ登記ニ基ヲナスモノナレハ畢竟スルニ身分登記簿ノ拔キ書トモ云ヒ得ヘク又異動變更モ頻繁ナラサルモノナルヲ以テ差シテ嚴正ナル作成手續ヲ踐行スルコトヲ要セストシタルモノナランヤ

第六章　戸籍ノ記載手續

本章ハ戸籍簿ニ記載スル事項及ヒ其之ヲ記載スル手續ヲ示シタルモノナリ

第百七十五條　戸籍ハ一戸毎ニ一本ヲ作ル

戸籍ヲ記載スルニハ一戸一戸ニ爲スヘキモノナレハ一戸ノ爲メニ一本ヲ作ルモノト知ルヘシ然レモ一本ト云フハ戸籍簿一冊ト云フノ旨趣ニアラス故ニ一市町村內百人ノ本籍者アルモ百戸籍簿ヲ作ルモノト云フヘカラス要スルニ本條ノ主旨トスル所ハ戸籍取扱手續第一條ト同一精神ナルヲ以テ斯ニ該條ヲ援用シテ解明ニ代ヘン曰ク戸籍ハ戸籍用紙ヲ以テ之ヲ造リ各戸ヲ別葉ニ登記シ一町村毎ニ帳簿ニ編製スヘシ但便宜ニ因リ一町村ヲ數冊ニ分綴シ又ハ數町村ヲ一冊ニ合綴スルコトヲ得ト

第百七十六條　戸籍ニハ左ノ事項ヲ記載スルコトヲ要ス

一　戸主、前戸主、及ヒ家族ノ氏名

二　戸主ノ族稱及ヒ本籍地但家族ト戸主ト族稱ヲ異ニスル場合ニ於テハ家族ニ付テモ其族稱ヲ記載スルコトヲ要ス

三　戸主及ヒ家族ノ出生ノ年月日

四　戸主又ハ家族ト爲リタル原因及ヒ年月日但出生ニ因リテ家族ト
　爲リタル者ニ付テハ此記載ヲ要セス
五　戸主竝ニ家族ノ父母ノ氏名及ヒ其父母ト戸主又ハ家族トノ續柄
六　戸主ト前戸主トノ續柄及ヒ家族ト戸主トノ續柄但家族ノ中他家
　ヨリ入リテ他ノ家族ノ配偶者ト爲リタル者又ハ他ノ家族ヲ經テ戸
　主トノ親族關係ヲ有スル者ニ付テハ其者ト戸主トノ續柄ノ外他ノ
　家族トノ續柄ヲ記載スルコトヲ要ス
七　他家ヨリ入リテ戸主又ハ家族ト爲リタル者ニ付テハ其原籍地、
　原籍ノ戸主ノ氏名、族稱及ヒ其戸主ト戸主又ハ家族ト爲リタル者
　トノ續柄
八　他家ヨリ入リテ家族ト爲リタル者ニシテ他ノ家族トノミ親族關
　係ヲ有スル者ニ付テハ其者ト他ノ家族トノ續柄
九　戸主又ハ家族ノ身分ノ變更及ヒ其原因竝ニ年月日
十　後見人アル者ニ付テハ後見人ノ氏名、住所及ヒ後見人ノ就職竝

ニ任務終了ノ年月日

本條ハ戸籍ニ記載スヘキ事項ヲ定メタルモノナリ乃チ左ノ如シ

一　戸主、前戸主及ヒ家族ノ氏名

爰ニ一家アラハ之レカ主宰者タルモノ乃チ戸主アラサルヘカラサルハ多辨ヲ要セスシテ明白ナル事由ニ屬ス而シテ戸籍簿ナルモノハ本籍者ニ就テ編製スヘキモノナルコトハ前述スル所ノ如クナルヲ以テ之レカ記載ヲ爲サヾル可カラサルヤ亦明白ナリトス又前戸主ヲ記スハ其當戸主ハ何人ヲ繼承シタルモノナルヤ又ハ一家創立者ナルヤヲ知ラシムルカ爲メナリ換言スレハ繼承順序ヲ知ランカ爲メナリ又家族ヲ記スルハ家族ハ一家ヲ構成スヘキ一員タルヲ以テナリ斯ニ一言ノ注意スヘキコトハ前戸主ハ生存セサルモノナリト雖モ必スヤ記載スヘキコト之レナリ

二　戸主ノ族稱及ヒ本籍地但家族ト戸主ト族籍ヲ異ニスル云々

族稱トハ既ニ述ヘタル如ク華士族平民等ヲ云フモノトス本籍地トハ其記載スル戸籍ノ所在ノ地ヲ云フ是レ人違ヒ等ヲ防クノ一方法トナレハナリ又戸主ト家族ト族稱ノ異ルトキハ各別々ニ其族稱ヲ記載スヘキモノトス斯ニ一言スヘキハ家族トハ戸主ノ親族ニシテ其家ニ在ル者及ヒ配偶者ヲ云フモノナルコトハ民法第七百三十二條ノ規定スル所ニシテ又民法施行

法第六十二條ニヨレハ民法施行ノ際家族タルモノハ此二者ニアラサルモノモ亦家族タルヲ得ルモノトセリ左レハ猶更戸主ト家族ト族稱ヲ異ニスルカ如キ塲合多々アルヘシ一例ヲ以テ示サハ平民ノ戸主カ華族ナル親族ヲ引取リ己レカ家族トナシタルカ如キ塲合ヲ云フ要之妻及嫡出子ノ如キハ父ノ族稱ヲ襲フモノナレハ父ニシテ戸主ナルトキハ是等妻子ハ父タル戸主ト族稱ヲ異ニスルコトナカルヘキモ家族ハ是等ニ限ラサルモノナレハ族稱ノ異ルコトアル敢テ怪ムニ足ラス

三　戸主及ヒ家族ノ出生ノ年月日

此年月日ヲ記スルノ要ハ公私百般ノコトニ必要ナレハナリ假令ハ徵兵年令ニ達スルヤ否ヤヲ調査スル爲メニ必要ナルカ如シ

四　戸主又ハ家族ト爲リタル原因云々

戸主トナリタル原因トハ假令ハ家督相續ニ依リテ戸主トナリタルトカ絶家ヲ再興シタルモノナルカノ類ヲ云フ家族トナリタル原因トハ婚姻ニヨルカ養子縁組ニヨルカ又ハ私生子認知ニヨルカ等ノ類ヲ云フ尤モ但書アル所以ノモノハ出生ニ因テ家族タルノ身分ヲ得タルモノナルトキハ第五號ニヨリテ子ナルカ孫ナルカ等ノ記載アルヲ以テ特記スルノ必要ナケレハナリ又年月日ヲ記載スルノ要ハ何時戸主トナリタルヤ何時家族トナリタルヤヲ知ラシム

ルニ在リトス

五　戸主幷ニ家族ノ父母ノ氏名云々

之レ何人ノ子ナルヤ又如何ナル親族關係ヲ有スルヤヲ知ルノ要アレハナリ

六　戸主ト前戸主トノ續柄及ヒ云々

戸主ト前戸主トノ續柄トハ長男トカ次男トカ弟トカ妹トカ等ヲ記スルヲ云フ家族ト戸主トノ續柄トハ妻トカ子トカ孫トカ云フノ類ナリ畢竟スルニ如何ナル身分上ノ關係アルヤヲ示スニアリ又但書ハ二個ノ場合ヲ規定シタルモノニシテ第一ハ一ノ家族カ他ノ家族ノ配偶者タランカ爲メ他家ヨリ來リタルモノ假令ハ甲家ノ家族乙ノ配偶者タル兩者ハ丁家ヨリ來リタルトキノ如シ此場合ニハ丙者ト甲者ノ續柄ヲ記スルノ外丁者ト乙者ノ續柄ヲ記スヘキモノトス第二ハ甲者ノ子ニシテ其家族タル乙者カ丙ナル者ヲ養子トシタルカ如キヲ云フモノニシテ乃チ是レ戸主甲者ト丙者ト親族關係ヲ生スルハ乙者ノ爲シタル緣組アルヲ以テナリ此場合ニモ亦甲乙丙ノ續柄ヲ記載スヘキモノト知ルヘシ

七　他家ヨリ入リテ戸主又ハ家族ト爲リタル者云々

是レ何人ノ家ヨリ來リタルカヲ明カニセンカ爲メナリトス一例ヲ以ヲ示サハ甲者カ乙女ニ入夫婚姻ヲ爲シタルトキハ甲者ノ原籍地及ヒ甲者ノ原籍ノアリシ家ノ戸主乃チ丙ノ指名族

稱ヲ記スコト、丙者ト甲者ノ續柄ヲ記スカ如シ

八　他家ヨリ入リテ家族ト爲リタルモノニシテ云々

是レ民法第七百三十八條第一項ノ如キ場合ヲ指スモノニシテ乃チ家族ト家族トノ間ニノミ親族關係アル場合之レナリ例之ハ妻カ前婚ニ於テ生シタル子ヲ自家(乃チ婚家)ニ引取ルカ如キ場合ヲ云フ

九　戸主又ハ家族ノ身分ノ變更云々

一例ヲ以テ示サハ子女婚姻又ハ養子縁組ヲナスカ如キヲ云フ

十　後見人アル者ニ付テハ云々

未成年者ノ戸主ニ後見人ヲ付シタルトキハ其後見人ハ何人ナルヤ何時就職シタルヤ何時終了スヘキヤヲ知ラシメンカ爲メニ本號ヲ設ケタルモノトス家族ニ後見人ヲ附シタル場合亦同シ

要之以上第一乃至第十ノ事項ハ皆戸主ヲ基本トシテ凡テノ事項ヲ記載スヘキモノトス

此他舊制ノ下ニ於テハ宗旨ノ如キモノヲ記載セシモ宗旨ハ信仰ニ基クモノニシテ身分ニ關係ナキモノナレハ之ヲ省キタルモノトス

第百七十七條　戸主及ヒ家族ノ氏名ヲ戸籍ニ記載スルニハ左ノ順序ニ依

ル

第一　戸主
第二　戸主ノ直系尊屬
第三　戸主ノ配偶者
第四　戸主ノ直系卑屬及ヒ其配偶者
第五　戸主ノ傍系親及ヒ其配偶者
第六　戸主ノ親族ニ非サル者

直系尊屬ノ間ニ在リテハ親等ノ遠キ者ヲ先ニシ直系卑屬又ハ傍系親ノ間ニ在リテハ親等ノ近キ者ヲ先ニス

直系尊屬、直系卑屬又ハ傍系親ノ間ニ在リテ親等ノ同シキ者ハ親族間ノ順位ニ依リ親族間ノ順位ノ同シキ者ハ出生ノ前後ニ依リテ其順序ヲ定ム

前二項ノ規定ハ戸主ノ親族ニ非サル者ノ記載ニ之ヲ準用ス

本條ハ戸主家族ノ氏名ヲ戸籍簿ニ記載スルノ順序ヲ示シタルモノトス乃チ左ノ如シ

第一　戸主

一家ノ主宰者ハ戸主ニアリ戸主ハ一家ヲ總括シテ公私百般ノ事務ヲ執掌スルモノニシテ實ニ戸主ハ一家ノ基本ナリトス之レ第一次ニ置ク所以ナリトス

第二　戸主ノ直系尊屬

之ヲ先キニスル所以ハ尊敬スルノ趣意ト先代ヨリノ續柄アルヲ以テナリ

第三　戸主ノ配偶者

妻又ハ戸主トナラサル入夫ノ如キヲ云フ

第四　戸主ノ直系卑屬及ヒ其配偶者

例令ハ戸主ノ子孫又ハ其子孫ノ妻ヲ云フ

第五　戸主ノ傍系親及ヒ其配偶者

第六　戸主ノ親族ニアラサルモノ

以上ノ順次ヲ以テ記載スヘキモノトス而シテ又尊屬中親等ノ異ルモノアルトキハ親等ノ遠キモノヲ先キニ記載ス例之ハ第一ニ祖父第二ニ父ト云フカ如シ反之直系卑屬又ハ傍系親ノ間ニアリテハ親等ノ近キモノヲ先キニスルモノトス假令ハ子孫伯父叔父トスルカ如シ要スルニ己レノ身ニ近キモノヨリ先キニスト云フニ在リ又親等ノ同シキモノニアリテハ親族間ノ順位ニ依ルモノニシテ順位等シキトキハ年齡ノ長幼ニ依ル假令ハ男女ナルトキハ男ヲ先

キニスルカ故ニ父母ナレハ父ヲ先キニスルカ如シ而シテ此記載順次ハ親族ニアラサルモノヽ記載ニ付テモ亦適用セラルヽモノトス

以上云フ所ノ戸籍記載順序ハ要スルニ明治四年四月布告ノ同戸列次順ト同一ナルモノト知ルヘシ乃チ參照ノ爲メ左ニ之ヲ掲ケン

戸籍同戸列次ノ順

戸主

高祖父母

曾祖父母

祖父母

父

母

妻

子

婦

孫

曾孫
玄孫
兄弟
姉妹
大伯叔父母
伯叔父母
甥姪
從弟
從弟違
又從弟
兄弟姉妹夫妻
大伯叔父母夫妻
伯叔父母夫妻
從弟以下夫妻

第百七十八條 戸籍吏カ身分登記ヲ爲シ又ハ戸籍ニ關スル屆出ヲ受理シ

タルトキハ次條以下ノ規定ニ從ヒテ戸籍ノ記載ヲ爲スコトヲ要ス

本條以下ハ戸籍吏カ身分登記ヲナシタルトキ又ハ戸籍ノ屆出アリタルトキ戸籍簿ニ記載スルニ付テノ方法ヲ示スモノナリ

本條ハ戸籍吏カ身分登記簿ニ身分ノ登記ヲ爲シタルトキカ又ハ戸籍ニ關スル屆出ヲ受理シタルトキハ以下示ス所ノ方法ニ從ヒ戸籍簿ニ記載スヘキモノナルコトヲ示シタルニ過キス

第百七十九條 家督相續又ハ家督相續回復ノ登記ヲ爲シタルトキハ其登記及ヒ前戸主又ハ戸主ノ名義ヲ有セシ者ノ戸籍ニ基キテ新戸主ノ戸籍ヲ編製スルコトヲ要ス

前項ノ場合ニ於テハ前戸主又ハ戸主ノ名義ヲ有セシ者ノ戸籍ニ事由ヲ記載シテ其戸籍ヲ抹消シ且其戸籍ト新戸主ノ戸籍トニ職印ヲ以テ契印ヲ爲スコトヲ要ス

胎兒カ家督相續人ナル場合ニ於テハ其出生ニ至ルマテ前二項ノ手續ヲ爲スコトヲ要セス此場合ニ於テハ前戸主ノ戸籍中戸主ニ關スル部分ノミヲ抹消シ家督相續人ノ胎兒ナル旨ヲ記載スルコトヲ要ス

本條ハ戸籍ヲ編製スヘキ塲合ノ一ヲ示シ戸籍吏ノ取ルヘキ手續ヲ規定シタルモノナリ

家督相續ニ因リテ戶主ト爲リタル者ハ被相續人ノ本籍地ノ戶籍吏ニ屆出ツヘキモノナルコトハ第百三十三條ニ於テ說明シタル所ナリ又家督相續回復ノ裁判カ確定シタルトキハ相續權ヲ回復シタルモノハ家督相續ノ登記ノ取消ヲ申請スヘキモノナルコトハ第百三十四條ニ於テ說明シタル所ナリトス此二ケノ塲合ニ於テ戶籍吏ハ屆出又ハ申請ニ因リ身分登記簿ニ登記ヲナシタルトキハ其登記及ヒ前戶主ノ戶籍又ハ夫レマテ戶主ノ名義ヲ不法ニ唱ヘ來リタルモノヽ戶籍ニ基キ新戶主ノ戶籍ヲ編製スヘキモノナリトス此戶籍編成ヲナスニハ別ニ家督相續者ヨリ何等ノ屆出アルコトヲ要セサルモノトス其故ハ戶籍吏ハ身分登記ニ關スル屆出等ニ依リテ之ヲ知ルコトヲ得ヘケレハナリ而シテ斯ク新戶主ノ戶籍ヲ調製シタルトキハ舊戶籍ニハ其事由ヲ記載シテ其全部ヲ抹消シ新舊戶籍ニ職印ヲ以テ契印シ置クヘキモノトス斯ク爲シ置ク所以ノモノハ後日查閱スルニモ容易ニ知ルヘキコトヲ得ヘク又事ノ錯雜ヲ防クコトヲ得ヘケレハナリ尤モ舊戶籍ハ先キニモ謂ヒシカ如ク除籍簿トシテ別冊トナシ置クモノトス(第百七十三條ヲ參照スヘシ)

又家督相續人胎兒ナルトキハ其母ハ醫師ノ診斷書ヲ添ヘテ相續ノ屆出ヲ爲スヘキモノナルコトハ第百三十五條ノ下ニ於テ說明シタル所ナリトス乃チ此場合ニ於テハ戶籍吏ハ身分登記簿ニ登記シタル後ト雖モ其胎兒カ出生スルマテハ前述セル二個ノ手續乃チ新戶籍ヲ編製

スルコト及ヒ舊戶籍ヲ抹消スルコトヲ要セサルモノトス其故ハ生出セサレハ人格ナシ人格ナケレハ戶主トナリテ一家ヲ組成スルコト能ハサルノミナラス未タ此子ノ氏名等モナキモノナレハ事實上新戶籍ヲ編製スルコト能ハサレハナリ尤モ此場合ニ於テ胎兒ハ既ニ相續人タルノ位地ヲ得相續繼承シタルモノナレハ前戶主ハ最早戶主タルノ位地ヲ失アタルモノナルヲ以テ前戶主ノ戶籍中戶主タル身分ニ關スル事柄ハ之ヲ抹消シテ相續人ハ胎兒ナルコトヲ記載シ置クヘキモノトス其故ハ如斯セサレハ第三者ハ尙戶主權ヲ失ヒタル者ヲ戶主ナリト信シ種々ナル關係ヲ生スルコトアルヘク然カスルトキハ其行爲太タ紛糾ヲ來スヘケレハナリ

本條ノ參考ノ爲メ戶籍取扱手續第十四條ヲ抄錄スヘシ即チ戶主ニ代替アルトキ家族ハ總テ新戶主ノ續柄ヲ以テ戶籍ヲ改寫スヘシ但舊紙ハ官印ヲ以テ新紙ト割印シタル上除籍簿ニ移シ綴ルヘシ

第百八十條 分家、廢絕家再興其他新ニ家ヲ立ツヘキ事件ノ登記ヲ爲シ又ハ轉籍若クハ無籍戶主ノ就籍ノ屆出ヲ受理シタルトキハ其登記又ハ屆出ニ基キテ戶籍ヲ編製シ轉籍屆書ノ副本ハ遲滯ナク之ヲ舊管轄ノ戶籍吏ニ送付スルコトヲ要ス

前項ノ規定ニ依リテ戸籍ヲ編製スルニハ第百七十六條ニ掲ケタル事項ノ外各場合ニ付キ特殊ナル事項ヲ記載スルコトヲ要ス

本條ハ戸籍編製ノ塲合ノ二ヲ示シ戸籍吏ノ取ルヘキ手續ヲ定メタルモノナリ

分家ヲ爲サント欲スル者ハ之ヲ届出サルヘカラサルハ第百五十四條ニ於テ説明シタル所ニシテ廢絶家ヲ再興セント欲スル者モ亦其届出ヲ爲サヽルヘカラサルモノナルコトハ第百五十五條ニ於テ説明シタル所ナリ又其他ノ事由假令ハ復籍拒絶ノ塲合ニ於テ一家ヲ立ツルモノハ其届出ヲ爲サヽルヘカラサルハ第百五十一條ニ於テ説明シタル所ナリトス是等ノ塲合ニ於テ戸籍吏カ其届出ヲ受ケ身分登記簿ニ其登記ヲ爲シタルトキカ又ハ他市町村ヨリ本籍ヲ轉シ來リタル者（第百九十五條）若クハ戸籍漏レノ戸主カ戸籍記載ヲ届出（第百九十七條）テタルトキハ其登記又ハ届出ニ基キテ戸籍ヲ編製スヘキモノトス而シテ轉籍届書ノ副本ハ速ニ舊管轄戸籍吏ニ送付スヘシ之レ舊戸籍吏ヲシテ戸籍抹消手續ヲ爲サシムルノ要アレハナリ

第二項ハ此場合ニ於ケル記載事項ハ如何ナルモノナルヤヲ定メタルモノニシテ乃チ此場合ニ於テハ第百七十六條ニ掲ケタル事項ノ外ニ分家ノ塲合ナレハ分家ノ事由廢絶家再興ノ塲合ナレハ其事由等各届出事件ニ特殊ナル事由ヲモ併セ記載スヘキモノトス

第百八十一條　復籍拒絶ノ登記ヲ爲シタルトキハ復籍ヲ拒絶シタル者ノ戸籍ニ登記ノ要旨ヲ記載スルコトヲ要ス

本條ハ復籍拒絶ノ登記ヲ爲シタル場合ニ於テ戸籍簿ニ記載スヘキ事柄ヲ示シタルモノニシテ即チ戸主カ其家族タリシモノヽ復籍ヲ拒絶シタルトキハ其屆出ヲ爲スヘキモノナルコトハ第百五十條ニ於テ説明シタル所ニシテ此屆出ニ基キ戸籍吏カ其登記ヲ身分登記簿ニ爲シタルトキハ又拒絶者ノ戸籍簿ニモ其登記ノ要旨ヲ記載スヘキモノトス是レ拒絶者ノ戸籍ニ被拒絶者ノ戸籍モ曾テ記載シアリタレハナリ

第百八十二條　廢絶家ノ登記ヲ爲シタルトキハ最終戸主ノ戸籍ニ事由ヲ記載シテ其戸籍ヲ抹消スルコトヲ要ス

本條ハ戸籍抹消ノ塲合ノ一ニシテ廢家ヲ爲サント欲スル者ハ之ヲ屆出ツヘク又絶家ニシテ家族アルトキ其家族カ一家ヲ創立シタル者ハ絶家ノ屆出ヲ爲スヘキモノナルコトハ第百五十二條第百五十三條ニ於テ説明シタル所ニシテ戸籍吏カ此屆出ニ因リ廢絶家ノ登記ヲ爲シタルトキハ最終戸主ノ戸籍簿ニ其事由ヲ記載シテ其本籍ヲ抹消スベシ此抹消シタル戸籍ハ第百七十三條ニ從ヒテ別册トナシ保存スヘキモノトス

第百八十三條　單身戸主ノ死亡又ハ失踪ノ登記ヲ爲シタル場合ニ於テ其

家ニ家督相續人ナキコト分明ナルトキハ戸籍吏ハ戸籍役場ノ所在地ヲ管轄スル區裁判所ノ許可ヲ得テ死亡者又ハ失踪者ノ戸籍ニ絶家ノ原因及ヒ年月日ヲ記載シテ戸籍ヲ抹消スルコトヲ要ス

本條モ亦戸籍抹消ノ塲合ヲ示スモノニシテ單身戸主トハ戸主一人ニシテ他ニ一人ノ家族タモナキモノヲ云フ今此者カ死亡スルカ又ハ失踪シタルカ爲メ其登記ヲ爲シタルトキニ於テ何人モ其家ノ家督相續人トナラサルコト明白ナリシトキハ戸籍吏カ管轄區裁判所ノ許可ヲ得テ死亡者又ハ失踪者ノ戸籍ニ其絶家ノ原因及ヒ年月日ヲ記載シテ其戸籍ヲ抹消スヘキモノトス抹消シタル此戸籍ハ前條ト同シク處分スルモノトス而シテ裁判所ノ許可ヲ要スル所以ハ事ヲ鄭重ニシ過誤ナカラシメンカ爲メナリ

第百八十四條 戸籍吏ノ管轄地内ニ於ケル本籍地變更ノ屆出ヲ受理シタルトキハ事由ヲ戸籍ニ記載シ舊本籍地ニ關スル記載ヲ抹消シ新本籍地ヲ記載スルコトヲ要ス

本條ハ管轄内ノ本籍地變更ノ塲合ヲ示シタルモノナリ

同一戸籍吏ノ管轄地内ニ於テ本籍地ヲ變更シ其屆出テヲ爲シタルモノアルトキハ是レ管轄ヲ異ニスルモノニアラサルヲ以テ更ニ新戸籍ヲ調製スルニ及ハス又舊戸籍ヲ全部抹消スル

モノニアラス唯其轉地シタルコトヲ戸籍ニ記載シ舊本籍ノ屬シタル番地等ノ部分タケヲ抹消シ新番號ヲ記載スルノミニテ足ルモノトス故ニ此塲合ニハ第百七十三條ノ例ニ依ラサルモノトス

第百八十五條 前六條ノ場合ヲ除ク外身分登記ヲ爲シ又ハ戸籍ニ關スル屆出ヲ受理シタルトキハ其登記又ハ屆出ニ基キ第百七十六條ニ掲ケタル事項ヲ戸籍ニ記載スルコトヲ要ス

前項ノ場合ニ於テ第百八十條第二項ノ規定ニ依リテ戸籍ニ記載シタル事項ノ變更アルトキハ其變更ヲ記載スルコトヲ要ス

前說明セシ第百七十九條以下第百八十條ニ規定シアル塲合ノ外ノ身分登記ヲ爲シタルトキ例之ハ婚姻出生等ノ如キ塲合ニ於テ其登記ヲ爲シタルトキカ又ハ第百七十九條以下第百八十四條マテニ規定シタル以外ノ事由ニ付テ戸籍ニ關スル屆書ヲ受取リタルトキハ其登記又ハ屆出ニ基キ第百七十六條ニ規定セル事項ヲ戸籍簿ニ登錄スヘキモノトス

第二項ハ第一項ノ記載ヲ爲シタルトキニ於テ之ヲ爲シタルカ爲メ第百八十條第二項ノ規定ニ基キ記載シタル特殊ノ事項ニ變更ヲ來タシタルトキハ其變更ヲモ記載スヘキモノトス若シ然ラサレハ同一戸籍ニ於テ抵觸スル事項ヲ生スルニ至ルヘケレハナリ

第百八十六條 戸籍ヲ編製シタル後一人又ハ數人ヲ戸籍ニ入ルヘキトキハ第百七十七條ノ順序ニ拘ハラス戸籍ノ末尾ニ之ヲ記載スルコトヲ得

本條ハ加籍ノ場合ヲ規定シタルモノナリ

一旦戸籍ヲ編成シタル後ニ於テ更ニ入籍ヲ爲スヘキモノヲ生シタルトキハ最早其記入ノ順序ハ到底第百七十七條ノ規定ニ據ルコトヲ得サルヘキヲ以テ其戸籍ノ末尾ニ記載シテ差支ナキモノトセリ若シ之ヲ許サストセハ其新入籍者アル毎ニ一々新ラタニ戸籍簿ヲ作ラサルヲ得サルニ至ルヘケレハナリ

爰ニ明治十九年十月十六日内務省令第二十二號戸籍取扱手續第十一條ヲ抄寫シテ參考ノ資ニ供セン

第十一條ニ曰ク戸籍ニ入ル者アルトキハ其戸籍ノ末ニ登記スヘシ戸籍ヲ除ク者アルトキハ其事項ヲ朱ニテ登記シ且其氏名ニ朱線ヲ畫ス可シト

第百八十七條 一戸ノ全員又ハ一戸内ノ一人若クハ數人ヲ戸籍ヨリ除クヘキトキハ事由ヲ戸籍ニ記載シテ戸籍ノ全部又ハ一部ヲ抹消スルコトヲ要ス

本條ハ除籍ノ場合ニ於ケル手續ヲ示シタルモノナリ

全戸又ハ一人若クハ數人ヲ戸籍ヨリ除クトキハ其事由ヲ記載シテ戸籍ノ全部若クハ一部ヲ抹消スベキモノトス一例ヲ以テ示サハ全戸他ノ管轄ニ本籍ヲ轉シタルトキハ全部ノ抹消トナリ子女カ他管轄ニ婚嫁シタルトキハ一部ノ抹消トナルモノト知ルヘシ而シテ全部抹消ノトキハ第百七十三條ノ規定ニ從フモノトス

前示戸籍取扱手續第十三條ニ曰ク全戸除籍スル者アルトキハ朱ニテ登記シ其戸籍ニ朱線ヲ畫シ便宜之ヲ除籍簿ニ移スヘシ

第百八十八條

入籍ノ手續ヲ爲ス場合ニ於テ入籍ヲ爲スヘキ者ノ本籍カ他ノ戸籍吏ノ管轄ヨリ戸籍吏ノ管轄ニ轉屬スルモノナルトキハ身分ニ關スル屆書其他ノ書類又ハ戸籍ニ關スル屆書ヲ送付スルト同時ニ入籍ヲ爲シタル旨ヲ舊管轄ノ戸籍吏ニ通知スルコトヲ要ス

本條ハ入籍手續ヲ示スモノナリ

入籍者カ他管轄戸籍役場ヨリ來リテ入籍ヲナス場合ニハ(本條ニ云フ入籍ヲナス場合ハ前キニ述タル廣義ノ入籍ニシテ婚姻又ハ緣組ニヨリ婚家又ハ養家ノ籍ニ入ル場合モ亦入籍屆(狹義)ニヨリテ入籍スル場合ヲモ包含ス)戸籍吏ハ入籍手續ヲ爲シタル旨ヲ通知スルト同時ニ身分ニ關スル屆書(婚姻又ハ緣組等)其他ノ書類(例之ハ許可書ノ如キ報告書ノ如キ)又

ハ戸籍ニ關スル屆書ヲ送付スルモノトス是レ舊管轄戸籍吏ヲシテ所定ノ處分ヲ取ラシムルカ爲メナリ所定ノ處分トハ例之ハ除籍處分ヲナスカ如キヲ云フ而シテ此送付スヘキ書面ハ常ニ副本ナリト知ルヘシ尙詳細ハ身分登記ニ關スル第三十三條第三十四條ヲ參照シテ知ルヘシ仝戸籍取扱手續第十九條ヲ援引シテ參考ノ資ニ供セン

入籍ヲ屆出ルトキハ原籍地戸長ヨリ送達シタル送籍狀ト照査シ入籍ノ手續ヲ爲シ五日以內ニ入籍報知書ヲ原籍地戸長ヘ發送スヘシ原籍地戸長ニ於ヲ之ヲ受領シタルトキハ其受領ノ年月日ヲ登記目錄送籍狀發送年月日ノ下ニ記入シ直チニ右入籍ノ日ヲ以テ除籍スヘシ

第百八十九條　除籍ノ手續ヲ爲スベキ場合ニ於テ除籍ヲ爲スヘキ者ノ本籍カ戸籍吏ノ管轄ヨリ他ノ戸籍吏ノ管轄ニ轉屬スルモノナルトキハ新管轄ノ戸籍吏ヨリ入籍ヲ爲シタル旨ノ通知ヲ受ケタル後其通知ノ發送及ヒ受附ノ年月日ヲ戸籍ニ記裁シテ除籍ノ手續ヲ爲スコトヲ要ス

轉籍ニ因リテ除籍ヲ爲スヘキ場合ニ於テハ前項ニ揭ケタル事項ノ外轉籍地及ヒ轉籍ノ年月日ヲ記載スルコトヲ要ス

本條ハ前條ノ反對ニシテ除籍ノ塲合ニ於ケル手續ヲ示スモノナリ

第一項ハ乃チ前條ニ依リ入籍アリタルトキハ舊管轄戸籍吏ハ必ズヤ其入籍ノ通知ヲ受取ルヘキモノナルカ故ニ其通知ヲ受ケタル後ハ除籍ノ手續ヲ爲スヘシ若シ斯クセスシテ除籍ヲ先キニスル𪜈ハ一時無籍者ヲ生スルニ至ルヘキヲ以テナリ而シテ除籍ヲナスニハ新管轄戸籍吏ヨリ爲シタル通知ノ發送ノ年月日及ヒ自分役場ニ於テ受付ケタル年月日ヲ戸籍ニ記載スヘキモノトス

第二項ハ第百八十條第一項ノ規定ノ反對ニシテ乃チ戸籍吏ノ管轄地已外ニ本籍ヲ轉シ之レカ届出ヲ爲シタルトキ舊本籍地戸籍吏ノ爲スヘキ除籍ノ手續ヲ定メタルモノトス此塲合ニハ本條第一項ノ記載事項ノ外轉籍地及ヒ轉籍ノ年月日ヲ記載シテ除籍スヘキモノトス注意ノ爲メ一言スヘキハ婚姻又ハ緣組ニヨリ本籍ヲ移轉スルハ亦一ノ轉籍ニ外ナラサルモ法律ハ此塲合ニハ之ヲ轉屬ト云ヘリ故ニ所謂轉籍ナル用ノハ單ニ本籍（身分ノ移動ニ拘ハラス）ノミヲ他ニ轉スルコトヲ云フモノト知ルヘシ

第百九十條 身分登記又ハ戸籍ニ關スル屆出ニ基キテ戸籍ノ記載ヲ爲ス場合ニ於テハ前十一條ニ規定シタル事項ノ外身分ニ關スル屆書其他ノ書類又ハ戸籍ニ關スル屆書ノ受附年月日ヲ記載スルコトヲ要ス

本條ハ戸籍簿ニ附從物トシテ記載スヘキ事項ノ何タルヲ示シタルモノナリ

身分登記又ハ戸籍ニ關スル屆書ニ基キ戸籍ニ記入ヲナスヘキ事項ハ前ニ說明スル所ノ如クナレトモ尙其他ニ諸屆書又ハ其他ノ書類ニ受附ノ年月日ヲ記載セサルヘカラサルコト之レナリ是レ一目ノ下ニ何時受附ケタルヤヲ知ルノ便アラシメンカ爲メナリ

例ニ依リ戸籍取扱手續中之ニ關係スル條文ヲ揭ケテ參考ニ資セン

第八條戸籍ニ關スル屆書ヲ受領シタルトキハ先ツ屆書ノ事項及屆出期限アルモノハ其事項ノ年月日竝屆出ノ年月日屆出期限ナキモノハ其屆出ノ年月日ヲ登記目錄ニ記入スヘシ

但本籍地外ニ在ル者ニ係ル事項ニシテ屆出期限アルモノハ屆書發送及ヒ受領ノ年月日ヲモ之ニ記入スヘシ

第十條、第八條ノ手續ヲ了リタルトキハ直チニ戸籍ニ屆出ノ事項及屆出期限アルモノハ其事項ノ年月日屆出期限ナキモノハ屆出ノ年月日ヲ登記シ屆書ニハ受領ノ年月日及登記濟ノ旨ヲ記入スヘシ

第百九十一條 第十八條、第二十九條及ヒ第三十一條ノ規定ハ戸籍ノ記載ニ之ヲ準用ス

戸籍記載ノ場合ニモ亦身分登記ノ場合ニ於ケルカ如ク書類ヲ受付ケタルトキハ其受付番號受付ノ年月日ヲ其書類ニ記載スルコト又誤字ヲ惹起サヽランカ爲メ數字中一二三十ノ字ハ

壹貳參拾ノ文字ヲ用ユルコト及ヒ記載シタル末文ニ認印ヲ爲ス事等ハ身分取扱ニ干スル第十八條第二十九條及ヒ第三十一條ノ規定ヲ準用スヘキモノトセリ其詳細ノ理由ハ該條ノ說明ニ於テ知リ得ルヲ以テ爰ニ省畧スルコトヽセリ

因ニ云フ數字中四七八九等ノ文字ヲ肆漆捌玖等トセサルハ是等ノ文字ハ敢テ改描シ易キモノナリトスルヲ得サルノミナラス反テ斯ル難畫ノ文字ヲ用ユルハ事ニ不便ヲ來スヘキヲ以テ是等ノ文字ハ殊更ニ之ヲ用ユルコトヲ避ケタルモノナリトス

本條ニ類似スル規定ハ戸籍取扱手續第四條ニ在リ就テ看ルヘシ

第百九十二條 戸籍用紙中ノ一部分ヲ用井盡シタルトキハ掛紙ヲ以テ用紙ニ充ツルコトヲ得

掛紙ヲ爲シタルトキハ戸籍吏ハ職印ヲ以テ掛紙ト本紙トニ契印ヲ爲スコトヲ要ス

本條ハ戸籍用紙不足ノ塲合ニ於ケル規定ニシテ即チ戸籍用紙ノ一部分ヲ用井盡シタル𪜈ハ掛紙ヲ爲シ用紙ニ代用スルヿヲ得ルモノナリ此塲合ニ於テハ掛紙ト本紙トニ契印ヲナシ濫リニ交替等ヲ爲サヾラシムルニ在リ戸籍取扱手續第三條ニモ亦如斯規定アリ就テ看ルヘシ

第百九十三條 行政區畫、土地ノ名稱又ハ地番號ノ變更アリタルトキハ

戸籍ニ記載シタル區畫、名稱又ハ番號ハ當然之ヲ改正シタルモノト看做ス

戸籍ハ地番號ヲ基礎トスルモノナレハ土地ノ變更ハ直接戸籍ノ上ニ變更ヲ來タスヤ明白ノ理ナリトス是ヲ以テ行政區畫ニ變更ヲ來スカ又ハ名稱ヲ改ムルカ番號更正アリタルトキハ戸籍ハ之ニ附隨シテ當然變更セラレタルモノトス故ニ斯ル塲合ニ在リテハ更ニ戸籍ニ編制スルヲ要セサルナリ

第百九十四條 第百七十九條及ヒ第百八十條ノ規定ニ依リ戸籍ヲ編製シタルトキハ戸籍吏ハ遲滯ナク其副本ヲ監督區裁判所ヲ管轄スル地方裁判所ニ送付スルコトヲ要ス

第百七十九條第百八十條ニ依リ新ニ戸籍ヲ編制シタル塲合ニハ速ニ管轄地方裁判所ニ其戸籍ノ副本ヲ送付スヘキモノトス是レ即チ戸籍簿ノ副本ハ管轄地方裁判所ノ保存スル所ニカカルヲ以テナリ

第七章　戸籍ニ關スル屆出

本章ハ戶籍簿ニ記載スヘキ事項ノ屆出ニ關スル規定ヲ爲シタルモノニシテ彼ノ轉籍就籍又ハ除籍等ノ屆出ニ付テノ方式條件等ヲ規定シタルモノナリトス

第百九十五條　戸籍吏ノ管轄地外ニ本籍ヲ轉セント欲スルトキハ戸主ヨリ左ノ諸件ヲ具シ戸籍ノ謄本ヲ添ヘテ之ヲ轉籍地ノ戸籍吏ニ屆出ツルコトヲ要ス

一　轉籍者ノ氏名、出生ノ年月日及ヒ職業

二　原籍地及ヒ轉籍地

前項ノ屆書ハ正副二本ヲ作ルコトヲ要ス

本條ハ轉籍ノ屆出ニ具備スルコトヲ要スル條件ヲ定メタルモノトス

轉籍ノ何タルコトニ付テハ前章既ニ說明スル所ニシテ一ノ戶籍吏ノ管轄地外ニ本籍ヲ移轉スル塲合ヲ云ヒ其屆出ヲナスヘキノ地ハ乃チ轉籍スル地ノ戶籍吏ニ爲スヘキモノナリ而シテ此屆出ヲナスヘキ者ハ戶主ナリトス例之バ東京市牛込區內某所ニ本籍ヲ有スル者カ全市神田區內ノ某所ニ轉籍セントスルトキハ轉籍屆ハ神田區役所ニ爲スヘキモノナルカ如シ又

此屆出ニハ戸籍ノ謄本ヲ添フルコトヲ要スルモノトス是則チ其戸籍ヲ證明セシムルヲ以テ目的トナスニ外ナラス今此轉籍ノ屆出ニ具スヘキ條件ヲ示ストキハ乃チ左ノ如シ

一　轉籍者ノ氏名、出生ノ年月日及ヒ職業

此條件ハ乃チ何人カ本籍ヲ移轉スルモノナルヤヲ明ニセシムルニ在リ

二　原籍地及ヒ轉籍地

斯ニ原籍地ト稱スルハ舊本籍地ヲ云ヒ轉籍地トハ新本籍地ヲ云ヒ乃チ新舊本籍所在ノ地名番號等ヲ記載スルモノニシテ前例ニ於ケル舊本籍ノ牛込區何町何番地ナルト新本籍ノ神田區何町何番地ナルコトヲ明ニスヘキモノナリ是レ其何レヨリ出テヽ何レニ入ラントスルモノナルヤヲ明示セシムルニ在リ

第二項ハ前項規定スル所ノ轉籍屆ハ正副二本ヲ作ルヘキモノトセルニ過キズ何トナレハ第百八十條ニ規定スルカ如ク轉籍屆書ノ副本ハ舊管轄ノ戸籍吏ニ送付スルコトヲ要スレバナリ

第百九十六條　戸籍吏ノ管轄地內ニ於テ本籍地ヲ變更セントスルトキハ戸主ヨリ原籍地及ヒ新本籍地ヲ具シテ其旨ヲ戸籍吏ニ屆出ツルコトヲ要ス

本條ハ前條ト異ニシテ乃チ一戸籍吏ノ管轄地內ニ於ケル本籍ノ移轉スル場合ニ於ケル屆出ニ關スル規定ナリトス乃チ同一ノ戸籍吏ノ管轄地內ニ於テ本籍ノ屬スル場所ヲ變更スルトキハ舊本籍ノアリシ場所及ヒ新本籍ヲ屬セシムル場所ヲ記載シテ其轉籍ノ旨ヲ屆出ツヘキモノトセルナリ而シテ本條ノ屆出ヲ爲スヘキ者ハ前條ト同シク其戸主ナリトス此場合ニ於テ戸籍ノ謄本ヲ添フルコトヲ要セサル所以ノモノハ既ニ其管轄役場ニ存在スルモノナルヲ以テ其戸籍ノ何タルヲ證明セシムルノ要ナキニヨル又屆書ハ正副二本ヲ作ルコトヲ要セサルハ是亦同一戸籍吏ノ管轄內ナルヲ以テナリ

第百九十七條

屆出ノ闕漏其他ノ事由ニ因リ本籍ヲ有セス又ハ複本籍ヲ有スル者ハ就籍又ハ除籍ノ屆出ヲ爲サントスル戸籍役場ノ所在地ヲ管轄スル區裁判所ノ許可ヲ得テ其屆出ヲ爲スコトヲ要ス

本條ハ屆出ノ闕漏又ハ重複ノ場合ニ於ケル就籍又ハ除籍ノ屆出ニ關スル手續ヲ規定シタルモノトス斯ニ所謂屆出ノ欠漏又ハ其他ノ事由ニヨリ例之バ子ノ出生アリタルモ之レカ屆出ヲ怠リタルトキノ如ク又ハ屆出アリタルモ記載漏レトナリタルカ如キトキニハ何レモ戸籍簿ニ記載ナキモノナルカ故ニ本籍ヲ有セサルコトヽナル所謂複本籍ヲ有スル者トハ二重ニ戸籍簿ニ記載アルモノヲ云ヒ他ノ市町村ニ本籍ヲ轉屬セシメタルニ其町村ニ本籍ノ記載ア

リ又舊町村ニモ戸籍簿ノ記載アルトキハ是レ戸籍ノ重複スルモノナレバ之ヲ名ケテ複本籍ヲ有スル者トハ云フナリ抑モ人トシテ戸籍ナカラサルベカラザルモ同一人ニシテ二以上ノ戸籍ヲ有スルコトハ亦法律ノ認ムル所ニアラサルヲ以テ本籍ヲ有セサル者ニ在リテハ就籍乃チ戸籍ヲ作ルコトヲ要シ複本籍ヲ有スル者ニ於テハ除籍乃チ不用ノ戸籍ヲ削ルコトヲ要スルハ深ク論究スルノ必要ナシト謂ハサルヘカラズ法律ハ此ノ如キ塲合ニ於テハ必スヤ義務トシテ就籍又ハ除籍ノ申出ヲ爲スヘキモノトセルナリ然リト雖モ猥リニ之ヲ爲スコトヲ許ストセハ或ハ不正ノ行爲ヲ爲サンガ爲ニスルコトアルヘク又或ハ事ノ錯誤ニ出ンコトアルヘキヲ以テ裁判所ノ許可ヲ得タル後ニアラサレバ届出ヲ爲スコト能ハサルモノトシ以テ鄭重ナル手續ヲ取ラシムルコトトセリ而シテ許可ヲ求ムヘキ裁判所ハ就籍又ハ除籍ヲ爲サントスル戸籍役塲所在地ヲ管轄スル區裁判所ナリトス例之バ前例ニ於ケル就籍又ハ除籍ニ付テハ東京區裁判所ヘ其許可ヲ申請セサルベカラサルカ如シ而シテ本條ノ許可ヲ申請シ若クハ届出ヲ爲ス者ハ就籍ヲ求ムル者又ハ除籍ヲ求ムル者ナルヤ或ハ又戸主ナリヤト云ハハ第二百條ノ規定スルカ如ク其戸主ナリトス

參照

明治四年四月太政官布告戸籍法則第二十一則ニ曰凡ソ戸籍ヲ檢査スルニハ遺漏アルヘカ

ラス又重複スヘカラス二ツノ者ノ弊アレハ檢査ノ要ヲ失フ尤甚シトイフヘシ（中略）故ニ六ケ年目每ニ戶籍ヲ改正スルニ當リ其戶籍ヲ檢査スルノ日ハ天下府藩縣一般二月一日ヨリ五月十五日ヲ以テ終ルヲ法トスヘシ

同十五年六月二十九日內務省乙第三十九號達ニ曰、無籍在監人ハ定籍ノ手續ヲ爲サシムルニ及ハス本人放還ノ時籍ヲ望ノ地ニ定メシメ典獄ヨリ就籍地戶長ヘ通知書ヲ作リ本人ヲシテ携帶就籍ノ手續ヲ行ハシムヘシ此旨相達候事

明治六年五月二十八日第百七十七號布告（前出）

第百九十八條 就籍ノ屆出ハ許可ノ裁判カ確定シタル日ヨリ十日內ニ左ノ諸件ヲ具シ裁判ノ謄本ヲ添ヘテ就籍スヘキ地ノ戶籍吏ニ之ヲ爲スコトヲ要ス

一 就籍スヘキ者ノ氏名、族稱、出生ノ年月日時、職業及ヒ就籍スヘキ地

二 就籍スヘキ者ノ父母ノ氏名及ヒ其者ト父母トノ續柄

三 本籍ヲ有セサリシ原因

四 就籍スヘキ者カ前ニ本籍ヲ有セシトキハ其舊本籍地

五　就籍スヘキ者カ戸主ナルトキハ其旨
六　就籍スヘキ者カ家族ナルトキハ戸主ノ氏名、族稱、職業及ヒ其者ト戸主トノ續柄
七　就籍スヘキ者カ戸主及ヒ家族ナルトキハ戸主、家族ノ別及ヒ家族ト戸主トノ續柄
八　就籍スヘキ者カ他家ヨリ入リテ戸主又ハ家族ト爲リタル者ナルトキハ其原籍地、原籍ノ戸主ノ氏名、族稱及ヒ其戸主ト就籍スヘキ者トノ續柄

前項第六號及ヒ第七號ノ場合ニ於テ就籍スヘキ家族カ他家ヨリ入リテ他ノ家族ノ配偶者ト爲リタル者ナルトキ又ハ他ノ家族ヲ經テ戸主トノ親族關係ヲ有スル者ナルトキハ屆書ニ其者ト戸主トノ續柄ノ外他ノ家族トノ續柄ヲ記載シ若シ他ノ家族トノミ親族關係ヲ有スル者ナルトキハ其者ト他ノ家族トノ續柄ノミヲ記載スルコトヲ要ス

本條ハ前條ノ規定ニ基キ就籍ノ屆出ヲ爲スヘキ土地及ヒ其屆書ニ記載スルコトヲ要スル條件ヲ定メタルモノトス乃チ就籍ノ屆出期間ハ管轄區裁判所ノ許可ノ裁判カ確定シタル日ヨ

リ起算シテ十日内ニシテ其屆出ニハ其裁判ノ謄本ヲ添フルコトヲ要スルモノトス蓋シ裁判確定以前ニハ果シテ屆出ヲ爲シ得ルヤ否判明セサルヲ以テ其確定ヲ待タサルヘカラス又裁判確定以后ニ在リテハ永キ時日ヲ經過セシムルトキハ其間戸籍ニ遺漏アルカ故ニ取扱上困難ヲ來スカ如キ塲合ヲ生スルニ至ルヘキヲ以テ可成的速ニ之ヲ爲サシムルヲ要ス是本條屆出期間ノ短期ナル所以ナリトス而シテ其屆出ヲ爲スヘキ地ハ就籍セントスル土地ヲ管轄スル戸籍吏ニ爲スベキモノナリ

就籍ノ屆書ニ記載スヘキ要件ハ乃チ左ノ如シ

一　就籍スヘキ者ノ氏名族稱、出生ノ年月日時、云々

此條件ハ乃チ何人カ就籍スルモノナルヤヲ明ニセシムルニ在リ

二　就籍スヘキ者ノ父母ノ氏名及ヒ其者ト父母トノ續柄乃チ實子トカ養子トカノ類ヲ云フ

此條件ハ乃チ就籍スル者ノ血統ヲ明ナラシムルニ在リトス

三　本籍ヲ有セサリシ原因

本籍ヲ有セサリシ原因トハ無籍ノ事由例之バ誤ッテ出生ノ屆出ヲ爲サヾリシ如キ又ハ入籍ノ屆出ヲ爲サヽルカ如キコトヲ云フ換言スレバ第百九十七條ニ所謂屆出ノ欠漏其他ノ事由ヲ

記載スルヲ云フモノト知ルヘシ

四　就籍スヘキ者ノ前ニ本籍ヲ有セシトキハ其舊本籍地

此條件ハ乃チ一タビモ本籍ヲ有セサルモノニアラスシテ曾テ之ヲ有セシモノナルトキハ其舊本籍ヲ記載スヘキコトテ云フ例之バ甲カ乙家ニ嫁シ後ニ至リ離婚セラレタルトキ復歸入籍ノ手續ナキ爲メ戸籍ニ遺脱アリタルニ依リ就籍セントスル塲合ニ於テハ舊本籍タル乙家所在地ヲ記載スル如シ

五　就籍スヘキ者カ戸主ナルトキハ其者

就籍セントスル者カ直ニ戸主トナルベキトキニハ其旨ヲ記載スルカ如シ

六　就籍スヘキ者カ家族ナルトキハ戸主ト氏名云々

就籍スヘキ者カ家族トナルヘキモノナルトキハ其戸主ノ氏名等ヲ記載スルヲ云ヒ其戸主トノ關係ヲ明ニスルニ在リ

七　就籍スヘキ者カ戸主及ヒ家族ナルトキハ云々

此條件ハ就籍スヘキ者カ戸主ト家族トノ關係アル者ナルトキハ其區別幷ニ關係ノ如何ヲ明ナラシムルニ在ルナリ

八　就籍スヘキ者が他家ヨリ入リテ戸主又ハ家族ト爲リタル者ナルトキ云々

此條件ハ就籍スヘキ者カ第百七十六條第六號前段ノ塲合ニ該當スル者ナルトキニ要スル所ノモノニシテ同條下ノ說明ヲ參照スレハ自ラ明カナルヘシ故ニ之ヲ省略ス之ヲ要スルニ就籍屆書ニ記載スヘキ條件ハ第百七十六條ニ揭クル所ノ戶籍ニ記載スヘキ事項ヲ具フルコトヲ要スルモノト知ラハ大差ナキニ庶幾ラン

本條第二項ノ規定ハ亦第百七十六條第六號第七號第八號ニ該當スル者ノ就籍屆書ニハ是等ノ關係ヲ記載スヘキコトヲ定メタルニ過キスシテ既ニ前說述スル所ナルヲ以テ之ヲ參照シテ知ルヲ得ベシ故ニ之ヲ贅セズ

第百九十九條

除籍ノ屆出ハ許可ノ裁判カ確定シタル日ヨリ十日內ニ左ノ諸件ヲ具シ裁判ノ謄本ヲ添ヘテ除籍スヘキ地ノ戶籍吏ニ之ヲ爲スコトヲ要ス

一　除籍スヘキ者ノ氏名、族稱、職業、本籍地及ヒ複本籍地
二　複本籍ヲ有セル原因
三　除籍スヘキ者カ本籍ト複本籍トニ於テ身分ヲ異ニスルトキハ本籍竝ニ複本籍ニ於ケル身分及ヒ其身分ノ異ナル原因

本條ハ第百九十七條ノ規定ニ基キ除籍ノ屆出ヲナスヘキ土地及ヒ其屆書ニ記載スルコトヲ

要スル條件ヲ定メタルモノトス乃チ除籍ノ屆出期限ハ前條ト同シク管轄區裁判所ノ許可ノ裁判カ確定シタル日ヨリ起算シ十日以內トシ其屆出ニハ其裁判ノ謄本ヲ添フルコトヲ要ス而シテ其屆出ヲ爲スヘキ地ハ除籍セントスル目的ノ戶籍ヲ管掌スル戶籍吏ニ爲スヘキモノトセルナリ今其除籍屆出ニ具フルコトヲ要スル條件テ示ストキハ乃チ左ノ如シ

一　除籍スヘキ者ノ氏名族稱云々

此條件ハ乃チ何人ヲ除籍スルニ在ルカヲ明ニスルニ在リ

二　複本籍ヲ有セル原因

此條件ハ乃チ何故ニ戶籍ノ重複スルニ至リタルヤヲ明ニスルモノニシテ例之ハ他ニ轉籍ヲナシタルニ舊本籍地ニ於テ除籍ヲ爲サヽリシコトノ記載ヲ爲スカ如キヲ云フ

三　除籍スヘキ者カ本籍ト複本籍トニ於テ身分ヲ異ニスルトキハ云々

此條件ハ除籍スヘキ者ノ身分カ本籍及ヒ複本籍ニ於テ各異ナル場合ニ適用セラルル者ニシテ此場合ニ於テハ双方ノ戶籍ニ於ケル身分ノ如何ト其差異ヲ生シタル原因トテ明カニスルヲ以テ目的トス例之ハ初メ戶籍ニ記載シタル時ハ平民ナリシニ轉籍后新ニ華族ニ列セラレタルトキ若シ戶籍ノ重複アリトセハ乃チ本籍ト複本籍トニ身分ノ差異アルモノナレハ此ノ如キ場合ニハ其異ナルコトヽ其原因トヲ記載スルコトヲ要スルカ如シ

第二百條　就籍又ハ除籍スヘキ者カ家族ナルトキ又ハ戸主及ヒ家族ナルトキハ前二條ノ届出ハ戸主ヨリ之ヲ爲スコトヲ要ス

本條ハ就籍又ハ除籍ノ届出ハ何人ヨリ爲スヘキカヲ規定シタルモノトス就籍又ハ除籍スヘキ者カ家族ナルトキ又ハ戸主及ヒ家族ナルトキハ何レモ其届出ハ主宰者タルヘキ戸主ヨリ届出ヲナスヘキモノトス故ニ例之ハ養子ノ復本籍ヲ除籍セントスルトキハ養家ノ戸主ヨリ爲スヘキモノニシテ實家ノ戸主ニアラス又養子離緣ノ塲合ニ於テ實家ニ復歸シタル後ニ養家ノ本籍未タ除却シアラサルトキニ當リ養家ノ本籍ヲ除籍スルコトヲ求ムルハ實家ノ戸主ヨリ之ヲ爲スヘク又子ノ届漏アリタルコト之ヲ就籍セシメンニハ父ナル戸主ヨリシテ之ヲ爲ササルヘカラサルカ如シ

參照

明治十九年内務省令第十九號第五條ニ曰前數條ニ記載シタル事項ハ戸主ヨリ届出ツヘシ戸主未定又ハ不在ナルトキハ親族二人以上又ハ其事ニ關係アル者ヨリ本籍戸長ニ届出ツヘシ云々

同第六條ニ曰他府縣又ハ他郡區ニ寄留シタルトキ自己ノ所有地ニ於テハ寄留者ヨリ他人ノ所有地若クハ自己又ハ他人ノ借地借家ニ於テハ寄留者及ヒ地主又ハ家主又ハ其地所其

家ヲ管理スル者ヨリ十日以内ニ其地戸長ニ屆出テ且同時ニ本籍地戸長ヘ屆出ヲ發送スヘシ

明治六年第百七十七號布告及ヒ同十五年內務省乙第三十九號達（前出）

同十九年內務省令第二十二號戸籍取扱手續第十三條ニ曰全戸除籍スル者アルトキハ朱ニテ登記シ其戸籍ニ朱線ヲ畫シ便宜之ヲ除籍簿ニ移スヘシ

同第十一條ニ曰、戸籍ニ入ル者アルトキハ其戸籍ノ末ニ登記スヘシ戸籍ヲ除ク者アルトキハ其事項ヲ朱ニテ登記シ且其氏名ニ朱線ヲ畫スヘシ

第二百一條 第百九十八條及ヒ第百九十九條ノ規定ハ確定判決ニ依リテ就籍又ハ除籍ノ屆出ヲ爲ス場合ニ之ヲ準用ス

婚姻又ハ養子緣組等ノ場合ニ於テ一方カ身分登記簿ニ登記セサリシカ爲メ一方ヨリ之カ請求ノ訴訟ヲ提起シ勝訴ノ判決ヲ得其裁判確定シタルトキ其判決ニ基キ就籍又ハ除籍ノ屆出ヲ爲ストキハ第百九十八條又ハ第百九十九條ニ定ムル所ノ條件ヲ具シテ屆出テサルヘカラサルモノナルコトヲ本條ニ於テ規定シタルモノトス

第二百二條 第四十三條、第四十四條、第四十六條、第四十九條乃至第五十一條、第五十四條、第五十五條、第五十八條及ヒ第六十二條乃至第六十六

條ノ規定ハ本章ノ屆出ニ之ヲ準用ス

本條ハ身分ニ關スル屆出ニ付テ規定シタル屆出ハ書面ヲ以テ爲スヲ通則トシ唯正當ノ事由アル場合ノトキハ口頭ニテ屆出ヲ爲スコトヲ得ベキモノトスルコト(第四十三條)屆書ニハ屆出事件、其年月日又屆出人ノ族稱職業其他ヲ記載シ屆出人ハ之ニ署名捺印スヘキモノナルコト(第四十四條)屆出義務者ノ何タルコト(第四十六條)屆出人カ本籍地以外ニ在ルトキハ其所在地ヲ屆書ニ記載スルコト(第四十九條)其他第五十條第五十一條等本條ニ明示スル條項ニ付テハ戸籍ニ關スル屆出ニモ亦之ヲ準用スルコトヲ定メタルモノトス是皆敢テ身分ニ關スルモノト戸籍ニ關スルモノトノ間ニ區別スルヲ要セサル事項ニ屬スルヲ以テ斯ニ重ヲテ規定スルノ煩ヲ避ケ以テ本條ノ規定ヲ爲スニ至リタルモノトス其詳細ハ右各條下ノ註釋ニ參照スヘシ

第八章　抗告

本章ニ於テハ戸籍吏ノ處分ニ對シ不服アルトキ之カ匡正ヲ求ムルノ手續ヲ定メタルモノナリ乃チ此手續ヲ稱シテ抗告ト云フ抑モ抗告ニ二種アリ普通ノ抗告ト即時抗告トノ別是ナリ即時抗告トハ裁判ノ告知ヲ得タルトキヨリ七日以內ニ爲スヘキモノニシテ普通ノ抗告トハ之カ期間ノ定メナキモノヲ云ヒ二者共ニ手續ニ付テノ裁判ノ覆審ヲ得ンカ爲メノ一種ノ上訴方法ナリトス而シテ此抗告ノ裁判ヲ爲スヘキ裁判所ハ何レノ裁判所ナルヤ又抗告ヲ爲スノ手續ノ何タルコト又抗告裁判所ノ裁判ニ對シテ再抗告ヲ爲シ得ヘキコト等ニ付テハ本法ニ特別ノ規定アルノ外尙明治三十一年法律第十四號非訟事件手續法第二十條乃至第二十五條及ヒ民事訴訟法第四百五十五條以下ノ規定ヲ參照セバ其詳細ヲ知ルヲ得ヘシ

第二百三條　身分登記又ハ戸籍ニ關スル事件ニ付キ戸籍吏ノ處分ヲ不當トスル者ハ戸籍役場ノ所在地ヲ管轄スル區裁判所ニ抗告ヲ爲スコトヲ得

本條ハ抗告ヲ爲シ得ヘキ場合及ヒ其管轄裁判所ノ何レナルヤヲ規定シタルモノニシテ第一項ニ於テハ身分登記又ハ戸籍ニ關スル事件ニ付テ戸籍吏ノ爲シタル處分ヲ不當トシ之ニ服

スル能ハサルトキハ抗告ヲ爲シテ之カ匡正ヲ求ムルヲ得ヘキ旨ヲ規定シタリ是レ素ヨリ至當ナル事ニシテ如何ニ戶籍吏ハ事務ニ熟練シ居ルトハ云ヘ百事悉ク其適正ヲ得テ毫モ不當ナルコトヲ爲スモノニアラスト云フ能ハズ其此ノ如キ場合ニ於テ尙且其戶籍吏ノ處分ニ屈從セサルヘカラサルモノトセハ是實ニ人ノ權利ヲ蹂躙スルモノト謂ハサルヲ得ズ故ヲ以テ本法ハ抗告ナル手續ニヨリ此不法ヲ救正スヘキモノトセルナリ從來ニ於テハ此ノ如キ手續ヲ許シタルコトナク且身分及ヒ戶籍ノ登記其他ノコトニ付テモ完全ナル法規ノ存スルモノナカリシヨリ時ニ或ハ人ノ權利ノ得喪上ニ至大ノ關係ヲ惹起シ爭議ノ端トナルカ如キコトナキニアラサリシカ如シト雖モ戶籍吏ノ處分ニ對シテ何等ノ救匡方法ノ規定ナカリシヨリ甘シデ其處分ニ屈從セサルヲ得サルカ如キ形跡ナキニアラズ幸ニ本法ノ制定ニ依リ此ノ如キ不便ヲ除却シ得ルニ至ラン乎是實ニ至當ノ規定ナリト云ハサルヲ得サルナリ而シテ此救正ヲ求ムヘキ裁判所ハ其戶籍役塲ノ所在地ヲ管轄スル區裁判所ナリトス例之バ東京市ニ在リテハ東京區裁判所橫濱市ニ在リテハ橫濱區裁判所ナルカ如シ

第二百四條 抗告ハ管轄區裁判所ニ抗告狀ヲ差出シテ之ヲ爲ス

抗告狀ニハ屆書又ハ申請書及ヒ其他ノ關係書類ヲ添フルコトヲ要ス

本條ハ抗告ヲ爲スベキ手續ヲ定メタルモノトス

抗告ヲ爲サントスル者ハ抗告狀ナルモノヲ作リ之ヲ管轄區裁判所ニ差出スヘキモノトス所謂抗告狀トハ戶籍吏ノ爲シタル處分ニ對シ不服ヲ申立ツルノ理由ト其戶籍吏ノ爲シタル處分ノ何タルコト幷ニ如何ナル裁判ヲ得ンコトヲ欲スルモノナルヤ否等ノ事項ヲ記載スルモノヲ云フナリ若シ是ナクンハ抗告ノ趣旨如何ヲ知ルニ由ナケレバナリ而シテ此抗告狀ニハ屆書又ハ申請書及ヒ其他ノ關係書類ヲ添付スルコトヲ要ストシタル所以ノモノハ當該裁判官ヲシテ裁斷ノ資料ニ供セシムルノ目的ニ出テタルモノトス

民事訴訟法第四百五十七條ニ抗告ハ不服ヲ申立テラレタル裁判ヲ爲シタル裁判所又ハ裁判長ノ屬スル裁判所ニ抗告狀ヲ差出シテ之ヲ爲ストシ且ツ抗告ニ付テハ直近ノ上級裁判所其裁判ヲ爲スヘキモノトセリ（民事訴訟法第四百五十六條）

第二百五條　抗告ヲ受ケタル裁判所ハ抗告ニ關スル書類ヲ戶籍吏ニ送付シテ其意見ヲ求ムルコトヲ要ス

本條ハ抗告裁判所カ其裁判ヲ爲ス以前ニ於テ爲スヘキ手續ヲ定メタルモノトス乃チ抗告裁判所ハ其裁判ヲ爲スニ先チテ抗告ノ爲メニ受取リタル書類乃チ前條ニ規定スル所ノモノヲ戶籍吏ニ送付シテ其意見ヲ求ムルコトヲ要ス是レ裁判ハ片言ヲ以テ斷セズトノ原則ヲ適用シタルモノニシテ甚タ公平ナルモノト云フペシ殊ニ亦次條ニ定ムルカ如ク戶籍吏ヲシテ再

度ノ考案ヲ爲サシムルカ爲メニモ亦必要ナル方法ナリト云フヲ得ヘシ

第二百六條 戸籍吏ハ抗告ヲ理由アリト認ムルトキハ處分ヲ變更シテ其旨ヲ裁判所及ヒ抗告人ニ通知スルコトヲ要ス

抗告ヲ理由ナシト認ムルトキハ其意見ヲ附シ送付ヲ受ケタル書類ヲ五日內ニ裁判所ニ返還スルコトヲ要ス

本條ハ前條ノ規定ニヨリ戸籍吏カ管轄裁判所ヨリ抗告ニ關スル記錄ノ送付ヲ受取リタル以後ノ手續ヲ定メタルモノトス

第一項ニ於テハ戸籍吏カ抗告ニ關スル記錄ニ依リテ自己ノ爲シタル處分ヲ不當ナリト認メタルトキハ其處分ヲ變更スルコトヲ得ベキ旨ヲ明ニシ且此ノ如キ塲合ニ在リテハ最早抗告裁判所ノ裁判ヲ受クルヲ要セスシテ抗告人ノ希望ヲ達スルコトヲ得ヘキカ故ニ太タ簡便ナルノ利益アリトス而シテ此變更ヲナシタル塲合ニハ戸籍吏ヨリ其旨ヲ裁判所並ニ抗告人ニ通知スルコトヲ要スルモノトス是則チ戸籍吏カ再度ノ考案ノ結果ヲ知ラシムルニ在ルナリ

若シ又戸籍吏ニ於テ其抗告ヲ理由ナキモノトスルトキハ自己ノ爲シタル處分ノ不當ニアラサルコト乃チ抗告ノ理由ナキコトノ意見ヲ付シテ送付ヲ受ケタル書類ヲ五日內ニ裁判所ニ

返還セサルヘカラス是第二項ニ規定スル所ナリ是ニ至リテ裁判所ハ初メテ抗告ニ付テノ裁判ヲ爲スヘキナリ而シテ何故ニ返還ノ期限ヲ五日ト限リタルカト云ヘハ速ニ事件ヲ終結セシメ以テ抗告人ノ權利ヲ伸張セシムルニ在リトス

民事訴訟法第四百五十九條ニモ亦殆ント之ト同樣ノ規定アリテ書類返還ノ期間ハ三日トセリ尚同條ヲ參照スベシ

第二百七條 裁判所ハ抗告ヲ理由ナシトスルトキハ之ヲ却下シ其理由アリトスルトキハ戸籍吏ニ相當ノ處分ヲ命スルコトヲ要ス

抗告ヲ却下シ又ハ處分ヲ命スル裁判ハ決定ヲ以テ之ヲ爲シ之ヲ戸籍吏及ヒ抗告人ニ送達スルコトヲ要ス

本條ハ抗告裁判所ノ爲スヘキ裁判ノ方法ヲ示スモノトス

第一項ハ抗告裁判所カ抗告ヲ審理シ抗告ニシテ至當ノ理由ナキモノトシタルトキハ該抗告却下ノ裁判ヲ爲スヘク若シ又抗告人ノ抗告ハ至當ニシテ戸籍吏ノ爲シタル處分ヲ不當ナリト認メタルトキハ戸籍吏ヲシテ相當ノ處置ヲ爲サシムヘキヿヲ命令スヘキモノトス其所謂相當ナル處分トハ抗告人ノ申立ヲ達セシムルニ足ルヘキ處分ヲ命スルノ謂ヒニシテ今一々之ヲ明言シ難シト雖モ例之バ戸籍吏カ或ル届出事件ノ登記ヲ拒ミタルモノナリトセバ其

登記ヲ爲スコトヲ命スルカ如キヲ云フ

右ノ如ク抗告ヲ却下シ又ハ處分ヲ命スル裁判ハ判決ナル形式ニヨラスシテ決定ナル形式ヲ以テ之ヲ爲スヘク而シテ此決定ハ戸籍吏及ヒ抗告人ニ之ヲ送達スルコトヲ要スルモノトス是則チ裁判ヲ告知セシムルカ爲メナリトス

參照

民事訴訟法第四百六十四條ニ曰抗告ヲ適法ニシテ且理由アリトスルトキハ抗告裁判所ハ不服ヲ申立テラレタル裁判ヲ廢棄シテ自ラ更ニ裁判ヲ爲シ又ハ不服ヲ申立テラレタル裁判ヲ爲シタル裁判所又ハ裁判長ニ委任シテ裁判ヲ爲サシムルコトヲ得

抗告裁判所ノ裁判ハ不服ヲ申立テラレタル裁判ヲ爲シタル裁判所又ハ裁判長ニ之ヲ通知スヘシ

第二百八條 裁判所ノ決定ニ對シテハ法律ニ違背シタル裁判ナルコトヲ理由トスルトキニ限リ民事訴訟法ノ規定ニ從ヒテ抗告ヲ爲スコトヲ得

前條ニ依リ爲シタル抗告裁判所ノ決定ニ對シテ又不服ナルトキハ更ニ抗告ナル手續ニヨリテ上級審ナル裁判所ニ向テ覆審ヲ求ムルコトヲ得ルモノトス之ヲ名ケテ再抗告ト云フ而シテ本法ニ於テ許ス所ノ再抗告ハ抗告裁判所ノ裁判ニ不服ナリトテ常ニ之ヲ爲シ得ヘキニア

ラス必スヤ本條ニ規定スルカ如ク抗告裁判所ノ裁判カ法律ニ違背スルモノナルコトヲ理由トスルトキニアラサレハ之ヲ爲スヲ許ササルモノトス乃チ事實ノ認定ニ對シテ不服ナルトキハ再抗告ヲ爲スヲ得サルナリ何トナレハ事實上ノ審理ハ區裁判所判事ニ於テ之ヲ調查審究スルニ於テハ誤謬失當等ノコトナカルヘキヲ以テ更ニ再ヒ之ヲ調查セサルモ敢テ差支ヘナカルヘク殊ニ戶籍又ハ身分登記ニ關スル事件ニシテ其事實ハ概ネ簡短ニシテ敢テ錯雜スルモノニモアラサルヲ以テ之ヲ覆審スル要ナシト認ムヘキヲ以テ玆ニ確定ノ事實トシテ更ニ動スコトヲ得サルモノトセルナリ然レドモ法律ノ解釋又ハ適用ニ至リテハ或ハ失錯ナキヲ保セサルヲ以テ唯此點ニ關スル理由ノミヲ以テ再抗告ヲ許スモノトス而シテ之ヲ爲スノ手續ハ民事訴訟法第四百五十六條ニ規定スルカ如ク直近ノ上級裁判所ニ之ヲ爲スヘキモノトスルヲ以テ乃チ地方裁判所ニ之ヲ爲スヘキモノトス

民事訴訟法第四百五十六條第二項ニヨレハ「抗告裁判所ノ裁判ニ對シテ其裁判ニ因リ新ナル獨立ノ抗告理由ヲ生シタルトキニ非サレハ更ニ抗告ヲ爲スコトヲ得ス」トアリテ再抗告ハ獨立ノ理由アルトキハ之ヲ爲シ得ルモノナレトモ本法ニ於ケル再抗告ハ法律違背ヲ理由トスルノミニ限レルコトヲ注意スヘシ此差異ヲ生シタルノ理由ノ如キ亦前段說明セル所ニヨリ之ヲ知ルベシ

第二百九條 抗告ノ費用ニ付テハ非訟事件手續法ノ規定ヲ準用ス

本條ハ抗告ニ關スル費用ノ負擔ヲ定メタルモノニシテ其定メ方ハ訴訟事件手續法ノ規定ヲ準用スヘキコトヽセルニ過キス今左ニ該法中費用ニ關スル部分ヲ摘示セン

參照

裁判前ノ手續及ヒ裁判ノ告知ノ費用ハ特ニ其負擔者ヲ定メタル塲合ヲ餘ク外事件ノ申立人ノ負擔トス但檢事カ申立ヲ爲シタル塲合ニ於テハ國庫ノ負擔トス（非訟事件手續法第二十六條）

裁判所ハ前條ノ費用ニ付キ裁判ヲ爲スコトヲ必要ト認ムルトキハ其額ヲ確定シテ事件ノ裁判ト共ニ之ヲ爲スヘシ（仝第二十七條）

裁判所ハ特別ノ事情アルトキハ本法ノ規定ニ依リテ費用ヲ負擔スヘキ者ニ非サル關係人ニ費用ノ全部又ハ一部ノ負擔ヲ命スルコトヲ得（仝第二十九條）

民事訴訟法第八十條第一項ノ規定ハ共同ニテ費用ヲ負擔スヘキ者數人アル塲合ニ之ヲ準用ス（仝第二十九條）

第九章　罰則

本章ハ本法ノ規定ニ違背シタル者ニ對スル制裁ヲ規定シタルモノトス

第二百十條　本法ノ規定ニ依リ期間內ニ爲スヘキ屆出又ハ申請ヲ怠リタル者ハ十圓以下ノ過料ニ處セラル

本條ハ期間內ニ爲スヘキ屆出又ハ申請ヲ怠リタル者ニ課スヘキ制裁ヲ定メタルモノトス元來本法規定ノ屆出又ハ申請ニ付テ之ヲ爲スニ一定ノ期間ニ存スルアリテ之ヲ設ケタルノ理由ハ前ニモ云ヘルカ如ク事件ノ發生シタルヨリ久シキヲ經過スルトキハ證據ノ堙滅スルコトアルヘク又戶籍ヲ遁ルルコトアルヘクシテ國家ノ行政權ヲ施行スルニモ障害ヲ加フルニ至ルヘキヲ以テナリ故ヲ以テ一定ノ期間ヲ定メ其期間內ニ必ス屆出又ハ申請ヲ爲スヘキモノトセリ故ニ此屆出又ハ申請ヲ怠ル者ハ乃チ法律ノ命令ヲ遵奉セサルモノナルカ故ニ之ニ制裁ヲ付シ以テ立法ノ趣旨ヲ貫徹スルノ要アリトス是レ本條ニ於テ是等ノ者ニ對シ十圓以下ノ過料ニ處スヘキコトヽセルナリ

第二百十一條　期間內ニ屆出又ハ申請ヲ爲サヽルニ因リ戶籍吏カ期間ヲ定メテ屆出又ハ申請ノ催告ヲ爲シタル場合ニ於テ尙ホ其屆出又ハ申請

ヲ怠リタル者ハ二十圓以下ノ過料ニ處セラル二回以上戸籍吏ノ催告ニ應セサル者亦同シ

期間内ニ屆出又ハ申請ヲ爲サヽルニ因リ戸籍吏ヨリ相當期間ヲ定メ其期間内ニ爲スコトヲ催告スルコトハ第六十三條第二項ニ規定スル所ニシテ此催告ニ應シ尙屆出又ハ申請ヲ爲サヽルハ重ネテ怠慢ノ責アリト謂ハサルベカラズ前條ノ塲合ニ至リテハ或ハ不知不識期間ヲ經過セルモノナキニアラサルヘク從テ敢テ惡意ノ責ムヘキモノナシト雖モ催告ヲ受ケ尙且之ニ應セサルモノニ在リテハ其情毫モ憫ムヘキモノナキノミナラス反ツテ故意ヲ以テ其期間ヲ經過セシメタルモノト云フヘク其罪責ハ一層重カラサルヲ得サルハ事理ノ當然ナリトス是レ本條ニ於テ過料ノ額ヲ高メ二十圓以下ニ處スヘキモノトセルナリ而シテ二回三回幾回催告スルモ尙應セサルモノニ於テハ二回三回幾回ニテモ制裁ヲ加ヘサルヘカラサルナリ斯ク幾回制裁ヲ加フルモ決シテ彼ノ一事再理セストノ原則ニ背反スルモノニアラサルナリ何トナレバ其催告期滿了ノ度每ニ一ノ犯罪行爲ヲ組成スヘキモノナレバナリ

第二百十二條 戸籍吏ハ左ノ場合ニ於テハ三十圓以下ノ過料ニ處セラル

一 正當ノ理由ナクシテ身分又ハ戸籍ニ關スル屆出若クハ申請ヲ受理セサルトキ

二　身分登記又ハ戸籍ノ記載ヲ爲スコトヲ怠リタルトキ

戸籍吏ハ左ノ場合ニ於テハ三十圓以下ノ過料ニ處セラルヘキモノトス

一　正當ノ理由ナクシテ身分又ハ戸籍ニ關スル屆出又ハ申請ヲ受理セサルトキ

民法第七百七十六條ノ規定ニヨルトキハ戸籍吏ハ婚姻カ民法ニ定ムル條件其他ノ法令ニ違反セサルコトヲ認メタル后ニアラサレハ其屆出ヲ受理スルコトヲ得ストアルニヨリ若シ民法又ハ其他ノ法令ニ違反セサルコトヲ認メタルニモ係ラス尚其屆出ヲ受理セサルカ如キハ是レ正當ノ理由ナキモノト云フヘク又申請ニ相當ノ手數料ヲ納メタルニ尚之ヲ受理セサルカ如キ亦然リトス

二　身分登記又ハ戸籍ノ記載ヲナスコトヲ怠リタルトキ

戸籍吏ハ屆出又申請アルモノナレハ此義務ニ背反シテ登記又ハ記載ヲ怠リタルトキハ制裁ヲ免レ得ヘキニアラサルハ當然ナリトス

第二百十三條　戸籍吏ハ左ノ場合ニ於テハ十圓以下ノ過料ニ處セラル

一　正當ノ理由ナクシテ身分登記簿又ハ戸籍簿ノ閲覽ヲ拒ミタルトキ

二　正當ノ理由ナクシテ身分登記又ハ戸籍ノ謄本若クハ抄本ヲ交付セス又ハ身分若クハ戸籍ニ關スル屆出又ハ申請ノ受理ノ證書ヲ交

付セサルトキ

戸籍吏ハ叉左ノ場合ニ於テハ十圓以下ノ過料ニ處セラルヘキモノトス

一　正當ノ理由ナクシテ身分登記簿叉ハ云々

何人ト雖モ身分登記簿叉戸籍簿ノ閲覽ヲ求ムルコトヲ得ルモノナレバ故ナク戸籍吏ハ之ヲ拒ムコトヲ得サルモノトス故ニ之ヲ拒ムニ相當ナル理由ナキトキハ其所爲不法タルヲ免レズ從テ制裁ヲ蒙ルヘキハ當然ナリトス

二　正當ノ理由ナクシテ身分登記叉ハ戸籍ノ謄本云々

身分登記叉ハ戸籍簿ノ謄本叉ハ抄本ノ下付ヲ求メ叉ハ届出若クハ申請ノ受理ニ關スル證明書ノ交付ヲ求ムルコトモ亦何人ト雖モ爲シ得ヘキ所ノモノナレバ戸籍吏カ正當ノ理由ナクシテ之ヲ拒ムハ亦前項ト同一ノ理由ヨリシテ制裁ヲ加フべキモノナリトス

第二百十四條　本章ニ定メタル過料ノ裁判ハ過料ニ處セラルヘキ者ノ住所叉ハ居所ノ地ヲ管轄スル區裁判所之ヲ爲ス其裁判及ヒ裁判ノ執行ニ付テハ非訟事件手續法ノ規定ヲ準用ス

本條ハ本章ニ規定スル裁判ノ管轄及ヒ其裁判ノ執行ニ關スル規定ナリトス

本章ニ規定セル違反者ヲ裁判スヘキ管轄裁判所ハ乃チ其者カ住所トシ叉ハ居所トスル土地ヲ管轄スル區裁判所ニシテ其裁判ヲ爲スノ方法叉其裁判ノ執行ニ付テハ非訟事件手續法ノ

規定ニ準據スベキモノトセルナリ參照ノ爲メ非訟事件手續法ノ規定ヲ抄錄セン

過科ノ裁判ハ理由ヲ付シタル決定ヲ以テ之ヲ爲スヘシ(第二百七條)

裁判所ハ裁判ヲ爲ス前當事者ノ申述ヲ聽キ檢事ノ意見ヲ求ムヘシ(第二百七條)

過科ノ裁判ハ檢事ノ命令ヲ以テ之ヲ執行ス此命令ハ執行力ヲ有スル債務名義ト同一ノ効力ヲ有ス

過科ノ裁判ノ執行ハ民事訴訟法第六編ノ規定ニ從テ之ヲ爲ス但執行ヲ爲ス前裁判ノ送達ヲ爲スコトヲ要セス(以上第二百八條)

第二百十五條　自己又ハ他人ノ利ヲ圖リ若クハ他人ヲ害スル目的ヲ以テ身分又ハ戶籍ニ關シ詐僞ノ屆出若クハ申請ヲ爲シタル者ハ十一日以上四年以下ノ重禁錮又ハ二圓以上百圓以下ノ罰金ニ處セラル

本條ハ屆出又ハ申請ニ付テ裁判ヲ蒙ムルヘキ塲合ヲ規定シタルモノナリ

本條ニ所謂自己又ハ他人ノ利ヲ圖リ若クハ他人ヲ害スル目的ヲ以テ身分又ハ戶籍ニ關シ詐欺ノ申告ヲナストハ例之バ相續權ヲ得ンカ爲メ出生ノ年月日ヲ詐リ又ハ相續人失踪ノ旨ヲ詐リ屆出ツルカ如キ塲合ヲ云フ此ノ如キ塲合ハ乃チ尤モ重大ナル結果ヲ惹起スヘキ非常ノ事項ニ屬スルモノナルヲ以テ之ニ躰刑ヲ科シ又ハ多額ノ罰金ニ處スルモ敢テ失當ナリト云フヘカラサルナリ

附則

附則トハ本法ニ附加シテ其適用ヲ補フモノニシテ通例新舊法ノ過渡ニ關シ其規定ヲ掲ク若クハ施行期日ヲ掲クルカ如キ其主ナルモノトス本則モ亦是等ノ規定ヲナセルコトハ以下ノ說明ニヨリテ之ヲ知ルヘシ

第二百十六條 市町村長ヲ置カサル地ニ於テハ市町村長ノ職務ヲ行フ吏員ヲ以テ戶籍吏トシ其吏員ノ職務ヲ行フ役場ヲ以テ戶籍役場トス

市町村長ノ職務ヲ行フ吏員ノ事務ヲ代理スヘキ者ナキ地ニ在リテハ監督區裁判所ヲ管轄スル地方裁判所ノ長司法大臣ノ認可ヲ得テ豫メ其事務ヲ代理スヘキ者ヲ定ム

市參事會員其他戶籍吏ノ職務ヲ行フヘキ吏員ナキ地ニ於テ此等ノ者ニ代ハリ戶籍吏ノ職務ヲ行フヘキ者モ亦前項ノ手續ニ依リテ之ヲ定ム

小笠原島又ハ沖繩縣ノ如キニ於テハ未タ市町村制ノ實施ナク從來ノ行政區畫ヲ存スルモノナレハ從テ市町村長ナルモノ存在スルコトナシ故ニ斯ノ如キ地ニ於テハ本法ニ定ムル所ノ

市町村長ノ職務ヲ行フヘキ者ノ何人ナルヤヲ規定スルノ必要アリトス是レ第一項ノ規定アル所以ニシテ乃チ市町村長ノ職務ヲ行フベキ吏員ハ其名義ノ何タルヲ問ハス本法ニ所謂戸籍吏トシ其役塲ヲ以テ戸籍役塲トナスヘキモノナリ此規定ハ乃チ第一條ノ適用ニ關スルモノトス

又設ヒ市町村制ヲ施行セル地ニ於テモ市町村長欠員アリ又其代理トシテ職務ヲ行フヘキ吏員モナキトキハ監督區裁判所ヲ管轄スル地方裁判所長ハ司法大臣ノ認可ヲ受ケテ其代理者ヲ定ムルコトヲ得ヘキ旨ヲ第二項ニ規定セリ是則第三條ノ適用ニ關シ必要ヲ生スヘキヲ以テナリ

又市參事會員其他戸籍吏ノ職務ヲ行フヘキ吏員乃チ第三條第二項ニ定ムル所ノ者ナキトキハ是等ノ者ニ代リテ其職務ヲ行フヘキ者モ亦前項ト同一ノ手續ニ從テ定ムヘキコトヲ第三項ニ於テ規定セリ是亦第三條ノ適用ニ關シ必要ヲ生スヘキヲ以テナリ

第二百十七條 本法ノ規定ニ依リテ納付スル手數料ハ之ヲ市町村ノ收入トス但國庫ヨリ戸籍役場ノ經費ヲ支辨スル地ニ在リテハ之ヲ國庫ノ收入トス

手數料ノ金額ハ命令ヲ以テ之ヲ定ム

身分登記簿又ハ戸籍簿ノ謄本抄本ノ交付ヲ求メ又ハ其閲覽ヲ求メ又ハ身分若クハ戸籍ニ關スル屆出又ハ申請ノ受理ノ證明書ノ交付ヲ求ムルニハ手數料ヲ納メサルヘカラサルコトハ前說明シタル所ナリトス斯ク納付シタル手數料ハ何人ノ所得トナルカト云フニ其市町村ノ收入トナスヘキモノトセリ是則チ一ノ報酬ニ外ナラサレバナリ故ニ若シ戸籍役場ノ經費支辨ヲ國庫ニ於テ爲ストキハ從テ其收入モ亦國庫ニ收入ストセルハ當然ノミ
此手數料ノ額ハ各申請ニ付テ必ズシモ一樣ナルヘキニアラス是等ハ何レモ司法大臣ノ命令ヲ以テ之ヲ定ムルモノトス

第二百十八條 本法ノ規定ニ依リ屆出人其他ノ者ノ署名、捺印ヲ要スル場合ニ於テ其者カ印ヲ有セサルトキハ署名スルヲ以テ足ル署名スルコト能ハサルトキハ名ヲ代署セシメ捺印スルヲ以テ足ル若シ署名スルコト能ハス且印ヲ有セサルトキハ名ヲ代署セシメ拇印スルヲ以テ足ル
前項ノ規定ニ依リ捺印セス又ハ名ヲ代署セシメ若クハ拇印シタル場合ニ於テハ書面ニ其事由ヲ附記スルコトヲ要ス
元來私署證書ナルモノハ署名又ハ捺印ノ內何レカ其一ヲ備フルトキハ完全ノ證書ト云ヒ得ヘクシテ決シテ此二者ノ共ニ具備スルコトヲ必要トセス本法モ亦此定規ヲ設ケ屆出人其他

ノ者カ署名捺印スヘキモノナル場合ニ於テ印章ヲ有セサルトキハ署名ニテ可ナリトシ若シ署名スルコト能ハサルトキハ他人ヲシテ此名ヲ代書セシメ捺印スルヲ以テ足ルモノトシ若シ署名スルコト能ハス印章ヲモ有セサルモノナルトキハ代署セシメ捺印スルヲ以テ足ル尤モ以上何レノ場合ニ於テモ其事由ヲ附記シ置クコトヲ必要トスルモノナリ

第二百十九條 明治三十一年十二月三十一日マテハ從前登記目錄トシテ備ヘタル帳簿ヲ以テ身分登記簿ニ代用スルコトヲ得

本法ニ於テハ先キニ說明セルカ如ク身分登記簿ト戶籍簿トノ二種アリ身分登記簿ニハ亦幾多ノ類別アリ且其調製其他ニ於テハ嚴正ナル規定ノ存スルアルノミナラス一應監督區裁判所ノ檢印ヲ受ケオク等ノ必要アリテ本法實施ノ際ニ當リテ直ニ其用ヲ充タスコト困難ナルノ事情ナシトセズ故ニ本條ニ於テ本法實施后ヨリ明治三十一年十二月三十一日マテハ從前使用セル登記目錄ヲ之ニ充用スルコトヲ得ヘキモノトセルナリ蓋シ登記目錄ナルモノハ明治十九年十月十六日內務省訓令第二十號ヲ以テ戶籍登記書式ナルモノヲ公布セラレタルニ當リ其書式中ニ揭クル所ノモノニシテ此登記目錄ニ記載スヘキ事項ハ概ネ本法ニ於テ身分登記簿ニ登記スルコトヲ要スル身分ニ關スル屆出ト同樣ナルモノナリ故ヲ以テ新舊法ノ過渡時代ニ於テ一時之ヲ流用スヘキハ尤モ便宜ナル所ナルヲ以テ斯ク規定シタルニ外ナラ

サルナリ

第二百二十條 登記目錄ノ冊數又ハ紙數カ身分登記簿ニ代用スルニ足ラサル場合ニ於テハ明治三十一年十二月三十一日マテノ身分登記簿ニ限リ戶籍吏ハ第九條ノ規定ニ拘ハラス登記目錄ヲ作製スルト同一ノ手續ニ依リテ之ヲ作製スルコトヲ得

前項ノ規定ハ登記目錄ノ設ナカリシ地ノ身分登記簿ニ之ヲ準用ス

前條ノ規定ニ從ヒ一時身分登記簿ニ代用スル所ノ登記目錄ノ冊數又ハ紙數カ不足ヲ告クル場合ニ於テハ代用期間タル明治三十一年十二月三十一日マテハ別ニ第九條ノ規定ニ據リ監督タル判事ノ契印ヲ受クルニ及ハスシテ今日マテ登記目錄ヲ作製スル手續ニヨリ身分登記簿ヲ作製スルコトヲ得セシメタリ是亦一時ノ便宜ヲ專一トシタルモノナリ

若シ又從來登記目錄ナルモノノ設ケナカリシ地ニ於テハ之ヲ代用スルコトヲ得サルモ去リトテ身分登記簿ヲ作製スルニ及ハサルニアラズ必ズ之ヲ作製セサルヘカラサルモノナレドモ同シク明治三十一年十二月三十一日マテハ前項ノ規定ニヨリ之ヲ作製スルコトヲ得ヘク乃チ監督官ノ契印ヲ受クルニ及ハサルモノナリ是亦前項ト同一ノ理由ニ基クモノトス

第二百二十一條 本法ノ規定ニ依リ戶籍ヲ編製スヘキ時期ハ各地又ハ一

般ニ付キ司法大臣之ヲ定ム

本法施行後戸籍ノ記載ヲ爲シ又ハ新ニ戸籍ヲ編製スル場合ニ於テハ其記載又ハ編製ニ付テハ本法ノ規定ニ從フコトヲ要ス但記載ヲ要スル事項ニシテ其事實ヲ知ルコト能ハサルモノ又ハ從前ノ戸籍用紙中其事項ヲ記載スヘキ區畫ノ設ナキモノハ其記載ヲ省クコトヲ得

本法ノ規定ニ從ヒテ從前記載セル戸籍ヲ改製スヘキ時期ハ司法大臣之ヲ定ムヘク且一般ニ同時ニ之ヲ爲スヘキカ又ハ各地其情況ニ從ヒ各別ニ之ヲ爲スヘキヤモ亦同シク司法大臣ノ定ムル所ナリトス

若シ又本法實施后乃チ七月十六日以後新ニ戸籍ノ記入ヲ爲スカ又ハ新ニ戸籍ノ組立ヲ爲ス如キ場合ハ勿論本法ノ規定ニ從フヘキモノトス然レトモ若シ其記載スヘキ事項ノ中其事實ヲ知ルコト能ハサルモノ例之ハ第百七十六條ニ掲載シアル續柄ヲ知ラサルカ如キ又ハ從前ノ戸籍用紙中ニ其事項記入スヘキ欄ノ設ケナキモノハ其記載ヲ省クコトヲ得ルモノトス是レ一時ノ便宜ヲ計ルカ爲メ此規定ヲ爲スニ外ナラサレバ改製ノ時期一定シタル以后ニ於テハ必スヤ本法規定ノ如ク爲ササルヘカラサルナリ

參照

戸籍法則第四則ニ曰、戸長其區內ノ戸籍ヲ式ノ如ク之ヲ集メ二通ヲ淸書シ更ニ第一號ト第二號ノ式ノ如ク其區內總計ノ戸籍表ト職分表トヲ作リ其集ル所ノ籍ハ戸長ニ備ヘ置淸書二通リト共ニ其支配所ニ差出スヘシ支配所之ヲ其廳ニ差出シ其廳之ヲ第五號第六號ノ式ノ如ク其管內總計ノ戸籍表ト職分表トヲ作リ戸籍一通ハ其廳ヘ備ヘ置キ一通ニ廳印ヲ押シ表ト共ニシテ六ケ年目ニ改メ太政官ヘ差出スヘシ

同第五則ニ曰、編製ハ爾后六年目ヲ以テ改ムヘシト雖モ其間ノ出生死去出入等ハ必時々戸長ヘ屆ケ戸長之ヲ其廳ニ屆ケ出テ其廳之ヲ受ケ人員ノ增減等本書ヘ加除シ每年十一月中戸籍表ヲ改メ十二月中太政官ヘ差出スヘシ

第二百二十二條　明治四年四月四日布告戸籍法、明治十九年內務省令第十九號及ヒ同年內務省令第二十二號ハ寄留ニ關スル規定ヲ除ク外本法施行ノ日ヨリ之ヲ廢止シ其他ノ法令ニシテ本法ノ規定ニ牴觸シ又ハ重複スルモノハ同日ヨリ之ヲ廢止ス

寄留ニ關スル事務ノ監督ニ付テハ第五條ノ規定ヲ準用ス

新法ハ舊法ヲ廢スルノ原則ニ從ヒ明文ヲ欠クモ敢テ解釋シ難キ問題ニアラサルモ尙一層明瞭ヲ得セシメンカ爲メ本條ヲ設ケ本法施行ノ日ヨリ戸籍法明治十九年內務省令第九十號及

ヒ同年同省令第二十二號（但寄留ニ關スル規定ヲ除ク）ハ廢止スルコトヲ明定シ其他ノ法律命令中本法ト重複スルモノ又ハ抵觸スルモノハ前示ノ原則ニヨリ廢止トナルヘキコトヲ明ニシタリ

寄留ニ關スル明治十九年內務省令第二十二號ノ規定ハ依然効力アルモノナルカ故ニ是等ノ事務ノ監督ニ付テハ第五條ノ規定ニ準據スヘキコトヲ定メタリ依テ參照ノ爲メ左ニ之レガ法令ヲ揭出セン

戶籍取扱手續

寄留

第二十條　他府縣又ハ他郡區ヨリ寄留シタルノ屆出アルトキハ入寄留簿ニ登記スヘシ其ノ登記ハ總テ戶籍ノ例ニ依ル

第二十一條　入寄留簿ハ左ノ二種ニ分チ一種每ニ之ヲ編製シ且一種中ニ一世帶ヲ爲ス者ト然ラサルモノトヲ區別編製スヘシ但一世帶ヲ爲サヽル者ハ一帳簿ニ列記スルモ妨ケナシ

第二十二條　寄留地ヲ去リタルノ屆出アルトキハ朱ニテ記入シ其人寄留人名ニ朱線ヲ畫シ其別葉ヲ爲スモノハ便宜之ヲ除籍簿ニ移ス可シ

第二十三條　他府縣又ハ他郡區ヘ寄留シタルノ屆書到達シタルトキハ出寄留簿ニ列記スヘシ

第二十四條　出寄留者復歸シタルノ屆出アルトキハ朱ニテ記入シ其人名ニ朱線ヲ畫スヘシ

第二百二十三條　本法施行ノ期日ハ勅令ヲ以テ之ヲ定ム

本法施行ノ期日ハ勅令ヲ以テ定ムヘキコトヲ規定シタルモノニシテ果セルカナ明治三十一年勅令第百二十三號ハ本法ハ明治三十一年七月十六日ヨリ之ヲ施行スルコトヽナレリ

戸籍法詳解　終

明治三十一年七月十三日印刷
明治三十一年七月十六日發行

定價金四拾五錢

著者　東京市牛込區東五軒町三十五番地　鈴木喜三郎
發行者　東京市牛込區矢來町四番地　小久江成一
印刷者　東京市牛込區市ケ谷加賀町一丁目十二番地　佐久間衡治
印刷所　東京市牛込區市ケ谷加賀町一丁目十二番地　秀英舍第一工場
發行所　東京府豐多摩郡戸塚村大字下戸塚六百四十七番地　東京專門學校出版部
賣捌所　東京市神田區一ツ橋通町七番地　有斐閣
仝　東京市神田區表神保町三番地　東京堂

東京專門學校校外生募集

政治經濟科

ハ政治經濟史學公法私法等ニ關スル學理ヲ解説シ一般人民ニ立憲國民ノ本分ヲ盡シ一身一家ノ經營ニ必要ナル學術上ノ素養ヲ與フルヲ以テ其目的トス殊ニ本學年ハ種々ノ新設備ヲ爲シ正課目中ニ史學研究法英國憲法史民法要論金融論最近時外交史國際私法等飜譯課目中ニかるでこつと氏ノ英國殖民事情ばるじえす氏ノ比較憲法論等參考課目中ニハ治水制度山林制度工業制度道路制度等ノ講義ヲ加フ其高尚ノ學理ヲ平易ニ説明スルハ本講義ノ特色ナリ

法律科

新法典調査ノ功ハ漸ク完成ノ域ニ達セントス本講義錄ハ此機ニ乘ジ一大改良ヲ施シ法典調査會委員鳩山穗積梅土方ノ諸博士勝本志田山田ノ諸學士刑法及ビ刑事訴訟法改正委員古賀石渡兩學士高田鈴木今村羽生本多等ノ諸學士國際法專門家有賀寺尾兩學士其他碩學ノ講義ヲ掲ゲ特別及參考課ニハ新法典ニ良好ノ參考書タルでるんぶるひ獨逸商法論及大審院行政裁判所等ノ判決例ヲ加ヘ新ニ警察制度論監獄制度論ヲ掲載ス

行政科

ハ法律科ニ掲載スル諸課目ノ外特ニ行政學經濟學等ノ講義ヲモ掲載ス左レバ法律上ノ智識ヲ得ルト同時ニ行政理財諸學科ノ素養ヲ得ントスル者又ハ高等文官試驗及普通文官試驗ニ應ゼントスル者ノ好材料タルハ勿論官吏公吏銀行會社等ニ從事スル者ニハ特殊ノ便利アリトス

文學科

ハ哲學心理倫理審美教育宗教史學美辭學國文學漢文學英文學等ノ諸講義ヲ掲載シ其目的和漢洋三文學ノ調和ヲ謀リ高義ニ所謂文學思想ノ普及ヲ計ルニアリ本學期ヨリ新ニ比較宗教學歴史考究法最近心理學論理學原理教育學原理ヲ加ヘ參考課ニハ時々諸名家ノ有益ナル講義筆記ヲ載ス學説ノ嶄新ニシテ正確ナルト文章ノ雅馴ニシテ普通文ノ模範タルトハ特ニ力ヲ用フル所ナリ

今ヤ**外人雜居**近キニ在ルヲ以テ新ニ**英語通信教授錄**ヲ附シ讀者ヲシテ英語ノ會話作文讀方解譯等ヲ知得スルノ便ヲ得セシム又校内學生ニ授クル朝野名家ノ**科外講義**ハ漏ナク筆記シテ之ヲ掲載ス且ツ以上種々設備ノ爲メ**紙數增加**シ毎號一百頁以上トス

校外生ハ質問ヲ爲シ**懸賞文**ニ應ジ卒業ノ上ハ**準校友**トシ校友會員タルヲ得又校内各年級入學等種々ノ**特權**アリ

去十月初旬各科(一年二年三年ニ分チ各年級毎月三回發行)**第壹號**ヲ發行シ今ヤ各號共取揃アルヲ以テ有志者ハ此際至急申込ベシ詳細ハ**改正規則書**(希望者通知次第送致ス)ニ就テ知ルベシ●束脩五十錢三ヶ月前納壹圓四十錢半ヶ年貳圓七十五錢一ヶ年五圓五十錢

明治三十一年六月

東京牛込早稻田

東京專門學校

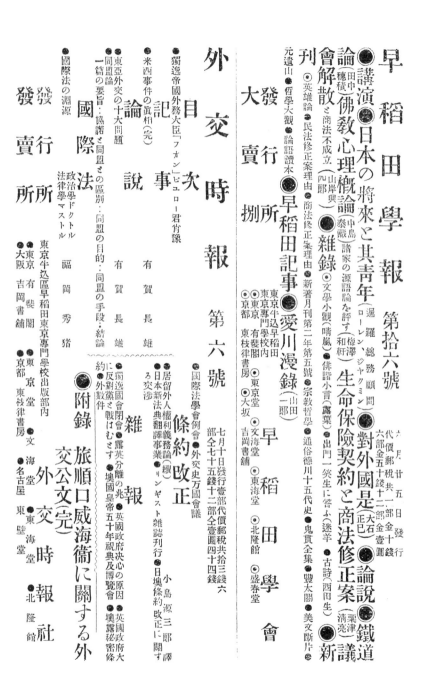

戸籍法詳解　全　　　　別巻 1431

2024(令和6)年12月20日　　復刻版第1刷発行

著　者　鈴　木　喜　三　郎
発行者　今　井　　　貴
発行所　信　山　社　出　版
〒113-0033　東京都文京区本郷6-2-9-102
モンテベルデ第2東大正門前
電　話　03 (3818) 1019
FAX　03 (3818) 0344
郵便振替　00140-2-367777(信山社販売)

Printed in Japan.

制作／(株)信山社，印刷・製本／松澤印刷・日進堂

ISBN 978-4-7972-4444-1 C3332

別巻　巻数順一覧【1349 ～ 1530 巻】※網掛け巻数は、2021 年 11 月以降刊行

巻数	書　名	編・著・訳者　等	ISBN	定　価	本体価格
1349	國際公法	W・E・ホール、北條元篤、熊谷直太	978-4-7972-8953-4	41,800 円	38,000 円
1350	民法代理論 完	石尾一郎助	978-4-7972-8954-1	46,200 円	42,000 円
1351	民法總則編物權編債權編實用詳解	清浦奎吾、梅謙次郎、自治館編輯局	978-4-7972-8955-8	93,500 円	85,000 円
1352	民法親族編相續編實用詳解	細川潤次郎、梅謙次郎、自治館編輯局	978-4-7972-8956-5	60,500 円	55,000 円
1353	登記法實用全書	前田孝階、自治館編輯局（新井正三郎）	978-4-7972-8958-9	60,500 円	55,000 円
1354	民事訴訟法精義	東久世通禧、自治館編輯局	978-4-7972-8959-6	59,400 円	54,000 円
1355	民事訴訟法釋義	梶原仲治	978-4-7972-8960-2	41,800 円	38,000 円
1356	人事訴訟手續法	大森洪太	978-4-7972-8961-9	40,700 円	37,000 円
1357	法學通論	牧兒馬太郎	978-4-7972-8962-6	33,000 円	30,000 円
1358	刑法原理	城數馬	978-4-7972-8963-3	63,800 円	58,000 円
1359	行政法講義・佛國裁判所構成大要・日本古代法 完	パテルノストロ、曲木如長、坪谷善四郎	978-4-7972-8964-0	36,300 円	33,000 円
1360	民事訴訟法講義〔第一分冊〕	本多康直、今村信行、深野達	978-4-7972-8965-7	46,200 円	42,000 円
1361	民事訴訟法講義〔第二分冊〕	本多康直、今村信行、深野達	978-4-7972-8966-4	61,600 円	56,000 円
1362	民事訴訟法講義〔第三分冊〕	本多康直、今村信行、深野達	978-4-7972-8967-1	36,300 円	33,000 円
1505	地方財政及税制の改革〔昭和12年初版〕	三好重夫	978-4-7972-7705-0	62,700 円	57,000 円
1506	改正 市制町村制〔昭和13年第7版〕	法曹閣	978-4-7972-7706-7	30,800 円	28,000 円
1507	市制町村制 及 関係法令〔昭和13年第5版〕	市町村雑誌社	978-4-7972-7707-4	40,700 円	37,000 円
1508	東京府市区町村便覧〔昭和14年初版〕	東京地方改良協会	978-4-7972-7708-1	26,400 円	24,000 円
1509	改正 市制町村制 附 施行細則・執務條規〔明治44年第4版〕	矢島誠進堂	978-4-7972-7709-8	33,000 円	30,000 円
1510	地方財政改革問題〔昭和14年初版〕	高砂恒三郎、山根守道	978-4-7972-7710-4	46,200 円	42,000 円
1511	市町村事務必携〔昭和4年再版〕第1分冊	大塚辰治	978-4-7972-7711-1	66,000 円	60,000 円
1512	市町村事務必携〔昭和4年再版〕第2分冊	大塚辰治	978-4-7972-7712-8	81,400 円	74,000 円
1513	市制町村制逐条示解〔昭和11年第64版〕第1分冊	五十嵐鑛三郎、松本角太郎、中村淑人	978-4-7972-7713-5	74,800 円	68,000 円
1514	市制町村制逐条示解〔昭和11年第64版〕第2分冊	五十嵐鑛三郎、松本角太郎、中村淑人	978-4-7972-7714-2	74,800 円	68,000 円
1515	新旧対照 市制町村制 及 理由〔明治44年初版〕	平田東助、荒川五郎	978-4-7972-7715-9	30,800 円	28,000 円
1516	地方制度講話〔昭和5年再版〕	安井英二	978-4-7972-7716-6	33,000 円	30,000 円
1517	郡制注釈 完〔明治30年再版〕	岩田徳義	978-4-7972-7717-3	23,100 円	21,000 円
1518	改正 府県制郡制講義〔明治32年初版〕	樋山廣業	978-4-7972-7718-0	30,800 円	28,000 円
1519	改正 府県制郡制〔大正4年 訂正21版〕	山野金蔵	978-4-7972-7719-7	24,200 円	22,000 円
1520	改正 地方制度法典〔大正12第13版〕	自治研究会	978-4-7972-7720-3	52,800 円	48,000 円
1521	改正 市制町村制 及 附属法令〔大正2年第6版〕	市町村雑誌社	978-4-7972-7721-0	33,000 円	30,000 円
1522	実例判例 市制町村制釈義〔昭和9年改訂13版〕	梶康郎	978-4-7972-7722-7	52,800 円	48,000 円
1523	訂正 市制町村制 附 理由書〔明治33年第3版〕	明昇堂	978-4-7972-7723-4	30,800 円	28,000 円
1524	逐条解釈 改正 市町村財務規程〔昭和8年第9版〕	大塚辰治	978-4-7972-7724-1	59,400 円	54,000 円
1525	市制町村制 附 理由書〔明治21年初版〕	狩谷茂太郎	978-4-7972-7725-8	22,000 円	20,000 円
1526	改正 市制町村制〔大正10年第10版〕	井上圓三	978-4-7972-7726-5	24,200 円	22,000 円
1527	正文 市制町村制 並 選挙法規 附 陪審法〔昭和2年初版〕	法曹閣	978-4-7972-7727-2	30,800 円	28,000 円
1528	再版増訂 市制町村制註釈 附 市制町村制理由[明治21年増補再版]	坪谷善四郎	978-4-7972-7728-9	44,000 円	40,000 円
1529	五版 市町村制例規〔明治36年第5版〕	野元友三郎	978-4-7972-7729-6	30,800 円	28,000 円
1530	全国市町村便覧 附 全国学校名簿〔昭和10年初版〕第1分冊	藤谷崇文館	978-4-7972-7730-2	74,800 円	68,000 円

別巻　巻数順一覧【1309 〜 1348 巻】※網掛け巻数は、2021 年 11 月以降刊行

巻数	書　名	編・著・訳者　等	ISBN	定　価	本体価格
1309	監獄學	谷野格	978-4-7972-7459-2	38,500 円	35,000 円
1310	警察學	宮國忠吉	978-4-7972-7460-8	38,500 円	35,000 円
1311	司法警察論	高井賢三	978-4-7972-7461-5	56,100 円	51,000 円
1312	増訂不動産登記法正解	三宅徳業	978-4-7972-7462-2	132,000 円	120,000 円
1313	現行不動産登記法要義	松本修平	978-4-7972-7463-9	44,000 円	40,000 円
1314	改正民事訴訟法要義 全〔第一分冊〕	早川彌三郎	978-4-7972-7464-6	56,100 円	51,000 円
1315	改正民事訴訟法要義 全〔第二分冊〕	早川彌三郎	978-4-7972-7465-3	77,000 円	70,000 円
1316	改正強制執行法要義	早川彌三郎	978-4-7972-7467-7	41,800 円	38,000 円
1317	非訟事件手續法	横田五郎、三宅徳業	978-4-7972-7468-4	49,500 円	45,000 円
1318	旧制對照改正官制全書	博文館編輯局	978-4-7972-7469-1	85,800 円	78,000 円
1319	日本政体史 完	秦政治郎	978-4-7972-7470-7	35,200 円	32,000 円
1320	萬國現行憲法比較	辰巳小二郎	978-4-7972-7471-4	33,000 円	30,000 円
1321	憲法要義 全	入江魁	978-4-7972-7472-1	37,400 円	34,000 円
1322	英國衆議院先例類集 巻之一・巻之二	ハッセル	978-4-7972-7473-8	71,500 円	65,000 円
1323	英國衆議院先例類集 巻之三	ハッセル	978-4-7972-7474-5	55,000 円	50,000 円
1324	會計法精義　全	三輪一夫、松岡萬次郎、木田川奎彦、石森憲治	978-4-7972-7476-9	77,000 円	70,000 円
1325	商法汎論	添田敬一郎	978-4-7972-7477-6	41,800 円	38,000 円
1326	商業登記法 全	新井正三郎	978-4-7972-7478-3	35,200 円	32,000 円
1327	商業登記法釋義	的場繁次郎	978-4-7972-7479-0	47,300 円	43,000 円
1328	株式及期米裁判例	繁田保吉	978-4-7972-7480-6	49,500 円	45,000 円
1329	刑事訴訟法論	溝淵孝雄	978-4-7972-7481-3	41,800 円	38,000 円
1330	修正刑事訴訟法義解 全	太田政弘、小濵松次郎、緒方惟一郎、前田兼寶、小田明次	978-4-7972-7482-0	44,000 円	40,000 円
1331	法律格言・法律格言義解	H・ブルーム、林健、鶴田忞	978-4-7972-7483-7	58,300 円	53,000 円
1332	法律名家纂論	氏家寅治	978-4-7972-7484-4	35,200 円	32,000 円
1333	歐米警察見聞録	松井茂	978-4-7972-7485-1	38,500 円	35,000 円
1334	各國警察制度・各國警察制度沿革史	松井茂	978-4-7972-7486-8	39,600 円	36,000 円
1335	新舊對照刑法蒐論	岸本辰雄、岡田朝太郎、山口慶一	978-4-7972-7487-5	82,500 円	75,000 円
1336	新刑法論	松原一雄	978-4-7972-7488-2	51,700 円	47,000 円
1337	日本刑法實用 完	千阪彦四郎、尾崎忠治、簑作麟祥、西周、宮城浩藏、菅生初雄	978-4-7972-7489-9	57,200 円	52,000 円
1338	刑法實用詳解〔第一分冊〕	西園寺公望、松田正久、自治館編輯局	978-4-7972-7490-5	56,100 円	51,000 円
1339	刑法實用詳解〔第二分冊〕	西園寺公望、松田正久、自治館編輯局	978-4-7972-7491-2	62,700 円	57,000 円
1340	日本商事會社法要論	堤定次郎	978-4-7972-7493-6	61,600 円	56,000 円
1341	手形法要論	山縣有朋、堤定次郎	978-4-7972-7494-3	42,900 円	39,000 円
1342	約束手形法義解 全	梅謙次郎、加古貞太郎	978-4-7972-7495-0	34,100 円	31,000 円
1343	戸籍法 全	島田鐵吉	978-4-7972-7496-7	41,800 円	38,000 円
1344	戸籍辭典	石渡敏一、自治館編輯局	978-4-7972-7497-4	66,000 円	60,000 円
1345	戸籍法實用大全	勝海舟、梅謙次郎、自治舘編輯局	978-4-7972-7498-1	45,100 円	41,000 円
1346	戸籍法詳解〔第一分冊〕	大隈重信、自治館編輯局	978-4-7972-7499-8	62,700 円	57,000 円
1347	戸籍法詳解〔第二分冊〕	大隈重信、自治館編輯局	978-4-7972-8950-3	96,800 円	88,000 円
1348	戸籍法釋義 完	板垣不二男、岡村司	978-4-7972-8952-7	80,300 円	73,000 円

巻数	書　名	編・著・訳者　等	ISBN	定　価	本体価格
1265	行政裁判法論	小林魁郎	978-4-7972-7386-1	41,800 円	38,000 円
1266	奎堂餘唾	清浦奎吾、和田鍊太、平野貞次郎	978-4-7972-7387-8	36,300 円	33,000 円
1267	公證人規則述義 全	箕作麟祥、小松濟治、岸本辰雄、大野太衛	978-4-7972-7388-5	39,600 円	36,000 円
1268	登記法公證人規則詳解 全・大日本登記法公證人規則註解 全	鶴田皓、今村長善、中野省吾、奥山政敬、河原田新	978-4-7972-7389-2	44,000 円	40,000 円
1269	現行警察法規 全	内務省警保局	978-4-7972-7390-8	55,000 円	50,000 円
1270	警察法規研究	有光金兵衛	978-4-7972-7391-5	33,000 円	30,000 円
1271	日本帝國憲法論	田中次郎	978-4-7972-7392-2	44,000 円	40,000 円
1272	國家哲論	松本重敏	978-4-7972-7393-9	49,500 円	45,000 円
1273	農業倉庫業法制定理由・小作調停法原義	法律新聞社	978-4-7972-7394-6	52,800 円	48,000 円
1274	改正刑事訴訟法精義〔第一分冊〕	法律新聞社	978-4-7972-7395-3	77,000 円	70,000 円
1275	改正刑事訴訟法精義〔第二分冊〕	法律新聞社	978-4-7972-7396-0	71,500 円	65,000 円
1276	刑法論	島田鐵吉、宮城長五郎	978-4-7972-7398-4	38,500 円	35,000 円
1277	特別民事訴訟論	松岡義正	978-4-7972-7399-1	55,000 円	50,000 円
1278	民事訴訟法釋義 上巻	樋山廣業	978-4-7972-7400-4	55,000 円	50,000 円
1279	民事訴訟法釋義 下巻	樋山廣業	978-4-7972-7401-1	50,600 円	46,000 円
1280	商法研究 完	猪股淇清	978-4-7972-7403-5	66,000 円	60,000 円
1281	新會社法講義	猪股淇清	978-4-7972-7404-2	60,500 円	55,000 円
1282	商法原理 完	神崎東藏	978-4-7972-7405-9	55,000 円	50,000 円
1283	實用行政法	佐々野章邦	978-4-7972-7406-6	50,600 円	46,000 円
1284	行政法汎論 全	小原新三	978-4-7972-7407-3	49,500 円	45,000 円
1285	行政法各論 全	小原新三	978-4-7972-7408-0	46,200 円	42,000 円
1286	帝國商法釋義〔第一分冊〕	栗本勇之助	978-4-7972-7409-7	77,000 円	70,000 円
1287	帝國商法釋義〔第二分冊〕	栗本勇之助	978-4-7972-7410-3	79,200 円	72,000 円
1288	改正日本商法講義	樋山廣業	978-4-7972-7412-7	94,600 円	86,000 円
1289	海損法	秋野沆	978-4-7972-7413-4	35,200 円	32,000 円
1290	舩舶論 全	赤松梅吉	978-4-7972-7414-1	38,500 円	35,000 円
1291	法理學 完	石原健三	978-4-7972-7415-8	49,500 円	45,000 円
1292	民約論 全	J・J・ルソー、市村光恵、森口繁治	978-4-7972-7416-5	44,000 円	40,000 円
1293	日本警察法汎論	小原新三	978-4-7972-7417-2	35,200 円	32,000 円
1294	衞生行政法釈釋義 全	小原新三	978-4-7972-7418-9	82,500 円	75,000 円
1295	訴訟法原理 完	平島及平	978-4-7972-7443-1	50,600 円	46,000 円
1296	民事手続規準	山内確三郎、高橋一郎	978-4-7972-7444-8	101,200 円	92,000 円
1297	國際私法 完	伊藤悌治	978-4-7972-7445-5	38,500 円	35,000 円
1298	新舊比照 刑事訴訟法釋義 上巻	樋山廣業	978-4-7972-7446-2	33,000 円	30,000 円
1299	新舊比照 刑事訴訟法釋義 下巻	樋山廣業	978-4-7972-7447-9	33,000 円	30,000 円
1300	刑事訴訟法原理 完	上條慎藏	978-4-7972-7449-3	52,800 円	48,000 円
1301	國際公法 完	石川錦一郎	978-4-7972-7450-9	47,300 円	43,000 円
1302	國際私法	中村太郎	978-4-7972-7451-6	38,500 円	35,000 円
1303	登記法公證人規則註釋 完・登記法公證人規則交渉令達註釋 完	元田肇、澁谷慥爾、渡邊覺二郎	978-4-7972-7452-3	33,000 円	30,000 円
1304	登記提要 上編	木下哲三郎、伊東忍、緩鹿實彰	978-4-7972-7453-0	50,600 円	46,000 円
1305	登記提要 下編	木下哲三郎、伊東忍、緩鹿實彰	978-4-7972-7454-7	38,500 円	35,000 円
1306	日本會計法要論 完・選擧原理 完	阪谷芳郎、亀井英三郎	978-4-7972-7456-1	52,800 円	48,000 円
1307	國法學 完・憲法原理 完・主權論 完	橋爪金三郎、谷口留三郎、高槻純之助	978-4-7972-7457-8	60,500 円	55,000 円
1308	圀家學	南弘	978-4-7972-7458-5	38,500 円	35,000 円